KB165778

루퍼트 머독

루퍼트 머독

RUPERT
MURDOCH

미디어로 세계를 선동한 권력욕의 화신

데이비드 맥나이트 지음 | **안성용** 옮김

글항아리

"머독의 지배에 대한 대담하고 값진 해부이자 기록."
　_『가디언』

"자신의 미디어 권력을 정치적 어젠다의 전파를 위해 사용하는 데 주저함이 없는 한 명의 강경한 우익이 머독의 '진짜' 모습임을 보여주는 주목할 만한 사례를 제시한다."
　_『타임스 하이어 에듀케이션 서플먼트』

"데이비드 맥나이트는 이제는 헌신적인 머독의 감시자들을 제외하고는 그 누구도 할 수 없게 된 일을 해냈다. 그는 '세계에서 가장 유명한 호주인'의 권모술수에 대한 어마어마한 자료를 추려내 머독이 어떻게 그리고 왜 세계 정치의 막강한 권력으로 부상했는지에 대해 일목요연한 평가를 제시한다."
　_『먼슬리』

"상세하고 빈틈없는 분석."
　_『시드니 모닝 헤럴드』

"이 책의 가장 큰 강점은 뉴스 코퍼레이션의 공공연하며 암묵적인 정치적 행위들에 대한 증거를 수집하고 제시하는 동시에, 이러한 정치화가 미국, 영국, 호주의 뉴스 서비스에 어떠한 영향을 미쳤는지를 보여준다는 점이다."

_『인사이드 스토리』

"맥나이트는 인위적인 양극성과 반쪽짜리 진실들 그리고 이데올로기에 근거한 주장들에 의해 운영되어온 한 조직을 불편하리만치 심도 있게 그려낸다."

_『아이리시 타임스』

"맥나이트는 루퍼트 머독이 레이건 민주당인들과 하워드 정부의 싸움꾼들 그리고 마거릿 대처가 10년 혹은 그 이상 정권을 유지할 수 있게 만든 포퓰리즘적 보수주의의 창시자였음을 설득력 있게 보여준다."

_『드럼』

일러두기

1. 옮긴이의 부연은 본문의 각주로 넣었다. 그 외의 부연 및 설명은 모두 저자의 것이다.
2. 원서에서 이탤릭체로 강조한 부분은 고딕체로 표시했다.
3. 인명의 경우, 원어는 가독성을 위해 가급적 병기를 삼가고 찾아보기에 넣었다.
4. 외래어 표기는 국립국어원 외래어 표기법을 따랐다.

나의 어머니,

루스 맥나이트에게 드립니다.

루퍼트 머독이 호주가 낳은 세계에서 가장 영향력 있는 인물 중 한 명이라는 사실에는 의심할 여지가 없다. 머독을 단순히 천재적 비즈니스맨으로 간주하는 것은 그에 대한 가장 명백한 오해다. 머독은 부와 권력을 향한 열정을 동시에 보유한 인물이며, 그가 이 두 열정을 어떻게 결합시켜왔는지를 이해하는 것은 간단치 않은 문제다. 어떤 측면에서 머독은 자신의 정치적 권력을 그가 소유한 회사들의 번영을 위해 사용해왔다. 다른 한편, 미디어 권력을 무엇보다 중요하게 여긴 정치적 대의명분을 강화하기 위한 수단으로 삼았다. 데이비드 맥나이트의 이 중요한 저술은, 머독에게 돈과 권력이 상충하는 두 가지 가치가 아니라 상호 보완적 야망이었음을 보여준다.

오랫동안 머독의 두 야망은 서로 간의 축적에 기여해왔다. 더 많은 정치적 권력을 얻게 됨에 따라 머독은 더 쉽게 정치인들을 설득할 수 있었고 미디어법을 자신의 구미에 맞게 수정할 수 있었다. 이와 관련한 가장 놀라운 사례가 토니 블레어의 노동당 정부 아래에서 발생했다는 사실을 독자들은 이내 알게 될 것이다. 한편 더 많은 미디어 권력을 축적할수록 머독은 더욱 쉽게 민주주의의 작동에 관여하는 수단을 얻을 수 있었다. 맥나이트가 지적하듯, 호주의 밥 호크 정부가 머독이 국내시장의 70퍼센트에 달하는 신문들을 통제하도록 허용했음이 이를 보여준다. 사반세기 이후 머독 신문의 편집장들과 기자들은 캘리포니아 카멜에 위치한 머독의 자택에 모여, 줄리아 길라드가 이끄는 소수 여당인 노동당 정부가 초래한 문제에 관해 논의하기도 했다.

맥나이트는 영어권의 세 민주주의 국가인 호주, 영국, 미국에서 머독이 막대한 영향력을 행사했음을 명료하게 보여준다. 하지만 머독은 그 세 나라 각각에서 다소 다른 방식으로 돈과 권력을 향한 자신의 두 열정을 일치시키려 했다. 호주에서는 자신의 신문을 이용해 모국의 정치적 행보를 수정하는 데 주된 관심을 쏟았다. TV와 신문의 겸영cross-media ownership을 금지하는 호주의 법률이 거액의 자본이 오가는 머독의 사업에 심각한 제한으로 작용했기 때문이다. 영국에서 그가 정치적 권력을 추구한 주된 목적은 더 많은 자본을 축적하기 위해서였다. 최근의 전화 해킹 스캔들이 그의 위성 텔레비전을 향한 야망을 종식시키기 전까지 그는 그 목적에 맞게 움직였다. 그리고 그가 미국에서 수행한 장기적인 (때로는 성공적이지 못했던) 실험들은 마침내 어떻게 경제적 이득과 정치적 영향력을 하나로 통합시킬 수 있는지에 대한 해답을 제공했다.

1990년대 중반 로저 에일스와의 파트너십을 통해 개국한 머독의 폭스 뉴스는 현재 10억 달러에 가까운 이득을 산출해내고 있다. 폭스 뉴스는 미국 공화당 내부에서 강력한 권력을 행사해왔고 지난 15년간 포퓰리즘적 보수주의populist conservatism라는 맹독을 미국의 정치 문화에 유입해왔다. 폭스 뉴스는 머독의 가장 독창적인 성취이며, 이를 통해 권력과 돈을 향한 그의 두 열정은 마침내 완벽하게 통합되었다. 폭스 뉴스가 미국의 정치 문화에만 국한된 특수한 현상인지, 아니면 다른 영어권 민주주의 국가 혹은 그 너머에까지 전이될 하나의 본보기인지는 아직 미지수다.

맥나이트의 책은 뛰어난 통찰력으로 머독 미디어 제국의 이데올로기적 스타일을 분석한다. 어떤 측면에서 보더라도 루퍼트 머독이 독창적 사유자가 아님은 분명하다. 하지만 글로벌 미디어를 사용해 시장 근본주의적 가치와 미국의 헤게모니를 영어권 세계에 전파하는 데 있어 매우 뛰어난 수완을 보였다. 그는 정부의 조직과 해산에 영향을 미치는 막강한 언론과 어마어마한 부를 보유하고 있음에도 불구하고 한 명의 반기득권적 반항아를 자처했다. 맥나이트는 그런 그의 면모에 대한 심리적 단서를 제공한다. 레이건과 대처 시대 이전만 하더라도 머독이 적대해온 '기득권층'은 오래된 권력 계급이었다. 하지만 그 시대 이후 '정치적 올바름political correctness'이라 불리는 저항적이고 반서구적인 가치를 가진 '자유주의 엘리트'가 머독의 세계관 안에서 새로운 기득권층으로 자리 잡았다.

자유주의 엘리트에 대항한 기나긴 문화 전쟁은 『선Sun』『뉴스 오브 더 월드News of the World』『뉴욕 포스트New York Post』『헤럴드 선Herald Sun』
『데일리 텔레그래프Daily Telegraph』와 같은 대량 유통되는 타블로이드지가
『타임스Times』『월스트리트 저널Wall Street Journal』『오스트레일리안Australian』
같은 정론지 못지않게 중요함을 머독에게 가르쳐주었다. 머독은 또한 시
장의 마법을 믿는 시장주의자임에도 불구하고, 자신의 정치적 대의명분
을 수행하기 위해 보수적 싱크탱크와 정치적 출판물에 대한 재정적 지원
을 아끼지 않았다. 머독의 막대한 지원이 없었다면 『오스트레일리안』은
1년을 채 버티지 못했을 것이고 미국의 신보수주의neo-conservatism를 이
끌어온 『위클리 스탠더드Weekly Standard』 역시 6개월을 버티지 못했을 것
이다.

　　이러한 머독의 행보가 함축하는 이해관계는 매우 분명하다. 역사에
서 만약을 가정하는 것이 무의미한 것일지 모르지만 맥나이트의 주장을
따라가다보면 다음과 같은 질문을 하게 된다. 머독 제국의 범세계적이고
열성적인 선동이 없었더라면 미국의 이라크 침공에 대한 열망이 과연 실
현 가능했을까? 이 책의 결말로 다가갈수록 이런 질문도 던지게 된다. 폭
스 뉴스를 포함해 석유산업 편에 서 있는 머독 언론들이—아주 잠깐은
과학적이고 합리적인 견해를 따랐지만—지구온난화라는 사실을 부인하
는 주장을 퍼뜨리고 있는 동안, 미국은 임박한 기후 재난에 대처하려는
세계적 노력에 얼마나 기여해왔는가? 이보다 더 긴급한 질문은 없다.

　　맥나이트는 루퍼트 머독의 정치적 영향력이 최고조에 달했던 시기
에 이 힘겨운 연구에 착수했고, 머독 제국이 위기에 봉착한 순간 연구를
끝냈다. 맥나이트의 책이 영어권 민주주의 국가들의 현대사에서 목격된

이미 지나가버린 어두운 사건들의 기록일 뿐이라면 매우 다행일 것이다. 하지만 이 책은 그 국가들의 현재와 미래에 출몰할 고질적 문제들의 예견일지도 모른다. 미디어의 권력 남용이 갖는 위험성과 그에 대한 정부의 취약성을 다룬 이 책은 매우 충격적이며 많은 사람에게 읽혀질 가치가 있다.

로버트 맨

프롤로그

1995년, 저널리스트 켄 올레타는 『뉴요커New Yorker』에 실릴 루퍼트 머독의 프로필과 관련해 당사자와 이야기를 나눈 바 있다. 당시 머독은 정치인들의 두려움과 경쟁자들의 부러움을 한 몸에 사는 무자비한 사내로 정평이 나 있었다. 올레타는 원하는 것을 위해서라면 법과 원칙마저 위반할 한 명의 교활한 해적으로 머독을 묘사했다. 이후 머독이 소유한 『뉴욕 포스트』의 편집장 콜 앨런은 올레타의 묘사에 긍정적인 반응을 보였다. "우리는 해적이 되는 것을 좋아한다. (…) 우리는 순응하는 것을 싫어한다." 앨런의 이 발언은 한 기업의 문화를 대변하고 있다. 해적은 낭만적인 이미지도 가지고 있지만, 현실에서 그들은 대부분 난폭한 불량배일 뿐이다. 2011년, 머독과 그의 편집장들은 수차례에 걸쳐 법을 어긴 혐의로 영국에서 기소되었다. 대대적 전화 해킹과 경찰에 대한 뇌물 증여 등 그의 신문 『뉴스 오브 더 월드』가 저질러온 체계적 범법 행위들이 밝혀진 것이다. 이 스캔들은 머독의 회사 뉴스 코퍼레이션News Corporation을 심각한 위기로 몰아갔다.

　이 책은 세계에서 가장 많은 부와 권력을 소유한 한 개인과, 그의 권력이 기반하고 있는 미디어 기업에 대한 연구다. 루퍼트 머독을 다룬 책은 이미 많이 나와 있다. 주로 그의 개인적 매력과 모험심, 눈부신 사업 수완을 묘사해 독자들을 매료시켰다. 반면 머독의 주요 관심사인 정치, 권력, 신념이라는 주제들과 관련해 그는 너무 과소평가되어왔다. 이 공백들을 바로잡는 것이 이 책의 목적이다. 이 책은 머독 개인의 정치적 이데올로기를 충실하게 탐사함과 동시에 그가 그 이데올로기의 발전을 위해 제공한 경제적 지원을 추적할 것이다.

　머독은 60억 달러에 달하는 자산만큼이나 자신의 정치적 영향력과 신념에 많은 가치를 두어왔다. 그의 필생의 역작인 뉴스 코퍼레이션은 300억 달러를 상회하는 가치뿐만 아니라 엄청난 부를 끌어들이는 잠재력을 가지고 있다. 뉴스 코퍼레이션은 하나의 신념을 대변하는 기업인 동시에 그 신념을 전파하는 미디어 기구이기도 하다. 뉴스 코퍼레이션의 뉴스 매체들은 지난 30년간 진화해온 일련의 정치적 가치와 믿음을 전달한다. 우리는 이 가치들과 그것을 생산하는 기업 문화(편집장들과 경영자들의 비밀스러운 정치적 세미나, 전 세계에 걸쳐 반복된 사설란의 주제들, 개인적인 정치 기부, 보수 지식인과 싱크탱크에 대한 재정적 후원)를 살펴볼 것이다. 오늘날 뉴스 코퍼레이션은 호주와 영국, 미국에서 강력한 정치적 영향력을 행사하고 있다. 루퍼트 머독과 뉴스 코퍼레이션의 권력은 이라크 침공, 지구온난화 같은 주요 이슈에 대한 찬반 캠페인에서 가장 뚜렷하게 드러난다. 이 책은 뉴스 코퍼레이션의 영향력이 현재에 이르러 더 널리 확장되고 있음을 보여줄 것이다.

2011년, 순조롭던 루퍼트 머독의 권력 행사에 처음으로 심각한 걸림돌이 등장했다. 이 걸림돌은 2005년에서 2006년 사이 영국에서 진행된 경찰 수사로 인해 개인 투자자 글렌 멀케어와 『뉴스 오브 더 월드』의 기자 클라이브 굿맨이 투옥되면서 움트게 되었다. 재판 과정에서 두 사람이 왕실 가족의 음성 메시지를 도청해온 혐의가 드러났고, 이와 연루된 일련의 사건이 폭로되기 시작했다. 수사를 더욱 깊이 진행시키려는 경찰의 시도는 머독의 회사 뉴스 인터내셔널News International에 의해 난관에 봉착했고, 이후 의회 조사는 이 회사가 고의적으로 수사를 방해했다고 결론지었다.[1] 수사가 한창일 때 뉴스 인터내셔널 임원들과 수차례 식사를 한 한 고위 경찰 관계자의 미온적 태도는 의회로부터 비난을 샀다. 두 달 뒤 공직을 떠난 이 경찰 관계자는 뉴스 인터내셔널로부터 『타임스』 칼럼니스트라는 새로운 직업을 얻었고 『뉴스 오브 더 월드』의 전직 부편집장이 그의 미디어 전략가로 고용되었다.[2]

해킹이 이미 투옥된 질 나쁜 기자의 단독 소행일 뿐이라는 뉴스 인터내셔널의 주장에도 불구하고, 몇 년에 걸친 조사를 통해 『뉴스 오브 더 월드』의 전화 해킹이 예상보다 훨씬 만연한 현상이었음을 보여주는 증거들이 쌓여갔다. 2009년, 프로축구선수협회 대표 고든 테일러를 포함한

다수의 피해자가 뉴스 인터내셔널에 대한 법적 대응에 들어갔다. 이를 목격한 많은 사람이 이 회사의 만연한 전화 해킹에 의혹을 품기 시작했다. 투옥된 기자는『뉴스 오브 더 월드』의 수석 특파원이었다. 그가 그 매체에서 유일하게 "질 나쁜 기자rogue reporter"였다면, 어째서 그가 투옥된 뒤에도 테일러의 전화는 도청되었던 것일까?

이 시기 노동당 하원의원 톰 왓슨은 뉴스 인터내셔널의 표적이 되기를 자처하며 전화 해킹 스캔들 관련 재판을 완강히 밀어붙였다. 토니 블레어 총리의 사임을 촉구하는 과정에서 왓슨은 자신이 "레베카의 토니"에게 한 짓을 그녀는 결코 용서하지 않을 것이라고 발언해 머독 제국의 임원인 레베카 브룩스의 분노를 사기도 했다.[3] 이후 왓슨은『뉴스 오브 더 월드』가 자신의 뒤를 캐기 위해 사립 탐정을 고용했다는 사실을 알게 된다. 전화 해킹 조사 위원회의 일원이었던 또 한 명의 노동당 하원의원은 그의 사생활을 폭로하겠다는 뉴스 인터내셔널의 위협에 시달리기도 했다.

2011년 초에 다시 시작된 전화 해킹 수사로 인해『뉴스 오브 더 월드』의 고위 편집장과 경영진 다수가 잇따라 체포되었다. 뉴스 인터내셔널로서는 해킹을 시인하는 것 외에 별다른 수가 없었다. 이 사건의 정치적 파급은 데이비드 캐머런 총리의 대변인 앤디 컬슨의 사임으로 이어지기도 했다. 한때『뉴스 오브 더 월드』의 편집장이었던 컬슨은 해킹과 관련한 첫 번째 체포가 있은 뒤 이미 편집장 자리에서 내려온 상태였다. 2011년 7월 초, 몇 년 전 살해된 13세 소녀 밀리 다울러의 전화가『뉴스 오브 더 월드』에 의해 해킹된 사실이 그녀의 가족에 의해 폭로되었을 때,

이 스캔들은 걷잡을 수 없는 국면에 이르렀다.[•] 다울러의 부모가 딸이 아직 살아 있을지도 모른다는 희망을 갖게 만들려고 『뉴스 오브 더 월드』가 그녀의 전화에서 음성 메시지들을 삭제한 것이다. 경찰 조사 역시 새로운 국면에 접어들었고, 뉴스 코퍼레이션은 정보 제공을 대가로 경찰에 수차례 뇌물을 건넨 혐의를 시인했다. 이틀 뒤 뉴스 코퍼레이션은 회사의 가장 수익성 높은 신문 중 하나이자, 1969년 젊은 머독이 처음으로 인수한 매체라는 점에서 상징성을 갖는 『뉴스 오브 더 월드』의 폐간을 알렸다. 스캔들이 더욱 심해짐에 따라 머독은 영국의 위성 TV 회사 BSkyB에 대한 입찰을 철회할 수밖에 없었다. 몇 달 전까지만 하더라도 머독은 캐머런 정부의 승인하에 이 회사의 전면적인 통제권을 획득할 것으로 예상됐던 터였다.

2011년 7월 19일 루퍼트 머독과 그의 법적 상속자 제임스 머독은 영국 의회의 전화 해킹 조사 위원회로부터 심문을 받는 수모를 겪었지만, 아버지와 아들은 강철 같은 자기통제력을 발휘해 훌륭하게 대응했다. 잠깐 통제력을 잃기도 했지만, 머독 부자는 스캔들 자체를 하나의 '히스테리'적 현상으로 치부하며 자신들은 해킹에 대해 전혀 아는 바 없다고 주장했다. 그럼에도 불구하고, 단호한 경찰 조사와 법적 심문 그리고 스캔들이 불러온 정치적 반향은 한동안 머독 제국을 뒤흔들 것이 분명하다.

• 월턴-온-템스 지역에 거주한 13세 소녀 어맨더 제인 밀리 다울러는 2002년 3월 21일 하굣길에 괴한에게 납치되어 2002년 9월 18일 변사체로 발견되었다. 당시 『뉴스 오브 더 월드』가 납치된 다울러의 휴대전화를 해킹했다는 사실이 2011년의 조사를 통해 드러났다.

이 책은 전화 해킹 사건을 일으킨 뉴스 코퍼레이션의 기업 문화와 그 문화에 잠재해 있는 법을 향한 오만과 경멸을 보여줄 것이다. 머독의 전직 편집장 데이비드 몽고메리가 지적하듯 "루퍼트는 법을, 심지어 정부를 경멸한다".4 지난 30년간 자유시장과 작은 정부 이데올로기에 광적으로 헌신한 그의 행보가 정부에 대한 그의 경멸감을 말해준다. 이 광적 헌신에는 머독의 뒤틀린 인격도 한몫했다. 루퍼트 머독은 자신을 반항아, 아웃사이더 그리고 그가 '엘리트'라고 부르는 계층의 적수로 생각하는 사람이다. 자신에게 적대적인 사람들은 권력을 휘두르는 기득권층이고 자신은 보통 사람들의 대변자라는 공상에 빠져 있기 때문이다. 하지만 무엇을 위한 것이었는지와는 무관하게 전화 해킹 사건은 다음의 사실을 증명해준다. 바로 머독과 머독의 편집장들은 수단과 방법을 가리지 않고 언론을 하나의 선전 수단으로 이용할 수 있는 정치적 엘리트라는 것. 그들은 영향력 있는 기득권층의 일원이며, 따라서 미디어계의 아웃사이더가 아닌 인사이더다.

정치적 영향력의 그물

전화 해킹 스캔들은 머독의 타블로이드지 편집장들이 행한 비윤리적 범죄 행각뿐 아니라, 오랜 시간 영국 정부에 행사된 그들의 정치적 영향력도 드러냈다. 2010년에 집권을 시작한 데이비드 캐머런 보수당 정부에 대한 그들의 영향력은, 2007년에 『뉴스 오브 더 월드』의 전임 편집장 앤디 컬슨이 당시 야당이던 보수당 대표의 미디어 보좌관으로 임명됐을 때 이미 예견된 것이었다. 『뉴스 오브 더 월드』의 전화 해킹에 대한 첫 번째 수사 이후 내려진 이 인사 결정은 비판에 직면할 수밖에 없었다. 하지만 캐머런은 그동안 자신에게 적대적이었던 루퍼트 머독의 지원을 얻기 위해 이 인사를 단행했다. (캐머런이 보수당의 수장으로 선출되었을 당시 머독은 그가 "영리하고 기민하지만, 너무나도 미숙하다"고 비판한 바 있다.) 컬슨을 통해 머독의 지원을 얻게 된 캐머런은 2008년 휴가를 연기하고 머독과의 밀담을 위해 그리스 해변에 정박한 머독의 호화 요트로 향했다. 이후 캐머런의 주가는 급상승했고, 2009년 9월에 "노동당의 패배LABOUR'S LOST IT"라는 문구가 『선』지의 1면을 장식함으로써 보수당은 다가오는 선거에서 머독의 지지를 약속받았다.

2010년 5월의 선거 결과 보수당이 집권당이 되자 루퍼트 머독은 누구보다 먼저 다우닝 가 10번지●를 방문했다. (의회 청문회에서 머독은 자신이 캐머런의 요청으로 뒷문을 이용해야만 했다고 진술한 바 있다.) 한 달 뒤, 레베카 브룩스가 교외에 위치한 총리 관저로 초대되었다. 2010년 크리스마스를 앞두고 캐머런은 브룩스의 저녁 식사 초대에 응해 그녀의 자택에서 제임스 머독과 그의 아내 캐스린을 만났다. 이날의 회동은 크리스마스이브까지 이어졌다. 당시 캐머런 정부는 BSkyB의 모든 주식을 머독에게 허용할지의 여부를 논의하고 있었다. 해킹 스캔들이 불러온 정치적 파장으로 인해 머독과의 은밀한 관계를 공개하라는 압박을 당하자 캐머런은

● 영국 정부 부처가 위치한 곳으로, 영국 총리 관저의 별칭이기도 하다.

머독과의 공식적 비공식적으로 더욱 자주 접촉하게 되었다. 또한 당시 그는 뉴스 매체와 총 74회의 만남을 가졌는데, 그중 3분의 1에 해당하는 26회는 뉴스 인터내셔널과의 만남이었다. 뿐만 아니라 캐머런 내각의 일원들은 15개월 동안 3일에 한 번 꼴로 머독의 임원들과 접촉했다.

이러한 친밀한 정치적 유대는 전화 해킹 스캔들이 머독을 에워싸기 시작한 2011년 중반까지 지속되었다. 『뉴스 오브 더 월드』가 몇 년 전에 밀리 다울러의 전화도 해킹했다는 뉴스가 터져나오기 불과 24시간 전, 언론계와 재계와 정치권의 유력 인사들은 머독의 딸 엘리자베스와 그녀의 남편 'PR왕' 매슈 프로이트가 개최한 파티에 참석하고 있었다. 그 자리에서 제임스 머독과 레베카 브룩스는 캐머런 정부 및 노동당의 핵심 인사들과 어울렸다. 그보다 몇 주 전에는 몇몇 정치인이 런던 켄싱턴 근교 오렌저리에서 열린 뉴스 인터내셔널의 리셉션 행사에 참석했다. 『뉴스 오브 더 월드』의 폐간이 기정사실화된 당일에도 캐머런은 『선』이 후원하는 용감한 경찰 시상식을 위해 다우닝 가 10번지를 공개했다. 뿐만 아니라 루퍼트 머독의 의회 조사 바로 전날 영국 의회 의장은 머독 기업의 주요 인사 중 한 명이자 머독 평생의 동료인 레스 힌턴이 자신의 오랜 친구임을 밝혔다.

머독과 정치권 사이의 긴밀한 관계는 보수당에만 국한된 것이 아니었다. 토니 블레어와 고든 브라운의 노동당 정부도 머독의 간부들과 은밀한 만남을 가졌다. 레베카 브룩스는 후에 블레어와 브라운을 연평균 6회가량 만났다고 시인했지만, 이는 빙산의 일각에 불과하다. 앞으로 살펴보겠지만 노동당 정부는 머독 회사에 특화된 미디어법을 입안한 주체이기도 하다.

머독과 그의 임원들은 노동당 정부 때나 보수당 정부 때나 내각에 접근해 정책 입안에 관여했다. 또한 경찰과도 긴밀한 관계를 유지했다. 머독과 머독의 임원들은 소유한 신문을 이용해 정치적 이슈들에 관한 국민 여론에 막대한 영향을 미침으로써 자신들의 권력을 지속적으로 유지할 수 있었다.

머독과 호주

호주에서는 머독의 뉴스 리미티드News Limited 소속 신문들의 막강한 권력이 문제였다. 머독은 멜버른과 시드니에서 가장 많은 판매 부수를 자랑하는 『헤럴드 선』과 『데일리 텔레그래프』 같은 타블로이드지, 정론지 『오스트레일리안』 그리고 브리즈번, 애들레이드, 다윈, 호바트 등의 지역 언론 등 호주 신문의 70퍼센트를 독점함으로써 지방정부에 막대한 영향력을 행사해왔다.

신문이 쇠퇴하고 있는 현 시점에 이러한 신문 독점이 그리 심각한 문제일까? 당연히 그렇다. 신문이 라디오와 TV 그리고 온라인 뉴스의 정치적 의제를 설정하기 때문이다. 거대한 규모의 보도국을 둔 신문사들은 다른 뉴스 매체보다 월등히 많은 기사를 매일매일 생산해냄으로써 자신들의 의제 설정자로서의 역할을 달성한다. 이 기사들이 자극적인 발언을 하는 라디오 DJ, TV 토크쇼, 다른 신문 매체, 트위터 사용자들에게 소재를 제공한다. '온라인' 뉴스의 가장 주요한 정보원도 신문이다. 이러한

'구식' 신문의 영향력에 힘입어 머독과 그의 편집장들은 호주에서 발생한 정치적 논쟁들에 거대한 영향력을 행사해왔으며, 정부와 정당에 대한 여론을 통제해왔다. 한 연구에 따르면『데일리 텔레그래프』와『오스트레일리안』은 호주에서 가장 영향력 있는 뉴스 매체다.[5]

2010~2011년, 머독의 호주 신문들은 소수 여당인 노동당 정부를 공격하는 수차례의 캠페인을 통해 그들의 영향력을 증명했다. 노동당을 향한 이런 적대는 2008~2009년 국제 금융 위기 당시 노동당 정부가 경제 활성화와 고용 안정을 위한 공공 비용 지출을 결정한 것이 계기가 되었다. 그런 정부의 결정은 작은 정부를 지향하는 머독 신문의 이데올로기와 반대되는 것이었기 때문이다. 그들의 눈에 문제로 보이는 것은 규제 완화된 금융 시스템이 붕괴 직전에 이른 사태가 아니라, 정부가 호주를 위기에서 구하기 위해 학교 건설과 주택 단열 공사를 돕는 프로그램을 시행하기로 한 결정이었다. 또한 정부가 국제적 채광 기업들이 올린 막대한 이윤에 대한 세금을 더 걷으려 하자 채광 기업의 편에 서기도 했다. 로버트 맨 교수는 BHP빌리턴과 리오틴토•가『오스트레일리안』의 소유주가 되었다 해도, 머독만큼 호주의 세금 완화에 기여하지 못했을 것이라고 말한 바 있다.[6] 노동당이 기업의 탄소 배출에 약간의 세금을 부과하려 했을 때도 머독의 신문들은 대대적인 반대 캠페인을 부추겼다.

2010년 연방 선거에서 의석을 잃게 된 호주 노동당이 녹색당 및 무소속 의원들과 연대를 시도하자, 머독 신문들은 이에 거세게 반대했다.

• 각각 호주와 영국에 근거지를 둔 세계 최고의 채광 기업들.

노동당과 야권 의원들 사이의 협상이 한창일 때, 이 신문들은 자유당을 지지하도록 무소속 의원들을 종용했다. 하지만 무소속 의원들이 이를 거부하자 그들에 대한 수많은 적대적 보도를 쏟아냈다. 2011년 7월 뉴스 리미티드의 최고경영자인 존 하티건이 ABC TV의 리 세일스와 가진 인터뷰를 통해 우리는 호주의 머독 매체들이 무소속 의원들에게 취했던 태도를 알 수 있다.[7] 일단 하티건은 영국발 전화 해킹 스캔들의 여파로 머독의 호주 뉴스 매체들도 사법 조사 요구를 받고 있는 상황에 대해, 정부가 나서서 신문들의 정당한 역할을 보장해야 한다고 주장했다. 그리고 무소속 의원 롭 오크셧이 머독 매체로부터 "악의적이고 뻔뻔스럽고 불공정한" 공격을 받았다고 주장한 것에 대해 다음과 같이 대응했다. "우리는 자주 무소속 의원들에게 공격적이었고, 롭 오크셧에게도 그랬을 뿐입니다." 그의 답변은 공정성이 아닌 공격성이 머독 신문의 일반적 태도임을 확실히 보여준다.

이 인터뷰에서 리 세일스는 2011년에 루퍼트 머독이 호주의 편집장들과 고위 직원들을 캘리포니아 카멜에 있는 자신의 집으로 불러 노동당 정부에 대한 자신의 반대 입장을 표명하며 호주의 "체제 변화"를 위한 캠페인을 요구한 것이 사실이냐고 하티건에게 물었다.[8] 길라드 정부를 퇴진시키라는 지시가 정말로 내려졌는지를 물은 것이다. 이에 하티건은 다음과 같이 대답했다. "절대로 그렇지 않습니다. 대부분의 회사가 그렇듯 우리에게도 나름의 가치관이 있습니다. 다만 우리의 가치관은 매우 깊이 내재되어 있지요. 반드시 회사 입장에서 생각하고 나서 편집자 개인의 입장에서 판단해야 하는 일들이 있습니다. 그중 하나가 소수 여당 정부에 의

한 리더십 공백입니다." 지시는 필요치 않았다. "회사의 입장에서 생각"하기 때문이다. 하지만 그들의 가치관은 노동당 정부에 대한 적대로 나타났을 뿐이다.

세계 곳곳에 있는 머독의 편집장들도 자신은 결코 머독의 지시에 따라 특정 정당을 지지하거나 반대하는 것이 아님을 반복해서 주장해왔다. 그러나 이러한 주장은 뉴스 매체의 소유주는 어떠한 직접적 지시 없이도 직원들에게 막대한 영향력을 행사할 수 있다는 사실을 의도적으로 무시한 것이다.

뉴스 코퍼레이션과 같은 거대 미디어 제국이 각각의 신문사에 힘을 행사하는 방식은 정당의 중앙 집중적 방식과는 다르다. 물론 머독 신문들이 일제히 이라크 침공을 지지하고 나선 것에서는 중앙 집중적 통제의 힘이 발견된다(제8장을 보라). 하지만 대부분의 경우 머독의 신문들은 각자의 상황에 맞게 유연하게 대처했다. 예를 들어 2011년 5월 시드니의 『데일리 텔레그래프』가 선거 결과를 무시하고 재선거를 요구하자, 『오스트레일리안』은 이를 분명히 거부했다. 그러나 두 매체의 반응 모두가 노동당 정부를 공격하고 호주의 정치권을 재구성하려는 거대 캠페인의 일부였음은 분명하다.

녹색당과의 전쟁

호주의 녹색당은 오랫동안 머독 신문의 주된 표적이었다. 2004년 선거를 앞두고, 『헤럴드 선』은 '녹색당이 불법 약물을 옹호하고 나선다'라는 제목의 기사를 내놓았다. 이 기사는 녹색당으로 인해 "엑스터시와 몇몇 불법 약물이 특별한 처방전 없이도 젊은이들에게 유통될 것"이라고 주장했다.[9] 당시 녹색당은 시민들의 자전거 이용 장려와 육류 소비 감소를 위한 정책, 농경업자들의 토지 이용 제한 정책, 성전환 수술 의료보험 적용 정책 등을 내놓았을 뿐이었다. 녹색당의 상원 대표 밥 브라운이 이 기사에 항의하자, 호주 신문 평의회Press Council는 『헤럴드 선』이 다수의 거짓을 담은 '무책임한 보도'를 내보냈다고 판결했다. 그럼에도 불구하고 『헤럴드 선』의 주장은 선거를 앞둔 독자들에게 '심각한 오해'를 유발했으며,[10] 신문 평의회의 공식적 비난에 별다른 타격을 입지 않았다.

　머독의 신문들은 이후에도 녹색당에 일관된 적의를 보였다. 2010년 연방 선거에서 녹색당은 12퍼센트의 득표율을 얻어 아홉 명의 상원의원을 배출했으며, 집권당인 노동당에 대한 그들의 지원은 안정된 국정 운영을 예고하는 듯했다. 이러한 결과를 두고 『헤럴드 선』은 "호주 정치에 중대한 변동이 발생"했으며, 노동당이 호주를 "산업의 불모지"로 만들 것이라 경고했다.[11] 『데일리 텔레그래프』의 피어스 아커맨은 녹색당이 길라드 정부를 전적으로 통제하게 될지도 모른다고 독자들에게 충고했다.[12] 『커리어 메일Courier-Mail』은 "녹색당의 무뢰한들"이 호주 상원을 조종하려 한다고 주장했다.[13] 『오스트레일리안』은 호주의 정치가 "미지의 영역"에 돌입했다는 경고와 함께 언론이 녹색당을 철저히 조사해 그들의 "무임승차"를 막아야 한다고 주장했다.[14] 또한 녹색당은 호주의 미래에 아주 나쁜 영향을 미칠 것이기에 그들의 의회 진출은 반드시 저지해야 한다고 말하

기도 했다.[15]

이 모든 기사는 녹색당에 대한 머독의 관점과 부합한다. 녹색당에 대한 그의 불안은 2010년 호주를 방문했을 때 그가 한 다음의 발언에서 확인할 수 있다. "여러분이 무엇을 하든 빌어먹을 녹색당이 모든 것을 망치도록 내버려두지 마십시오."[16]

세계에서 가장 유명한 호주인

머독의 영향력은 특정 지역에 국한되지 않고 전 세계에 뻗쳐 있지만, 그가 호주가 배출해낸 인물이라는 사실에 주목해야 한다. 반항아, 아웃사이더라는 이미지와 그의 정치적 신념은 모두 호주에 거주했던 40여 년 동안 형성된 것이었고, 미국 시민권을 취득하기 전까지 그는 세계에서 가장 유명한 호주인이었다. 1985년, 머독의 가족은 맨해튼의 대법원에서 180명의 이민자들과 함께 모국에 대한 충성과 신의를 포기하고 미합중국 헌법에 순종하겠노라 맹세했다. 15분가량 진행된 귀화 절차가 끝나자 머독의 가족은 뒷문을 통해 서둘러 법원을 떠났다. 왜 미국 시민이 되었느냐는 기자들의 질문에 머독은 "예전부터 미국 시민이 되기를 원했고 그렇게 되어 매우 기쁘고 감사하다"라고 대답한 뒤 평소답지 않게 더 이상은 말하지 않았다.[17] 당혹감이 드러난 이 짧은 대답은 귀화 당시에도 머독이 여전히 모국을 깊이 사랑하고 있었음을 보여준다. 외국인에 한하여 20퍼센트 이상의 TV 중계권 소유를 막는 미국 법률 때문에 그는 '죽 한 그릇'을 얻기 위해 생득권을 버린 에서Esau•가 되어야 했다. 그 죽 한 그릇은 워싱턴, 뉴욕, 시카고, 보스턴 등지에 있던 일곱 개의 방송국들로, 바로 폭스 브로드캐스팅 네트워크Fox Broadcasting Network의 전신이다.

이렇듯 머독은 호주 시민권을 포기하고 미국 시민권을 획득함으로써 TV 네트워크를 소유할 수 있었고, 나아가 미국 시민으로서 자신의 정치적 이상을 공표할 수 있었다. 몇 년 뒤 머독은 소련 공산주의 붕괴에 대한 연설을 하면서 자신이 이민자이기 때문에 "근대화가 곧 미국화이며, 세계 도처의 시민사회가 미국의 모델을 따르고 있다"는 "아주 중대한 진실"을 객관적으로 바라볼 수 있게 되었다고 말했다.[18] 머독의 관점으로 보면 소련식 공산주의와 미국식 민주주의 사이에 있는 다른 대안은 아무것도 없었다.

호주를 향한 정서적 애착에도 불구하고 머독은 줄곧 한 사람의 미국 시민을 자처하며 미국 시민으로서 발언해왔다. 그는 미국 시민에게 조지 W. 부시 대통령의 이라크 침공 계획을 지지할 것을 촉구하면서 다음과 같이 말했다. "우리에게 어떤 열등의식이 존재하는 것 같습니다. 세계가 우리를 사랑하고 있는지 여부보다 더 중요한 것은 세계가 우리를 존경하고 있다는 사실입니다." 자신을 호주인으로 묘사하는 미국의 신문들에 대해 머독은 다음과 같이 불평했다. "나는 미국 시민이며, 지난 몇 년간 스스로를 미국인으로 여겨왔습니다."[19] 많은 이민자가 그러하듯 머독은 미국 토박이들보다 훨씬 더 열렬히 미국에 대한 자신의 비전을 옹호했다.

• 성경에 나오는 이삭의 쌍둥이 아들 중 장남. 장남이 가진 생득권인 상속권을 죽 한 그릇을 얻기 위해 동생 야곱에게 판 인물이다.

미국적 이상을 향한 머독의 꺾이지 않는 신념은 미국 공화당 극우 인사에 대한 그의 지원에서도 드러난다. 1990년대 이래 머독은 이라크 침공을 주장한 미국 신보수주의의 가장 중요한 후원자였다. 그는 미국 신보수주의 잡지인 『위클리 스탠더드』를 창간해 보조금을 쏟아부었으며, 그 잡지의 기사들을 정기적으로 자신의 호주 신문에 소개하기도 했다. 그의 호주 신문들은 저널리즘의 가장 중요한 덕목을 저버리면서까지 존 하워드 정부의 이라크 참전 결정을 지지했다. 즉 언론의 정부 감시 역할을 포기하고 충직한 아첨꾼을 자처한 것이다. 『오스트레일리안』의 한 사설은 이제까지 반전주의자들이 그랬듯이 이라크전을 반대하는 사람들도 "좌익에 의해 매수"되었다고 주장했다.[20] 『헤럴드 선』의 칼럼니스트 앤드루 볼트는 '서구적 가치 수호, 자유 신장'이라는 미국 우익의 기치에 동조하며 "제멋대로이고 편협한" 전쟁 비판자들이 반미주의라는 새로운 인종주의에 빠져 테러리즘을 옹호한다고 비판했다. 그는 머지않아 사담 후세인이 핵무기를 보유하게 될 것이라고 거듭 경고하기도 했다.[21]

머독이 단지 '친미적'인 인물이기에 이라크전에 찬성했다고 간주하는 것은 아주 순진한 생각이다. 그는 인권 운동을 꽃피웠고 강력한 환경 법안을 최초로 만든 미국이 아니라, 가장 부유하고 보수적인 세력들의 미국을 옹호한다.

『오스트레일리안』의 문화 전쟁

호주의 머독 신문들은 이라크전 이외의 이슈들에 대해서도 캠페인을 펼쳐왔다. 1964년에 창간된 『오스트레일리안』은 수십 년 동안 다양한 이데올로기적 의제들을 다루었다. 2003년 이라크 침공 직후 『오스트레일리안』은 '의지의 진영'이 거둔 초기의 승리에 도취된 승리주의적 사설을 내보냈다. '투덜대는 진영의 실패'라는 제목이 붙은 이 사설은 급진적 이슬람과 대치 중인 서구 사회가 또 다른 먹잇감을 물색 중임을 드러냈다.

서구 사회 내부의 문화 전쟁에는 또 다른 차원의 가치 갈등이 존재한다. 이 전쟁은 우리의 전통적 가치들의 건강함을 옹호하는 진영과, 그 가치들은 인종주의와 권력의 잔혹함을 가리는 장막일 뿐이라고 주장하는 일부 지식인들 사이에서 벌어지고 있다.[22]

『오스트레일리안』은 호주의 국가 정체성에 대한 일련의 논쟁에서 '문화 전쟁'이라는 미국적 용어를 즐겨 사용해왔다. 고통스러울 정도로 장황하기까지 했던 이 논쟁의 주요 화두는, 유럽의 이민자들이 호주 원주민에게 미친 부정적 영향이었다. 초기 100여 년의 식민화를 통해 호주 정부는 원주민 사회에 폭력, 살인, 빈곤과 같은 악영향을 야기해왔다. 보다 최근의 한 원주민 정책은 원주민 아이들을 부모로부터 강제로 떼어놓는 방침을 설정하기도 했다. 하워드 정부는 이 과오들에 대한 언급을 회피하거나 부인해왔기에, 정부의 침묵에 이의를 제기하는 것이야말로 신문 언론의 중요한 역할로 보였다. 하지만 편파적인 정치적 행보를 고수해온『오스트레일리안』은 원주민의 역사와 관련된 문제에서도 계속 하워드 정부를 지지했으며 정부의 노선을 따르지 않는 목소리들은 묵살했다.

1997년 '그들을 집으로 돌려보내라'라는 제목의 보고서가 원주민 아이들을 부모로부터 떼어놓은 정부 정책을 비판하자,『오스트레일리안』은 이에 대항해 첫 번째 문화 전쟁에 나섰다. '도둑맞은 세대stolen generations'라는 별명이 붙은 피해자들을 호주 대중에게 처음으로 소개한 이 보고서는 보수 잡지『쿼드런트Quadrant』와 자유시장주의 싱크탱크인 행정학 연구소Institute for Public Affairs의 극심한 저항을 불러왔으며,『오스트레일리안』을 포함한 머독 신문의 칼럼니스트들과 기자들도 부당한 역사를 반성하려는 이 시도를 공공연하게 비판했다. 한 기자는 이 보고서가 "악의적이고 날조된 이야기"를 담고 있다고 묘사했으며, 다른 기자들은 이 보고서로 인해 호주가 정치적으로 올바르다고 하는 "도덕적 마피아"의 손아귀에 들어갔다고 주장했다. 이 보고서를 향한 언론의 반발에 대한 로버트 맨의 연구에 따르면, 머독의 신문은 "이 보고서의 필자들이 악의적이고 과장된 언어를 몇 번이고 계속 사용하고 있다"는 비판을 제기하기도 했다.23

『오스트레일리안』의 두 번째 문화 전쟁은『호주 원주민 역사의 왜곡 The Fabrication of Aboriginal History』이라는 책을 둘러싼 논쟁으로부터 발발했다. 키스 윈드셔틀의 이 책은 개척자들이 원주민들에게 폭력적이었다는 기존의 역사 인식은 좌익 역사가에 의해 광범위하게 왜곡된 것이며 대부분 거짓이라는 주장을 담고 있다. 윈드셔틀의 책을 "주류 역사학에 대한 법의학적 비판"으로 묘사한『오스트레일리안』은 호감 가는 저자 사진과 함께 보수 진영 칼럼니스트들의 열렬한 지지를 소개함으로써 이 책의 주장을 하나의 정치적 의제로 부상시켰다. 당연하게도 이 신문은 윈드셔틀의 비판자들과 맞서는 매체가 되어 그들을 식민지 역사를 비관적으로만 해석하려 하는 주류 역사가이자 "대학, 자선단체, 박물관, 공영방송 같은 주요 공공시설들을 장악한 소수 인사"로 묘사했다.[24]

2007년에 있었던 연방 선거 직전에 『오스트레일리안』은 하워드 정부의 권위주의적 경향을 지적한 일군의 작가와 지성인을, 지난 25년간 호주 정치인들이 이룩한 위대한 성취를 폄하하는 "이류 지식인"으로 묘사했다.[25] 이는 지난 20년간 머독이 고수해온 뿌리 깊은 이데올로기적 사고방식에서 유래한 것이었다.[26] 문화 전쟁과 하워드 정부에 대한 인터뷰에서 『오스트레일리안』의 편집주간 크리스 미첼은 "하워드는 너무 실용주의적이며 우리는 그가 좀 더 이데올로기적으로 행동하길 바란다"고 대답했다.[27]

선거에서 하워드의 패배가 유력해지자 『오스트레일리안』은 '현실을 물어뜯는 정신나간 좌익'이라는 제목의 사설을 내보내는 강수를 두었다. 그런 극단적 헤드라인에 비판이 쏟아지자 『오스트레일리안』의 논설위원은 그 비판들이 허위와 과장에 빠져 있다고 질책했다. 또한 머독의 신문들은 하워드 정부를 위기로 내몰고 있었던 기후변화 논쟁에 대해 각별한 우려를 표했다. 특히 『오스트레일리안』은 대중 지식인 클라이브 해밀턴 등 몇몇 지식인이 "광범위하고 구체적인 음모가 기후변화를 막기 위한 조치들을 방해하고 있다는 허황된 믿음을 유포한다"며 비난했다. 뿐만 아니라 기후변화의 위험에 경종을 울려온 지식인들을 "자본주의에 대한 뿌리 깊은 혐오"를 가진 자들로 치부했다.[28] 또한 그런 지식인들을 보통 사람을 경멸하는 엘리트 계층으로 매도했는데, 이는 머독의 뉴스 매체들이 미국과 호주에서 취해온 가장 일반적인 전략이다.

머독과 기후변화

루퍼트 머독은 기후변화 발생과 그것의 원인인 화석연료 영향을 부인하는 정치적 운동을 장기간 지원해 미국 공화당에 대한 애정을 표현했다. 오랫동안 머독의 뉴스 매체들은 기후변화를 부인하는 조직적 운동의 거점이었다. 하지만 2007년에 이르러 머독은 기후변화가 실제로 발생하고 있으며 그것이 "심각한 위협"임을 인정함으로써 자신의 입장을 수정했다. 그는 심지어 자신의 뉴스 매체가 "환경문제를 새로운 방식으로" 풀어내 "사람들의 행동을 변화"시킬 수 있을 것이라고 말하기도 했다.

그러나 이후 머독이 기후변화 회의론으로 다시 돌아선 것은 그의 입장 변화가 일시적 변덕이었을 뿐임을 보여준다. 머독이 기존 입장으로 되돌아가자 머독의 신문들은 기후변화 방지 대책에 대해 전보다 더욱 큰 소리로 반대하기 시작했다. 『오스트레일리안』이 기후변화에 대해 보인 태도는 사실 상당히 일관되지 못했다. 2005년에는 한 사설을 통해 화석연료가 지구온난화의 주된 원인임을 분명하게 인정했다. 하지만 얼마 뒤에는 "교토의정서에는 자본주의 발전을 저지하려는 환경 운동의 욕망이 숨어 있다"며 입장을 수정했다. 한 보고에 따르면 머독이 환경문제에 대한 자신의 입장을 번복할 당시, 『오스트레일리안』의 편집차장 마이클 스터치

버리는 기후변화는 "헛소리"에 불과하다며 "머독이 기후변화를 어떻게 생각할 것 같으냐?"고 경멸적인 태도로 동료들에게 말했다고 한다.[30] 2007년 연방 선거가 가까워지자, 또 다른 사설은 친환경 정책을 "호주를 풍력발전으로 돌아가게 하고 녹두콩을 주식으로 삼는 목가적 이상향으로 변화시키려는 시도"라고 깎아내렸다.[31] 이러한 무분별한 비방은 기후변화를 과학적 사실로 받아들이는 사람을 히스테리적 불안 조장자alarmist, 재앙 예언자doomsayer로 묘사한 『오스트레일리안』이라는 매체 자체가 히스테리적임을 보여준다. 이런 『오스트레일리안』의 지면에서 기후변화에 대한 합리적 논쟁은 당연히 불가능했다.

과학적 증거들이 분명해질수록 『오스트레일리안』은 더욱 기후변화를 부인했다. 2009년에는 "지구온난화에 대한 과학계의 입장은 아직 합의에 이른 것은 아니며" "인간의 활동에 의해 온난화가 초래되었다는 증거도 명확하지 않다"라고 한 사설을 통해 주장했다. 과학적 사실들과 상충하는 주장을 선언하는 이 신문의 열성이 정점에 이른 것이다.[32] 이러한 비상식적인 사설들에도 불구하고, 편집주간 크리스 미첼은 기후변화에 대한 보도로 석유나 천연가스를 시추하는 회사들이 수여하는 언론상을 수상했다.[33]

머독 소유의 매체들은 기후변화의 증거로 제시된 현상들의 설득력을 문제삼아 논쟁을 불러일으켰다. 해수면 상승이라는 현상에 대해 『오스트레일리안』은 "한 해변을 50년간 이용 중인 서퍼의 말에 의하면 어떠한 해수면 상승도 발견된 바 없다"는 사설을 실었다.[34] 환경문제처럼 복잡한 사안에 대해서는 과학자들과 정책 입안자들에게 주로 자문을 구하는 다른 언론들의 눈으로 보면, 이는 황당한 기사일 수밖에 없다. 『오스트레일리안』도 이따금 탄소 배출 감소가 지구의 기후변화에 가져다줄 "불분명한 이득"을 지지한다고 말하긴 했으나, 이는 이율배반과 위선을 드러낼 뿐이다.

화석연료 산업의 신임에 힘입은 『오스트레일리안』은 기후변화 회의론을 고수하기 위해 더 이상의 논쟁이 불가능해 보이는 지점에 대한 공격도 멈추지 않았다. 하지만 『오스트레일리안』이 줄곧 주장해온 "더 발전된 논쟁"이란 이미 알려진 사실들의 단순한 거부일 뿐이었다. 다윈의 진화론이 자연사를 설명하는 타당한 이론인지, '우등한' 인종과 '열등한' 인종이 존재하는지, 민주주의와 독재 중 무엇이 더 뛰어난지에 대한 진지한 논쟁이 필요한가? 우리는 기후변화 논쟁을 담배 산업계와 과학계 사이에서 벌어졌던 흡연 관련 논쟁과 비교할 필요가 있다. 흡연이 건강에 미치는 해로운 영향에 관한 과학계의 논쟁은 1990년대에 이미 끝났지만, 담배 산업은 오랫동안 이러한 과학적 합의에 이의를 제기하는 소수의 사람들을 의도적으로 지원했다. 담배 회사 브라운 앤드 윌리엄슨 사의 한 임원이 쓴 메모는 이러한 지원의 숨겨진 목적을 잘 보여준다. "우리는 대중의 상식으로 자리 잡은 '사실들'을 물리치기 위해 (흡연이 건강에 해롭지 않을지도 모른다는) 의심을 만들어내 논쟁을 일으켜야 한다."[35] 이와 유사한 논리(혹은 이와 유사한 목적)가 『오스트레일리안』을 비롯한 머독 신문들의 편집실에서 작동하는 듯하다.

얼마 전 머독은 자신이 여전히 기후변화에 대해 회의적이라는 사실을 공표했다. 2010년 6월에 열린 한 포럼에서 기후변화는 인간 활동보다

"태양의 활동에 더 많이" 영향받는다며 자신의 회의주의적 입장을 확인시켜준 것이다.[36] 그는 몇 달 뒤 호주를 방문해 자신은 허황된 풍력발전보다는 원자력발전을 옹호한다고 주장했다.

머독의 경고

2008년 머독은 호주 ABC(Australian Broadcasting Corporation) 라디오의 유명 강연 프로그램 「보이어 강연(Boyer Lectures)」의 연사가 되었다. ABC에 따르면 이 강연은 해마다 선정되는 저명한 호주인이 '자신의 업적 및 사회적 과학적 문화적 이슈들에 대한 생각을 들려주는' 자리다. 회사 본부를 미국으로 이전시키고 미국 시민권을 획득한 머독이 저명한 호주인으로 지칭될 수 있느냐는 지적이 제기되었다. 그 비판을 민감하게 받아들인 머독은 호주 화가 러셀 드리스데일의 그림에 묘사된 원주민 목장 인부 가족을 언급하면서 강연을 시작했다. "우리의 광활한 대지"에서 느낄 수 있는 고독함, 유칼립투스 나무 그리고 갈리폴리로 갔던 자신의 아버지에 대한 향수 어린 묘사로 강연을 시작한 머독은, 이어서 도로시아 매켈러의 시 「내 조국」의 일부를 낭송했다. 그러고는 "많은 국민이 제가 여러분과 같은 호주인의 권리를 주장할 수 있는지 의문을 가진다"며 "사람들이 나를 어떻게 부르든 개의치 않겠다"고 말했다.

이렇게 감상적인 도입부로 강연을 시작했지만, 그는 곧 호주 정부가 자신이 주장해온 세금 축소, 미국과의 연대, 복지 축소 등 친자유시장적 의제들을 수용하지 않는다면 심각한 곤란에 빠질 것이라고 경고했다. 또한 "기후변화에 대한 종말론적 전망"을 비판하며 "어떤 나라도 지키지 못할 무리한 표준을 스스로에게 부과함으로써 호주 경제를 어렵게 만들지 말 것"을 당부했다. 과학기술이 기후와 에너지 문제를 해결할 수 있기에 "인류의 황금시대"가 "바로 눈앞에" 도래했다는 것이 그의 주장이었다. 이어서 그는 공교육을 공격하며 교육도 경쟁과 선택이라는 자유시장 원칙을 수용해야 한다고 말했다. 조지 W. 부시의 연설 원고 작가였던 빌 맥건이 초고를 잡은 이 강연은 뉴욕에서 녹음된 것이었다. 몇 년간 머독의 신문을 장식해온 흔해빠진 입장들이 마치 새로운 통찰인 양 제시된 머독의 보이어 강연은, 별다른 논쟁도 불러일으키지 못했다.

하지만 그렇다고 루퍼트 머독의 힘을 폄하할 수는 없다. 그의 아이디어들은 여전히 전 세계에 막대한 영향력을 행사하고 있으며, 지난 30년간 반동을 선동해왔다. 그 아이디어들은 다수의 권력자가 공유하고 있으며 여러 국가의 경제적 사회적 기구들을 변화시키고 있다. 머독은 단순한 사업가가 아니다. 그는 호주와 호주적 정신이 길러낸 인물이다. 세계에서 가장 유명한 호주인 루퍼트 머독은 자신만의 확고한 견해를 가진 인물이며, 그 견해들은 외부의 엄중한 평가를 불러오기 마련이다. 이 책은 그 평가들 중 하나다.

제1장
십자군 운동을 벌이는 기업

사람들은 내가 전도유망한 산업에 종사 중인 한 명의 사업가 이상임을 이해하지 못한다. 나는 신념에 헌신하는 사람이다.[1]

루퍼트 머독, 1995

좋건 나쁘건, (내 회사는) 나의 생각과 성격 그리고 가치들을 반영한다.[2]

루퍼트 머독, 1996

2004년 뉴욕의 매디슨 스퀘어 가든에서 열린 미국 공화당 회의는 조지 W. 부시 대통령의 승리에 환호했다. 여전히 많은 지지자로부터 이라크전의 영웅으로 칭송받고 있었던 부시는 2004년 대선에서 존 케리를 물리치고 연임에 성공했다. 회의가 끝나고 대부분의 참석자가 자리를 뜰 무렵 흥미로운 사건이 발생했다. CNN 방송 부스에서 진행자 주디 우드러프와 울프 블리처가 인터뷰를 진행하는 사이 몇몇 공화당원이 "폭스 뉴스를 보세요! 폭스 뉴스를 보세요!"라며 소리친 것이다. 그들은 폭스 뉴스를 자신들의 우방으로, CNN을 내부의 적으로 간주했다.[3]

한때 CNN은 루퍼트 머독에게 분노의 대상이었다. 그는 매일 운동용 자전거에 앉아 이 뉴스 네트워크의 성공에 눈살을 찌푸리며, (그의 관점에서) 지나치게 '자유주의적liberal'이고 '좌경화left-leaning'되어 있는 CNN에 대적할 자신만의 TV 뉴스를 꿈꿨다. 현재 머독의 폭스 뉴스는 CNN의 강력한 라이벌로 성장했고 시청률 경쟁에서 항상 CNN을 앞지르며 미국 정치에 심대한 영향력을 행사하고 있다. '폭스 뉴스 효과the Fox News effect'라는 말이 암시하듯 폭스 뉴스는 그들의 시청자를 넘어 미국 텔레비전의 전반적 기조에까지 영향력을 미치고 있다. 폭스 뉴스의 선동적 논평가들은 매일 밤 공포로 가득 찬 주문을 300만 시청자에게 전송하고 있으며 폭스 뉴스의 현기증 나는 그래픽과 극적인 음악은 테러리스트, 자유주의자, 게이 그리고 민주당원에 관한 '폭스 뉴스 경보Fox News Alert'를 강화시키는 기능을 한다.

지난 몇 년간 버락 오바마 미국 대통령은 폭스 뉴스의 주된 표적이었다. 그가 민주당 경선에 참가 중이던 2007년, 폭스 뉴스는 오바마가 유년 시절 인도네시아의 이슬람 학교 마드라사madrasah에서 수학했다는 오보를 내보냈다. 9. 11 테러 이후의 상황에서 마드라사와의 연루설은 그 자체로 이슬람 테러리즘과의 공모를 연상시키는 것이었다. 대선 기간 중 폭스 뉴스의 한 아나운서는 오바마가 부인 미셸과 주먹을 맞부딪치는 인사법이 테러리스트의 인사법이 아닐까 하는 경솔한 의혹을 제기했다. 오사마 빈라덴과 오바마의 이름이 헷갈리기 쉬워 암살될지도 모르겠다는 농담을 던졌던 또 한 명의 폭스 뉴스 아나운서가 그랬던 것처럼, 이 아나운서도 얼마 뒤 자신의 실언에 대해 사과했다. 폭스 뉴스의 가장 호전적인 진행자 숀 해너티는 선거기간 내내 오바마를 "거만한 엘리트주의자"라

비난하며, 민주당 대선 후보가 테러리스트 및 흑인 과격파와 친분을 유지해왔다는 의혹을 제기함으로써 친공화당적 흑색선전에 동조했다. 오바마는 이 의혹을 "숀 해너티의 소란"이라 일축했고 특히 자신의 아내를 향한 공격에 분노했다.

선거운동이 한창이었던 2008년, 루퍼트 머독은 폭스 뉴스의 대표로서 에일스와 함께 오바마를 만났다. 이 회동에서 오바마는 자신의 부친과 머독의 관계를 언급하며 서로 간의 공감대를 찾으려 노력했다. 반면 에일스에게는 자신과 아내를 "수상쩍고 낯설고 무서운 테러리스트 같은" 인물로 묘사하는 폭스 뉴스의 공격을 멈추지 않는다면 더 이상의 대화가 무의미하다는 단호한 입장을 내비쳤다.[4] 이에 에일스는 오바마에게 폭스 뉴스에 출연할 것을 제안했고, 오바마의 출연 이후 (토크쇼 사회자의 여전히 편파적인 태도에도 불구하고) 오바마 진영과 폭스 뉴스의 관계는 정상화되는 듯했다. 머독의 전기 작가 마이클 울프가 『배너티 페어 _Vanity Fair_』와 가진 인터뷰에 따르면 머독 역시 폭스 뉴스의 보도에 몇 차례 당혹감을 표현하기도 했다고 한다. 그러나 머독의 지적에 에일스가 격앙된 반응을 보일 때면 머독은 이내 에일스를 치켜세워 진정시켰다고 한다. 머독은 폭스 뉴스의 정치적 편향성을 부인해왔지만, 2011년 로저 에일스는 "보수주의 운동에 기여한 바"를 높이 인정받아 우익 싱크탱크인 헤리티지 재단으로부터 '루스 어워드'를 수상했다.[5]

2008년 대선에서 머독은 언론을 통한 직접적 지지뿐 아니라 보다 간접적인 방식으로도 공화당을 지원했다. 당시 존 매케인 후보 측의 부통령 내정자 세라 페일린과 그녀를 공화당의 샛별로 치켜세운 머독의 편집장 빌 크리스톨 사이의 커넥션이 바로 그 증거다. 신보수주의 잡지『위클리 스탠더드』의 편집장 빌 크리스톨은 공화당 지도자들과 함께 승선한 알래스카행 크루즈 선에서 알래스카 주지사 세라 페일린을 만났다. 이후『위클리 스탠더드』는 그녀의 주지사 당선을 다른 공화당 후보들의 패배와 대조되는 "눈부신 승리"로 묘사했다.[6]

　선거 결과가 말해주듯이 폭스 뉴스의 오바마에 대한 적대와 매케인-페일린에 대한 지지는 민주당 후보 지지 물결을 저지하기에는 역부족이었다. 하지만 이와 같은 강력한 여론에도 불구하고 폭스 뉴스의 입장은 결코 바뀌지 않았다. 미국인들에게 새로운 희망으로 떠올라 많은 공화당원에게 깊은 시름을 안겨주었던 오바마가 80년 만에 맞은 최악의 경제 위기에 대처하기 위해 불가피하게 정부 예산 증액을 결정하자, 보수 진영은 그것을 반격의 기회로 삼았다. 그리하여 오바마 취임 몇 달 만에 이른바 '티파티' 운동●이 미국의 새로운 정치 현상으로 등장했다. 국제적 금융 위기에 대한 방책으로 예산 증액과 세금 인상을 결정한 정부에 반대하기 위해 보수 세력이 수십 년 만에 처음으로 과격한 거리 시위를 벌인 것이다. 폭스 뉴스의 토크쇼들은 시청자의 집회 참여를 종용하고 집회 장소와 시간을 웹사이트에 올림으로써 티파티 운동에 동참했다. 오바마를 백인과 백인 문화를 증오하는 인종차별주의자라 비난해온 폭스 뉴스의 사회자 글렌 벡 역시 티파티의 추종자 중 한 명이었다. 2009년 4월 첫 티파티 집회가 있기 몇 주 전, 폭스 뉴스는 "여러분의 분노를 표출하십시

●　1773년 차에 부과된 세금에 반대하는 보스턴 시민들의 과격한 거리 시위에서 유래된 말로, 2009년 이후 정부 지출과 세금 축소를 주장하는 공화당 주도의 거리 시위를 지칭하게 되었다.

오"라는 선동을 통해 공화당의 정치 집회를 지지했다. 이 집회는 숀 해너티, 닐 카부토, 그리타 밴 서스테렌, 글렌 백과 같은 유명 진행자들에 의해 실시간으로 중계되었다. (이 집회가 개최되자마자 머독의 『뉴욕 포스트』또한 반 오바마 시위의 당위성을 옹호하고 나섰으며, 집회의 장소와 시간을 게시했다.)

티파티 운동에 당황한 백악관은 폭스 뉴스를 공화당의 한 계파로 묘사했고, 대통령 대변인 애니타 던은 오바마가 폭스 뉴스에 출연했을 당시 이미 그 매체가 정상적인 뉴스 언론이 아님을 직감했다고 발표했다. 며칠 뒤 머독은 오바마 정부는 "반산업적"이라는 평판을 얻고 있다는 말로 응수했다. 그는 폭스 뉴스에 대한 정부의 공격에 오히려 우쭐해하며 다음과 같이 말했다. "백악관이 몇몇 폭스 뉴스 논평가에게 강경한 반응을 보이고 있습니다. 제가 여러분에게 말씀드릴 수 있는 것은 폭스 뉴스에 대한 평가가 상승하고 있다는 것입니다."[7]

오바마 취임 이래 폭스 뉴스는 논의 중인 정부 정책에 대한 용어를 줄곧 교묘하게 조작했다. 의료보험 정책이 논의될 당시 폭스 뉴스의 한 고위 간부는 "공공 선택권public option"이라는 용어를 가급적 피하고 "정부 시행의 의료보험government-run health insurance"이라는 용어를 사용할 것을 직원들에게 "친절하게 상기"시켰다. 만일 불가피하게 앞의 용어를 사용해야 한다면 "소위 공공 선택권so-called public option"으로 표현하라는 권고도 했다.[8] 같은 시기 『뉴욕 포스트』와 『월스트리트 저널』 역시 "정부 시행의 건강관리government-run health care" "소위 공공 선택권"과 같은 표현들을 일상적으로 사용했다. 이것은 당시 공화당 정책 자문이 공화당 당원들에게 용어에 대해 조언한 내용과 정확히 일치한다.

2010년 초, 머독 주변 인물 중 한 사람이 사소한 문제를 일으켰다. 그의 딸 엘리자베스의 남편 매슈 프로이트(그는 지그문트 프로이트의 증손자이기도 하다)가 『뉴욕 타임스』와의 인터뷰에서 폭스 뉴스에 대한 비판적 견해를 밝힌 것이다.

> 뉴스 코퍼레이션과 그 창립자 그리고 모든 글로벌 미디어가 존중하는 언론 규범을 끔찍하게도 지속적으로 무시하고 있는 로저 에일스에게 나와 내 가족은 부끄러움과 역겨움을 느낍니다.[9]

런던의 일류 광고회사 대표인 프로이트는 이렇듯 공격적인 어조를 숨기지 않았다. 이에 에일스는 프로이트가 "정신과 의사를 만나볼" 필요가 있다고 응수했다. 프로이트의 발언이 머독 일가 내부의 일반적인 견해를 반영한 것이었는지는 불분명하다. 하지만 엘리자베스가 남편의 입장과 일정한 거리를 취했음에도 불구하고, 그 발언은 머독의 상속자들이 오바마 선거운동에 대한 폭스 뉴스의 태도를 불만스러워했었다는 소문을 부추겼다. 사실 엘리자베스 머독은 대선을 앞두고 영국에서 오바마를 위한 모금 행사를 개최한 적이 있었고, 그녀의 동생 제임스도 당시 민주당을 지지하는 발언을 했었다. 엘리자베스와 두 남동생 제임스와 라클런이 아버지 사후 혹은 퇴임 후 거대 글로벌 미디어를 운영할 상속인들이라는 점에서, 프로이트의 발언은 포스트-루퍼트 시대 뉴스 코퍼레이션의 새로운 정치적 방향성을 예고하는 단서로 비쳐졌다. 프로이트의 사소한 한마디가 미국과 영국, 호주에까지 뻗어 있는 뉴스 코퍼레이션의 변화를 알리는 신호로 이해되었던 것이다.

이상할 정도로 정치적인 기업

어떤 면에서 뉴스 코퍼레이션은 글로벌 기업 모델의 한 전형을 보여 준다. 다른 글로벌 기업과 마찬가지로 천문학적 자산을 보유한 뉴스 코퍼레이션은 세계 각지로부터 밤낮없이 막대한 이윤을 그러모으고 있다. 미국에서 뉴스 코퍼레이션은 공중파 TV 채널 폭스 브로드캐스팅과 거대 영화제작사 20세기 폭스, 케이블 채널 폭스 뉴스 그리고『월스트리트 저널』과『뉴욕 포스트』를 소유하고 있다. 영국의 위성 TV 회사 BSkyB와『선』『타임스』『선데이 타임스Sunday Times』같은 신문도 뉴스 코퍼레이션의 통제하에 있다.『헤럴드 선』『오스트레일리안』같은 호주 최대 신문들도 이 미디어 복합체의 소유다. 글로벌 출판사 하퍼콜린스Hapercollins와 그 외 여러 군소 사업체들도 가지고 있다. 모든 기업이 그러하듯 뉴스 코퍼레이션도 주주 이익의 최대화를 목적으로 한다. 머독을 돈만 밝히는 욕심 많은 사업가라고 비판하는 자들과 그의 뛰어난 사업 수완에 감탄하는 지지자들(그리고 다수의 전기 작가들) 모두가, 머독이 금전적 이익을 위해서라면 무엇이든 포기할 수 있는 사람이라고 생각하는 것 같다. 머독 자신도 전기 작가 윌리엄 쇼크로스에게 다음과 같이 말했다.

모든 신문은 이윤을 추구한다. 나도 존경을 받으려면 이윤을 쫓아야 한다. 내가 그런 움직임을 멈추면 누군가가 나를 회사에서 끌어내길 바란다. 이윤을 추구하지 않는 신문은 더 이상 의미가 없기 때문이다.[10]

하지만 이는 단지 기업가로서의 과장된 자기변호일 뿐이며 머독의 실상과는 거리가 멀다. 머독은 돈벌이 못지않게 자신의 이데올로기와 정치적 신념을 전파하는 데 열정적인 인물이다. 따라서 뉴스 코퍼레이션도 글로벌 미디어의 전형으로만 보아서는 안 된다. 뉴스 코퍼레이션의 특징은 이 회사의 근본적인 구성에서 기인한다. 대다수의 글로벌 기업은 효율적인 관료제를 실현하는 테크노크라트들과 그들의 배후에 있는 소수의 이사진으로 구성된다. 반면 뉴스 코퍼레이션은 머독이라는 독재자의 독특한 개성과 영향력이 다른 주주들의 요구를 압도하는 하나의 제국이다. 머독의 경영진에는 전직 스페인 총리 호세 아즈너와 전직 뉴욕 시 교육감 조엘 클라인처럼 이 독재자와 정치적 신념을 오랜 세월 공유해온 친구들이 포함되어 있다. 머독은 수십 년에 걸쳐 진화한 자신의 독특한 보수주의적 세계관을 전파하기 위해 연간 수백만 달러의 공적(회사를 통한), 사적(은밀한 기부를 통한) 지출을 마다하지 않는다. 머독 제국의 핵심적인 자회사들은 각국의 정치권에 깊이 연루되어 있으며, 머독의 가치관과 영향력을 전파하는 확성기로 작동해왔다. 또한 머독은 정치적 가십거리가 되기를 자처했으며 정치권 내부에서 유력 인사로 인정받는 삶을 즐겼다. 정치 지도자들은 머독을 존경할 수밖에 없었는데, 그는 자신의 언론을 이용해 기꺼이 특정 정부와 당을 지지했기 때문이다. 머독 제국 내에서 가장 수익성이 높은 폭스 뉴스와『선』도 특정 정당과 그 지도자들에 대한 그의 입장을 대변하는 수단이었다. 버락 오바마에 대한 폭스 뉴스의 증오 섞인 태도는 1990년대『선』이 영국 노동당 대표 닐 키넉에게 보였던 태도와 흡사하다. 마찬가지로 조지 W. 부시에 대한 폭스 뉴스의 지지는 토니 블레어에 대한『선』의 태도와 유사하다.

뉴스 코퍼레이션은 머독의 정치적 신념과 영향력 확장에 사용되는 적자 신문들을 재정적으로 지원하기 위해 수억 달러에 달하는 비용을 지출해왔다. 그중『뉴욕 포스트』는 1976년 3700만 달러에 매입된 이래 필자가 이 책을 쓰고 있는 현재까지 단 한 차례도 흑자를 내지 못하고 연간 1500만~2000만 달러가량의 적자만 보고 있다. 1988년 머독은『뉴욕 포스트』를 어쩔 수 없이 매각한 바 있지만, 1993년 재빨리 다시 사들였다. 훗날 머독의 고백에 따르면, 1976년 이후 13년간 그는 이 신문에 대략 1억 달러를 지출했다.[11] 2007년에 작성된 한 보고서를 보면 영국의『타임스』역시 2004년 한 해에만 8900만 달러의 적자를 낸 신문으로, 수익성 좋은 자매지『선데이 타임스』의 지원을 받아 손해를 메웠다.[12] 2009년 한 해 이 두 신문의 적자는 8700만 파운드에 달했다.[13]『오스트레일리안』역시 창간 이후 12년간 적자에 시달렸으며 최근에도 항상 흑자를 보는 것은 아니다.[14] 그럼에도 불구하고 이 신문들은 미국, 영국, 호주에서 머독의 정치적 지위를 보조하는 역할을 했다. 2011년 머독이 아이패드 전용 신문으로 론칭한『데일리Daily』도 전적으로 보조금에 의해 운영되고 있다. 만일『데일리』가 머독의 정치적 영향력을 증진시키는 데 성공한다면, 이 매체가 받는 재정 지원은 기존의 수준을 훨씬 능가할 것이다. 머독도 아주 가끔은 그 매체들이 시장 경쟁에서 독자의 선택을 받지 못했다고 인정한다. 하지만 그렇다고 자신의 보수적 신념과 가치를 변호하는 그 매체들을 포기하지는 않는다.

머독이 정치적 신념에 입각해 자신의 기업을 운영해왔음을 보여주는 이런 증거에도 불구하고 사람들은 "머독은 오직 승자만을 지원한다"는 일반적인 견해를 믿고 있다. 그를 오직 이윤만을 추구하는 인물이라고 생각하는 것이다. 그 증거로 가장 빈번하게 거론되는 사례가 1997년 영국 총선에서 그가 토니 블레어의 노동당을 후원한 사실이다. 이는 머독이 줄곧 지원해온 보수당과 무자비하게 의절하고 정치적 실용주의를 택한 것으로 이해된다. 하지만 이 사례는 머독의 무자비함을 보여줄 뿐 그가 오직 승자만을 지원한다는 증거는 되지 못한다. 머독이 1997년에 노동당을 지원한 것은, 블레어와 노동당이 새로운 대처리즘적 형태를 띠기 시작했기 때문이다. 즉 머독이 입장을 바꾼 것이 아니라 노동당이 극적으로 변화한 것이다. 당시 머독의 신문은 노동당의 이런 변화에 상당한 기여를 했다. 승자에 대한 지원이 수익성 측면에서 분명 머독에게 유익한 정책일 수 있다. 하지만 1997년의 승자였던 노동당은 정부 규제 완화라는 머독의 바람에 가장 우호적이었던 당이었다.[15] 정부 규제 완화는 1997년 선거 직전, 토니 블레어가 지구 반 바퀴를 돌아 뉴스 코퍼레이션의 편집회의에 참석해 직접 전한 메시지 중 하나였다.

머독이 경제적 이윤을 정치적 원칙보다 중요시해왔다는 증거로 자주 언급되는 또 다른 사례는, 1990년대에 그가 중국에서의 사업 확장을 위해 중국 공산당 지도부에게 이례적인 경의를 표했다는 사실이다.

1993년만 해도 머독은 방송의 기술 발전이 "중국 도처에 존재하는 전체주의 체제에 위협"이 될 것이라고 말해 중국 지도부의 분노를 샀다. 하지만 이듬해 중국에서 "BBC가 중국의 지도자들을 화나게 만들고 있다"라는 불만 여론이 형성되자, 머독은 아시아에 송출되는 자신의 스타 TV 네트워크에서 BBC의 방영을 중단했다.[16] 이후 그의 출판사 하퍼콜린스는 중국의 경제 개혁자 덩샤오핑에 대한 따분하고 무비판적인 전기를 출간했으며, 이 책의 저자인 덩샤오핑의 딸 덩룽에게 약 100만 달러의 인세를 지불했다.[17] 하퍼콜린스는 중국 지도부의 미움을 사왔던 전직 홍콩 총독 크리스 패튼을 통해 이 책을 중국에 유포했다. 이러한 일들은 머독의 집요한 이윤 추구적 면모를 보여주는 것이 아니라 머독에게 중국은 정치적 관심의 대상이 아니었음을 증명한다. 머독은 자신과 자신의 뉴스 매체가 정치적 사건과 정부에 중대한 영향을 미칠 수 있는 나라들에서만 자신의 정치적 신념을 경제적 이윤에 앞세웠다. 게다가 1990년대의 중국은 반공주의자 머독에게 결코 두려움과 증오의 대상이 아니었다.

자신의 정치적 영향력을 확장하는 데 있어, 머독은 선거에서 특정 정당을 지지하는 것보다 시기와 집권당에 구애받지 않는 광범위하고 장기적인 일련의 가치관을 전파하는 일에 더 큰 가치를 두었다. 영국의 매체학자 스티브 바넷과 아이버 게이버는 정당에 대한 머독의 공식적인 지원이 시기에 따라 아주 상이한 양상을 보여왔음을 지적하며 다음과 같이 말했다.

머독의 신문들에는 일관된 메시지들이 존재하며, 그것들은 하나의 논리 정연한 이데올로기를 형성한다. (…) 영국뿐 아니라 세계 도처에서 발간되는 머독의 신문들을 접한 독자라면 그 신문이 특정한 이슈를 보도할 때 영향을 미치는 하나의 가치관이 존재함을 알아볼 수 있을 것이다.[18]

머독이 2009년 『월스트리트 저널』을 인수하면서 영국 보수주의 언론인 제러드 베이커를 부편집주간으로 임명한 것도 이데올로기적 결정이었다. 베이커는 수년간 폭스 뉴스 기고자로 활동했고 2004년에서 2007년까지는 『위클리 스탠더드』 편집자였기에 머독의 매체들과 아주 끈끈한 인연을 맺고 있었다. 『월스트리트 저널』에서 그의 임무는 "좌익 이데올로기에 편향된 편집국을 감시"하는 것이었다.[19]

머독의 정치적 투쟁은 2008년 대선 당시 공화당 부통령 후보였던 세라 페일린의 『불량해지기: 미국적 삶Going Rogue: An American Life』을 출간한 출판사 하퍼콜린스를 통해 더욱 확장되었다. 페일린의 책이 성공을 거두자 하퍼콜린스는 보수 진영 저자들의 보수주의적 저술을 전문으로 하는 새로운 출판 브랜드 브로드사이드 북스를 출범시켰다. 이 새 출판사의 대표 애덤 벨로는 "보수주의적 관점에서 저술된 문화 전쟁에 관한 서적, 수정주의적 역사서, 전기, 문예 선집, 대중문화에 대한 논쟁적인 문고판 서적"을 출판할 계획이라고 말했다.[20]

『불량해지기』의 성공 이전에도 하퍼콜린스는 로널드 레이건, 마거릿 대처, 존 하워드 등 전직 지도자에 관한 보수주의적 서적을 다수 출판해왔으며,[21] 1990년대 빌 클린턴과의 이데올로기 전쟁 일환으로 다수의 모호한 우익 서적을 내기도 했다.[22] 이 책들 중 몇몇은 상업적으로 성공을 거두었지만, 대부분은 한 출판사의 사적 관심을 반영하는 데 그쳤다.[23] 머독은 신문 편집장들에게 그러했듯 출판 경영인들에게도 자신의 정치적 기호를 각인시켰다. 하퍼콜린스 전직 대표였던 윌리엄 싱커는 1995년에 한 기자에게 다음과 같이 말했다. "루퍼트는 보수주의적 책들을 충분히 출판하지 않는다고 날 고소할 듯 보였습니다. (…) 농담처럼 '당신들은 빨갱이들이야'라고 말하기도 했죠."[24]

　　머독은 자신의 정치적 이상을 위해 막대한 금액을 기부해왔다. 보통은 은밀히 기부했지만, 2010년 상·하원 선거를 앞두고 미국 공화당 주지사 협회와 상공회의소에 125만 달러와 100만 달러를 기부했을 때는 그 사실이 알려졌다. 그 두 단체는 선거기간 동안 전례 없는 규모의 TV 광고로 민주당을 공격했었다. 공화당 주지사 협회가 받은 기부금과 관련해 논쟁이 벌어지자, 뉴스 코퍼레이션의 대변인은 주지사 협회와 뉴스 코퍼레이션은 모두 "자유시장의 힘"을 믿고 있다고 말했다. 1993년에 머독은 부통령 댄 퀘일의 전직 보좌관이었던 빌 크리스톨이 발족한 '공화당의 미래를 위한 프로젝트'에 기부한 적이 있다. 그 프로젝트는 힐러리 클린턴이 설계한 의료 제도를 저지하는 데 일조했다. 이후 크리스톨은 머독의 『위클리 스탠더드』 편집장을 맡아 비록 수익은 내지 못했지만 이라크 침공 캠페인을 훌륭하게 진두지휘했다. 2003년, 머독은 캘리포니아 주의 소수집단 우대 정책 반대 운동에 30만 달러를 기부했다.(이후 그는 자신의 기부 사실이 법정에서 공개되는 것을 막기 위해 분투하기도 했다.) 이는 그가 1996년에 소수집단 우대 정책과 빌 클린턴의 당선을 막기 위해 캘리포니아 공화당원들에게 100만 달러를 기부한 맥락과 일치한다.[25] 머독은 마거릿 대처 집권기에 노동당 인물들을 중상모략하는 캠페인을 벌였던 한 열성적 대처리즘 그룹에 27만 파운드가량을 기부하기도 했다. 또한 CIA와 긴밀한 관계를 유지해온 영국의 극우 선전가를 후원하기도 했다. 그 외에도 뉴욕의 『코멘터리Commentary』, 호주의 『쿼드런트』 등 보수주의 잡지를 재정 지원했다.[26]

머독은 보수가 아니라 진보 세력을 비밀리에 지원했던 경력의 초창기부터 줄곧 정치권 내부에 깊숙이 개입하는 것을 즐겼다. 노동당이 승리한 1972년 호주 선거를 앞두고 그는 노동당 광고비를 지불했으며 자신의 신문에는 노동당 광고를 무료로 게재했다. 머독의 영국 신문들 또한 한때 노동당을 후원했다. 1972년, 머독은 디스틸러스 컴퍼니가 제조한 진과 위스키 불매운동에 자금을 댔다.[27] 이 운동은 기형아 출산을 유발하는 탈리도마이드를 복용한 피해자들에 대한 보상을 유보한 디스틸러스와 맞붙은 『선데이 타임스』를 지원하는 것이었다.• 사실 그 운동은 머독이 『뉴스 오브 더 월드』의 한 간부를 시켜 조직한 것이었다. 이 외에도 머독은 많은 일에 은밀하게 자금을 지원했다. 2010년 미국 공화당을 후원했으나 선거 결과가 실망스럽게 나타나자, 뉴스 코퍼레이션은 앞으로 모든 정치적 기부를 공개하기로 결정했다.

뉴스 코퍼레이션의 독특한 정치적 성격은 편집장들과 고위 간부들

• 『선데이 타임스』가 영국의 양조업체 디스틸러스의 자회사가 생산한 탈리도마이드의 위험성을 폭로하는 기사를 낸 것을 계기로, 『선데이 타임스』와 디스틸러스는 법적 투쟁을 벌였다.

이 참석하는 정규 회의에서 잘 드러난다. 고위 경영진의 사내 회의 참석은 아주 흔한 일이지만, 그런 회의에서 세간의 이목이 집중된 정치적 인사와 이슈가 주요 주제로 다루어지는 경우는 드물다. 미디어 업계를 포함한 대부분의 사업체는 현실 정치에 깊게 개입하거나 특정 정당과 직접적으로 연계되는 것을 피하려 한다. 하지만 뉴스 코퍼레이션의 편집회의는 미국 공화당과 영국 보수당을 주제로 삼는 것을 매우 즐긴다. 이같이 고도로 정치화된 회의는 정치권과 정부의 이슈를 보도하는 미디어 기구에서는 더욱 흔치 않은 일이다.

1988년부터 머독의 편집장들과 고위 간부들이 참석하는 국제적 회의가 열렸고 그 첫 번째 회의에 전직 대통령 리처드 닉슨이 초대되어 콜로라도 주 애스펀으로 날아갔다. 신보수주의 이론가 노먼 포드호레츠, 전직 연방준비제도이사회 의장 폴 볼커, 백악관에서 온 국방부 관리들, 영국 정치인 데이비드 오언 등도 그 회의의 연사로 초대되었다.[28] 한 편집장은 그들이 "개선장군처럼 환영받았다"고 회고한 바 있다.[29] 1992년에 열린 애스펀 콘퍼런스에서는 '현대 문화가 초래한 민주적 자본주의의 위협'이라는 의제로 공개 토론회가 진행되었다. 이 토론에 참석한 패널들 중에는 당시 미 국방부 장관이던 딕 체니의 부인이자 도덕 운동가인 린 체니와 전직 대처 보좌관 존 오설리번, "신보수주의의 대부" 어빙 크리스톨 등이 포함되어 있었다. 1995년 호주에서 열린 회의에서는 당시 야당이던 영국 노동당 대표 토니 블레어가 연설을 했는데, 이 연설은 많은 청중을 감화시켰다. 1998년 아이다호 주의 선 밸리에서 열린 회의에서는 영국 재무부 장관 고든 브라운이 연설했고, 이후 멕시코 회의에서는 조지 W. 부시의 국가안보 보좌관 콘돌리자 라이스와 영국 보수당 대표 마이클 하워드가 연설했다.

1988년부터 이어져온 이 회의는 뉴스 코퍼레이션의 정치적 변화를 알리는 바로미터다. 기후변화 문제에 대한 뉴스 코퍼레이션의 입장 변화는 2006년 7월 캘리포니아의 페블 비치에서 열린 회의에서 드러났다. 그 회의에 전직 민주당 대통령 후보이자 「불편한 진실An Inconvenient Truth」• 이라는 다큐멘터리를 만든 앨 고어는 물론 영국 총리 토니 블레어와 캘리포니아 주지사 아널드 슈워제네거도 초대받아 기후변화에 대해 논의했다.

이상할 정도로 권력 지향적인 기업

머독은 자신이 보유한 신문, TV, 출판사의 힘뿐만 아니라 개인적인 정치 기부를 통해 얻은 힘도 즐기는 인물이었다. 2007년, 저널리스트 켄 올레타는 『뉴요커』에 실릴 머독의 프로필을 작성하기 위해 머독과 많은 시간을 보냈다. 올레타는 그때를 다음과 같이 회고했다.

그는 자기가 전해들은 바를 바탕으로 기사가 작성되기를 바라며 매일 몇 시간씩 편집장들과 통화했다. 나는 "수많은 일 중 무엇이 당신을 가

• 미국의 전직 부통령 앨 고어의 지구온난화 캠페인을 다룬 다큐멘터리 영화. 데이비스 구겐하임이 연출한 이 영화는 제79회 미국 아카데미 시상식에서 장편 다큐멘터리상을 수상했다.

장 즐겁게 합니까?"라고 물었다.

그는 즉시 "날마다 벌어지는 신문 캠페인에 편집장들과 동참하여 사람들에게 영향을 미치는 것"이라고 대답했다.[30]

아마도 그에게 있어 가장 중요했던 정치 캠페인은 그가 적극적으로 지지했던 이라크 침공 관련 캠페인이었을 것이다. 머독의 신문과 TV 채널은 마치 한 척의 강력한 전함처럼 일제히 한 표적을 겨냥했다. 머독과 그의 편집장들은 이라크전의 부실한 명분과 그것이 초래한 막대한 인명 손실에 대해 한 차례의 변명도 하지 않았다.

머독의 폭스 뉴스와 『선』이 여론을 조장하는 역할을 맡아왔다는 것은 의심할 바 없는 사실이지만, 이 매체들이 어떤 방식으로 여론에 개입했는지를 밝히는 것은 여전히 쉽지 않다. 매체가 수동적 대중에게 거짓 정보를 흘림으로써 여론을 조장한다는 견해는 오늘날에는 통하지 않는 순진한 주장이다. 매체가 대중적 토론을 유발하는 보다 광범위한 의제에 개입한다는 견해가 더 설득력 있게 들린다. 매체는 그러한 과정을 통해 특정한 정치적 사회적 이슈를 부각시키고 나머지 사안들은 주변적인 것으로 만든다. 폭스 뉴스가 버락 오바마의 의료 정책이 가지고 있는 "공공 선택권"이라는 측면을 배제하고 그것을 "정부가 운영하는 의료보험"으로만 묘사했듯이, 뉴스 매체들은 논쟁의 언어를 디자인한다. 달리 말해 뉴스 매체는 독자에게 '생각할 거리'를 제공하는 것이 아니라 '무엇에 대해 생각하라'고 정해준다.

흥미롭게도 머독은 자신의 매체들이 공적 의제를 설정해왔음을 인정하고 있다. 1998년의 한 인터뷰에서 머독은 "선거에서 특정 정당을 이기거나 지게 하는『선』의 영향력이 어느 정도냐?"는 질문을 받았다. 머독은 일단 그와 같은 질문은 신문의 영향력을 "매우 과장하는" 것이라고 대답하고는 다음과 같이 덧붙였다. "만일 당신이 하나의 이슈를 공론화하는 방법을 알 만큼 똑똑하다면, 선거기간에 하나의 의제를 형성할 수 있을 것입니다. 그리고 그 과정에서 분명 권력을 얻을 수 있습니다."[31] 1993년『이코노미스트』역시 이와 비슷한 견해를 내놓았다. "머독의 막대한 영향력은 누구에게 투표하라는 설득력에서 드러나는 것이 아니라 다양한 정치인을 이용하는 문화적 도덕적 풍토를 조성한 것에서 드러난다."

　　머독의 영향력은 비단 그의 독자와 시청자에 국한되지 않는다. 뉴스 산업 외부에 종사하는 사람들은 언론인들이 자신의 라이벌을 따라가는 데 집착한다는 사실을 잘 모르지만, 그들은 기사 경쟁에서 라이벌에 뒤처지지 않기 위해 그리고 미래의 기사를 독점하기 위해 경쟁 매체들을 예의 주시한다. 라디오와 TV 프로듀서들도 탐욕적으로 신문들을 읽는다. 저널리즘의 세계는 이렇듯 자기 분야에 갇혀 서로를 참조한다. 한 뉴스 매체가 다른 뉴스 매체에 영향을 미치는 작용을, 학자들은 '매체 간 의제 설정 효과inter- media agenda setting effect'라고 부른다.[32] "구식 매체"라는 조롱에도 불구하고, 가장 큰 규모의 취재진과 전문 기자를 보유한 신문은 의제 설정 과정에서 여전히 중추적 역할을 맡고 있다. 즉 블로그와 인터넷 사이트를 포함한 전자 매체들은 신문이 주도하는 의제를 쫓는다. 많은 전자 매체가 주로 엔터테인먼트에 더 많은 공간을 할애하는 데 반해 신문의 주요 관심사는 역사적 이유에서 여전히 정치적 이슈고, 이런 까닭에 머독의 적자 신문들은 미국과 영국, 호주에서 정치적 의미를 획득해왔다. 수익성 좋은 다른 사업의 지원을 받아 이 신문들은 독자뿐 아니라 정당과 다른 보도 기구들에도 영향력을 행사하고 있다.

뿐만 아니라 언론계와 정치는 하나의 상호 의존적 생태계를 형성해왔다. 하나의 새로운 요소가 이 생태계에 투입되면 전체 생태계의 균형과 구성이 변화한다. 즉 하나의 극단적 신문이나 TV 채널이 공적 의제 범위를 확장시킬 수 있는 것이다. 예를 들어 머독의 극단적 타블로이드지가 취하는 공공연한 보수적 입장은 한 도시와 국가의 공적 토론에 사용되는 언어를 우익 편향적 언어로 변형시킬 수 있다. 또한 폭스 뉴스의 타블로이드지적 스타일은 CNN과 같은 다른 매체들에도 영향을 미쳤는데, 이런 현상은 '폭스 뉴스 효과'라고 불린다. 이 효과는 머독 미디어의 이라크 침공 캠페인 당시 더욱 두드러졌다. CNN 기자 크리스티안 아만푸어는 그때를 회고하며 자신을 포함한 여러 기자가 부시 행정부와 "그의 군대인 폭스 뉴스"에 겁에 질려 비판적 질문을 주저하는 자기 검열에 빠졌었다고 말한 바 있다.[33] 이와 같은 '매체 간 의제 설정 효과'가 머독이 미국과 영국, 호주에 자신의 영향력을 행사할 수 있는 핵심적인 원인일 것이다.

이와 같은 방법으로 루퍼트 머독은 자신의 정치적 관점을 세계 도처에 전파한다. 하지만 세 대륙에서 자신의 영향력을 행사한다는 것은 머독과 같은 정력가에게도 쉬운 일이 아니다. 머독의 전직 편집장 에릭 비처는, 머독이 "전화와 복제인간"을 이용한다고 설명했다. 즉 편집장들에 의지하는 것이다.

나는 이 책의 집필 과정에서 머독의 몇몇 편집장과 접촉했다. 그리고 그 만남을 통해 머독이 자신의 편집장들을 혼자서는 아무것도 할 수 없는 존재로 만들었음을 확신할 수 있었다. 그들에 따르면 머독은 아주 세련된 방식으로 명령을 내림으로써 영향력을 행사했다. 『투데이Today』와 『보스턴 헤럴드Boston Herald』의 전직 편집장 마틴 던은 다음과 같이 말했다.

> 머독은 회사 내부의 두뇌다. 그의 핵심 간부들은 머독의 이러한 지위를 완전히 이해하고 있다. 그들의 견해를 무시할 수도 있다. 하지만 한 회사가 전적으로 한 사람에 의해 지배되고 있는 상황에서 그의 간부로 일하는 사람들의 견해를 무시하려면 어마어마한 대가를 치러야 한다.[34]

뉴스 코퍼레이션의 전직 이사 브루스 도버는 그 회사 편집장들의 업무는 "미리 알고 순종하는 것"이라고 표현했다.[35] 또 다른 이는 머독이 "사람들이 생각하는 것만큼 직접 움직이지는 않으며 (…) 그의 지시는 그에게 아부하는 다수의 사람을 통해 전달된다"고 말했다.[36]

1981년 『선데이 타임스』를 인수한 뒤 머독은 프랭크 자일스를 편집장으로 임명했다. 임용 초기 머독의 압력에 저항하기도 했던 그는 후일 다음과 같이 회고했다.

> 당시 머독이 나에게 정치적 기사에 대한 어떠한 직접적 지시도 내리지 않았음에도 불구하고—사실 내 임기 내내 단 한 번도 그러한 지시를 받은 적이 없다—나는 그의 입에서 흘러나온 이야기들을 통해 그와 내가

서로 다른 정치적 입장을 갖고 있음을 알 수 있었다.[37]

자일스는 때로는 사적인, 때로는 공적인 경로로 머독의 견해들을 접했다. 다른 재벌들과 달리 머독은 자주 정치인들과 공적인 대화를 나누었기에, 편집장들은 고용인의 공적 의견을 알기 위해 신문을 읽고 TV를 시청해야 했다. 프랭크 자일스를 밀어내고 『선데이 타임스』의 편집장에 임용된 앤드루 닐은 머독의 통제는 아주 미묘한 방식으로 이루어진다며 다음과 같이 말했다.

우선 머독은 나처럼 자신의 견해에 동조하는 사람을 자신의 편집장으로 고용한다. 서로 스타일이 달라서 모든 사안에 의견이 일치하지는 않았지만, 우리는 처음부터 정치와 사회에 대한 공통된 입장을 가지고 있었다. 그리고 그는 내가 내 일을 부지런히 하도록 내버려두었다.[38]

『선』의 편집장 데이비드 옐런드는 머독의 편집장들이 결국에 모든 사안에서 머독의 입장을 따를 수밖에 없다고 말한다. "편집장들은 자신이 머독의 영향권 안에 있다는 사실을 시인하지는 않는다. 하지만 아침에 일어나서 라디오를 켜고 지난밤에 무슨 일이 있었는지를 듣고는 '루퍼트 머독은 이 사건에 대해 어떻게 생각할까?'라고 질문한다."[39] 호주의 『헤럴드 선』 편집장 브루스 거스리도 2010년에 옐런드와 유사한 발언을 했다. "머독은 이 도시에 없는 순간에도 항상 여기에 존재한다."[40]

이상할 정도로 이데올로기적인 기업

자신의 편집장들이 주최하는 이데올로기적 토론회에 대한 머독의 후원은 그의 열정적인 정치적 신념을 드러낸다. 보통의 사업가들은 그런 신념을 드러내지 않는다. 머독은 자신이 결코 이윤을 목적으로 언론과 출판 사업을 하는 것이 아니라면서 "신념으로 할 수 있는 일들이 나를 움직이게 한다"고 말한 바 있다.[41] 호주의 자유시장주의 싱크탱크를 대상으로 한 어느 연설에서, 머독은 실천적인 사람들에게 있어 철학적 신념이 갖는 중요성에 대한 경제학자 존 메이너드 케인스의 말을 인용했다. 이어 그는 미디어 산업에 종사하는 "우리들은 모두 신념의 지배를 받는다"고 덧붙였다. 하지만 이는 사실과 거리가 멀다. 다른 글로벌 미디어의 최고경영자들은 결코 머독처럼 "신념의 지배"를 받지 않는다.

머독이 강조해온 신념은 보수주의 싱크탱크가 만들어낸 정치적 정책적 관념들을 의미한다. 머독은 어떠한 글로벌 재벌보다 더 미국, 영국, 호주의 보수주의 싱크탱크들을 후원하고 있으며, 그들의 행보에 열성적으로 동참했다. 레이거니즘이 최고조에 이른 1988년에서 1989년 사이 머독은 진 커크패트릭과 국방부 장관 도널드 럼즈펠드가 속한 후버 재단의 이사를 역임했다. 또한 2000년까지 호주의 행정학 연구소 자문위원으로 활동하는 등 영향력 있는 호주의 보수 싱크탱크들을 후원했다.[42] (이 기간 동안 머독의 기자들은 이 연구소의 정치적 캠페인에 대해 꾸준히 보도했다.) 1997년, 머독은 미국의 거대 석유 기업들이 창설한 워싱턴 거점의 자유주의 싱크탱크 케이토 연구소에 이사진으로 참여하기도 했다. 당시 케이토 연구소는 석유 회사 엑손모빌처럼 화석연료 사용이 기후변화의 원인이라는 사실을 부인하는 캠페인을 열성적으로 진행했다.[43] 한편 뉴스 코퍼레이션은 자유시장과 규제 완화, 민영화라는 대처리즘의 이론적 기틀을 마련한 영국의 경제 연구소Institute of Economic Affairs와도 긴밀한 관계를 유지하고 있었다. 머독의 『선데이 타임스』와 경제 연구소는 복지국가가 골치 아픈 하층계급을 양산하게 된다는 비판을 담은 일련의 팸플릿을 공동 출판하기도 했다.[44] 1988년에서 2001년까지 경제 연구소의 창립자이자 소장인 랠프 해리스 경은 머독의 두 주식회사 『타임스』와 『선데이 타임스』의 주주총회 의장을 맡았다.[45] 뉴욕에 있는 자유시장주의 싱크탱크 맨해튼 연구소The Manhattan Institute는 『뉴욕 포스트』와 밀월 관계를 형성하고 있었다. 2003년 『뉴욕 포스트』는 이 연구소의 창립 25주년을 축하하는 사설을 게재한 바 있다. '신념의 문제'라는 표제가 달린 이 글은 맨해튼 연구소가 "통념의 만연함에 대항하여 미국 사회문제에 대한 공적 토론의 용어들을 혁신했다"고 논평했다.[46] 『오스트레일리안』 역시 행정학 연구소와 독립 연구 센터Centre for Independent Studies를 포함한 자유시장주의 싱크탱크들이 기고한 특집 기사와 칼럼을 정기적으로 게재했다. 『오스트레일리안』의 사설들은 이 싱크탱크들이 제안한 정책들을 두루 인용했으며, 독립 연구 센터의 한 교육 분석가는 이 신문의 교육 분야 편집장으로 고용되기도 했다.[47]

앞에서 언급한 연구소들과 긴밀하고 지속적인 관계를 유지해온 다른 미디어 기업들도 언급하고 싶지만, 그런 기업은 뉴스 코퍼레이션 외에는 없다.

머독이 왜 정치적 권력을 얻으려 했는지, 그것이 그의 궁극적인 목적인지 많은 사람이 궁금해했지만 그의 의도는 잘 꾸려진 소포처럼 풀어서 내용물을 확인하기가 쉽지 않다. 그를 더욱 잘 이해하기 위해 우리는 그가 무엇에 반대해왔는지를 주목해야 한다.

머독은 신문을 사랑하고 TV에 깊은 관심을 가진 사람이지만, 모든 언론 윤리를 업신여긴다. 세계 전체가 워터게이트 스캔들에 관한 탐사 보도에 열광했을 때 머독은 "적대적 저널리즘에 대한 숭배" 현상이 나타났다고 비난했다. 그는 미국, 영국, 호주의 주류 신문과 TV 등 자신이 '자유주의 미디어'라고 부르는 매체들을 특별히 경멸한다.

주류 언론 대부분이 좌익 편향적 성격을 갖고 있다는 주장은 '레이건 혁명'이 일어났던 1980년대에 등장했다. 당시 보수주의자들은 자신들의 막강한 영향력에도 불구하고 스스로를 거대 언론의 피해자로 여겼다.[48] 머독도 자신을 피해자로 만드는 일에 열성적이었다. 머독은 1984년에 『워싱턴 포스트Washington Post』 편집장 벤 브래들리와 자유주의적 미디어 엘리트의 존재에 관해 논쟁을 벌인 바 있다.[49] 머독은 특히 로널드 레이건의 정책을 비판하는 『뉴욕 타임스』를 비난하며, 언론이 국가의 정치적 의제와 전통적 가치를 바꾸려 한다고 주장했다. 1980년대 이후 머독이 꾸준히 제기해온 주류 언론의 횡포는 사실 거울에 비친 머독 자신의 모습이다. 즉 머독이 비판해온 주류 언론의 횡포는 정확히 머독 자신이 지난 40년간 해온 일이다.

자유주의 미디어에 대한 저항은 머독 미디어의 가장 근본적인 전략이자 이상이며 동시에 하나의 비즈니스 모델이다. 가령 폭스 뉴스는 초창기에 일종의 차별화 전략으로 공영방송인 호주 ABC와 영국 BBC를 공격했다. 『선』과 『타임스』의 칼럼니스트들도 BBC가 좌익 편향적이며 엘리트주의적이라고 비난했다. 1980년대부터 시작된 머독 미디어의 자유주의 미디어에 대한 비난은 이라크전 때 절정에 이르렀다. 『오스트레일리안』은 ABC의 뉴스 프로그램이 "좌익을 옹호한 죄"를 범했다고 비난했다.[50] 『시드니 모닝 헤럴드Sydney Morning Herald』와 『에이지Age』 등을 발간하는 호주 내 머독의 경쟁사 페어팩스 미디어도 자유주의에 편향되어 있다는 공격을 피하지 못했다.[51]

2007년 머독이 『월스트리트 저널』을 인수한 이후 그 매체에 새로 고용된 기자들은 기존의 기자들이 "너무 자유주의적"이라고 비난했다. 당시 머독은 자신의 새 무기가 오래된 숙적 『뉴욕 타임스』와 그 경영주 설즈버거 일가를 겨냥하기를 기대하고 있었다.

오랜 세월 아서 설즈버거는 매우 자유주의적인 신문을 만들어왔으며 자유주의를 대변하는 인물을 고용해왔다. 지난 5년간 그는 백인 이성 애자 남성을 고용한 적이 없다.[52]

머독은 경제 전문지 『월스트리트 저널』을 보다 일반적인 신문으로 변화시켰다. 콘텐츠의 전문화가 신문의 미래로 인식되는 현재의 추세에 비추어볼 때, 시대에 역행하는 『월스트리트 저널』의 변화는 오직 『뉴욕 타임스』를 꺾기 위한 전략으로 보일 뿐이다.

자유주의 미디어에 대한 머독의 비난은 때로 그럴싸하게 들리기도 한다. 언론 일반에 대한 대중의 불신과 공명하기 때문이다. 또한 그의 발언으로 인해 뉴스 코퍼레이션 소속 매체들은 다른 매체들에 비해 편향적이지 않다는 인상을 낳는다.

머독과 그의 편집장들이 단순히 좌익과 자유주의에 반대하는 사람들이라면 그들은 지난 150년간의 신문 재벌과 별반 다를 게 없다. 19세기 후반 이후 등장한 대부분의 대중지는 보수주의를 지지해왔기 때문이다. 머독과 뉴스 코퍼레이션은 좌익과 자유주의 신념이 소수 엘리트 권력에 의해 유포된다는 특별한 생각을 가지고 있고, 그래서 '자유주의 엘리트'를 '기득권 지식인'이나 영국식으로 '잡담 계급'이라고 표현한다.

머독의 엘리트와 기득권층에 대한 혐오는 호주에서 살았던 시절부터 형성된 진실한 감정이다. 그래서 영국 정부가 기사직을 수여하겠다는 제의를 거절하기도 했으며 오랜 기간 회사 소유의 전용기를 이용하지 않기도 했다. 토니 블레어는 머독을 이해하려면 '아웃사이더'라는 그의 이미지를 이해해야 한다고 지적했다.[53] 잘난 체하는 속물들에 대해 공격적이며 가식 없는 그의 태도는 수십 년간 사람들을 매혹시켰다. 그러나 바로 그런 그의 태도가, 정부와 대중매체와 학계와 문화계와 정치권을 장악한 소위 '정치적으로 올바른' 자유주의 엘리트들이 보수주의자들을 억압한다는 해괴한 견해로 변질되었다. 부분적으로 그의 반엘리트주의는 일반인들의 이익을 대변하고 보호한다는 판에 박힌 타블로이드지적 사고 방식의 산물이다. 역사적으로 반엘리트주의는 부유층과 특권층에 적대적인 가난한 농부와 노동자계급에서 유래한 것이지만, 머독의 반엘리트주의는 정치적 '포퓰리즘'이다.[54] 1980년대 이후 포퓰리즘은 노동자계급의 지원이 절실했던 리처드 닉슨이나 로널드 레이건 같은 보수주의자의 무기로 사용되었다.[55] 세계를 자유주의 엘리트와 그에 대항하는 보수주의 세력으로 양분하는 관점은 마르크스주의의 '계급투쟁'적 관점의 우익적 전복이다.

'정치적으로 올바른' 엘리트주의자에 대한 머독의 적의는 그의 기업 뉴스 코퍼레이션에서 두 가지 해괴한 견해로 발전했다. 첫 번째는 지구온난화가 정치화된 엘리트 과학자들이 만들어낸 '통념'에 불과하다는 견해다. (여기서 통념은 그 자체의 본질이 아니라, 권위에 의해 지지되는 믿음을 말한다.) 이 견해에 따르면 기후변화를 부인하는 사람들은 그들이 충분한 과학적 증거를 가지고 있는지와 무관하게 통념에 저항하는 용감한 반체제 인사다. 머독이 마지못해 기후변화를 인정했던 짧은 기간을 제외하면 머독의 미디어는 줄곧 기후변화를 부인했다. 두 번째 견해는 보건당국이 에이즈 환자들에게 씌워진 오명 및 편견과 싸우고 있는 시기에 나타났다. 『선데이 타임스』는 에이즈의 원인이 HIV바이러스라는 것은 '의료 기득권층'의 주장일 뿐이라는 견해를 밝혔다. 의학적 연구에서 얻어진 정확한 사실이 한순간에 '정치적으로 올바른' 엘리트의 '통념'이 된 것이다. 『선데이 타임스』는 몇몇 반대하기 좋아하는 연구자를 통념에 저항하는 영웅으로 치켜세우면서 에이즈에 대한 모든 경고를 약화시켰다. 저명한 과학자들이 『선데이 타임스』의 주장을 비판하자, 이 신문은 과학자들이 언론을 검열하려 한다고 비난했다.

위의 사례에서 알 수 있듯이 머독의 미디어는 어떤 생각에 반대할 때 그것을 '통념'이라고 표현한다. 심지어 과학적 연구 결과마저도 통념으로 취급하는 이 패턴은 머독의 신문들도 공격했던 포스트모더니즘의 상대주의를 연상시킨다. 극단적인 상대주의자들은 누군가에게 전해들은 이야기는 철석같이 믿는 반면, 객관적 사실은 부인한다. 그들은 물리학적 사실도 특수한 상황과 정치적 신념에 따라 받아들이거나 거부할 수 있는 것이라고 주장한다. 정치적 올바름에 대항한 이 수사적 포퓰리즘에 의해 현실은 뒤죽박죽이 되어 검은 것이 하얀 것이 된다. 머독과 그의 편집장들이 통념의 지배를 받는 엘리트와 기득권층을 거부하는 반항아이자 아웃사이더로 포장되는 것은 바로 이러한 맥락에서다. 머독의 편집장들과 논평가들의 엘리트를 향한 공격은 부당한 지배에 저항하는 억압된 계층의 정당한 항거로 돌변한다. 머독 같은 부유한 권력자에게, 이와 같은 이미지는 매우 유용하다.

자유주의 엘리트에 대항한 루퍼트 머독의 포퓰리즘적 투쟁은 머독 자신이 열정적으로 믿어온 또 다른 통념을 감추고 있다. 그가 생각하는 정치적 올바름이란 작은 정부와 세금 완화, 자유무역, 민영화 그리고 시장 논리의 사회 전반적 확장을 의미한다. 뉴스 코퍼레이션이 『월스트리트 저널』을 인수하여 머독의 브랜드가 전 세계적 광고 수단을 확보했을 당시, 머독이 내건 "자유로운 시장, 자유로운 사람, 자유로운 생각"이라는 슬로건은 그가 생각하는 정치적 올바름이 무엇인지를 상징적으로 보여준다.[56]

자유시장이라는 경제학적 통념은 머독이 속한 비즈니스 엘리트에게 오래전부터 하나의 지혜로 받아들여졌다. 이 통념을 전파하는 십자군을 자처해온 머독은 자유시장의 실험을 경제 분야 너머로까지 확장시키는 데 혈안이 되었다. 공교육 제도를 변화시켜 학교를 일종의 경쟁적 시장으로 변모시키려고 했던 것도 이 노력의 일환이었다. 머독은 교육의 민영화를 위한 법안 발의에 두 차례에 걸쳐 50만 달러와 500만 달러를 기부함으로써 자신이 선호하는 교육 모델에 기여했다.[57] 그 교육 모델은 조엘 클라인 교육감이 도입해 많은 논란을 일으켰던 뉴욕 시의 학교 제도였다. 머독이 지지한 다른 제도들과 마찬가지로, 이 학교 제도에도 일종의 사업적 논리가 내포되어 있었다. 2010년 11월 머독은 클라인을 뉴스 코퍼레이션의 이사로 임명했고, 이후 클라인은 뉴스 코퍼레이션이 교육 분야에서 이윤을 창출할 수 있는 방법을 머독에게 조언했다. 교육에서 이윤을 발견하려는 노력의 일환으로 머독은 교육 소프트웨어 제조사 와이어리스 제너레이션을 인수하면서 5억 달러 규모의 미국 학교 시장이 "양질의 교육을 더욱 확대시킬 커다란 전환점을 목전에 두고 있다"고 말했다.[58] 그의 새 회사가 개발한 교육 소프트웨어와 기타 도구들은 정부가 주도한 표준화된 학업 평가 체제의 시행에 사용되었다. 새로 도입된 표준화된 점수 체계는 학부모들의 지지를 받았을 뿐 아니라 학교를 경쟁적인 시장으로 변화시키는 데 일조했다. 머독이 교육 사업에 진출한 것을 모두가 반긴 것은 아니었다. 머독이 뉴스 코퍼레이션의 새 자산을 공표한 이후 한 증권 중개 분석가는 "우리의 자녀들이 가능한 한 편견 없고 공정한 환경에서 교육받기를 원한다"는 논평을 남겼다. 이 분석가는 덧붙여 폭스 뉴스와 머독이 "아주 강한 정치적 편향"을 가지고 있다고 말했다.[59]

　이데올로기에 근거한 다른 이론들과 마찬가지로, 머독의 학교 개혁

이론도 실제로 적용되기 전까지는 매우 매력적으로 보였다. 하지만 클라인의 표준화된 시험 체제가 적용된 몇 년간 교사들은 해고되고 학교들은 폐교 위기를 맞았으며 학생들의 시험 성적은 거의 향상되지 않았다. 아주 당황스러운 결과였다.[60] 이후 공화당 출신 교육부 차관 다이앤 래비치 교수 등 이전까지 자유시장주의 교육정책 지지자였던 보수 인사들이 이 정책의 가장 강력한 비판자로 돌아섰다.[61]

21세기가 시작된 이래 머독의 정치적 경제적 믿음들은 심각한 비판에 직면해왔다. 이라크 침공에 대한 그의 지지의 핑계였던 이라크 대량 살상 무기 보유설은 사실이 아니었음이 밝혀졌다. 기후변화에 대해서는 회의주의적 입장을 철회했다가 다시 기존의 입장으로 돌아가는 오류를 범했다. 자유시장에 대한 그의 확고한 믿음은 규제가 사라진 금융 체계가 불러온 2008년 경제 위기에 의해 흔들리게 되었다. 하지만 루퍼트 머독과 같은 권력가는 항상 옳을 필요는 없다. 자신이 보유한 글로벌 뉴스 제국을 통해 손쉽게 자신의 믿음을 변호하면 되기 때문이다.

제2장
아웃사이더

영국은 항상 그들의 제국을 중심으로 모든 것을 판단하며 우리 호주인을 깔봤다. 그들은 우리의 머리를 쓰다듬으며 "잘할 수 있을 거야!"라고 말하지만, 정작 우리가 무언가를 잘해냈을 때는 우리를 죽이려 든다.[1]

루퍼트 머독, 2005

머독과 일한 7년 동안 나는 머독의 동기가 무엇인지 알 수 있었다. 많은 사람의 오해와 달리, 그는 돈벌이가 아니라 사람들에게 권력자로 인정받고 그 권력으로 사람들에게 영향을 미치는 데서 동기를 찾는다.[2]

전직 뉴스 리미티드 대표 존 메나두, 1999

루퍼트 머독은 존재감 없던 나라에서 성장했다.[3] 1930~1940년대의 호주는 영국의 문화적 군사적 원조에 의존하던 국가였기 때문이다. 당시 영국은 호주의 '본국' 혹은 '고국'으로 불렸으며 호주는 '영국의 속국'으로 이해되었다. 호주 정부는 영국 국왕의 이름으로 호주의 가장 부유한 시민들에게 작위를 수여하기도 했는데, 루퍼트 머독의 아버지 키스 머독 역시 루퍼트가 태어나기 2년 전인 1933년 기사에 책봉되었다. 루퍼트는 호주 최상위층 자제들이 다니는 사립학교 절롱 그래머 스쿨Geelong Grammar School과 옥스퍼드에서 수학했다. 자유주의 엘리트에 대한 반항이라는 현재의 이미지와 달리 루퍼트 머독은 사회적 엘리트로 태어나고 자란 것이다.

가족의 가치

　　머독의 가족은 19세기 골드러시가 낳은 다소 천박한 매력을 지닌 신흥도시 멜버른에 거주했다. 하지만 전문 기업인이자 고지식한 신앙인이던 키스 머독 경의 가족은 이 도시의 매우 고상한 계층에 속해 있었다. 고등교육을 받은 키스는 루퍼트가 태어날 당시 몇몇 신문과 잡지를 발간하는 신흥 언론 그룹 헤럴드의 대표였다. 1920~1930년대에 걸쳐 헤럴드는 애들레이드, 퍼스, 브리즈번 등에 있는 지역신문들을 인수하며 규모를 확장했다. 키스 머독은 호화로운 취향을 가진 인물이었다. 루퍼트의 모친과 혼인하기 전까지 키스가 거주해온 가옥을 소개한 『헤럴드』의 한 기사는 "중국 송나라의 도자기, 제임스 홀릭 경의 컬렉션이었던 윌리엄 앤드 메리 탁자, 스웨이슬링 공의 컬렉션이었던 호두까기 인형, 토머스 치펀데일의 작품인 중국 당나라 시대의 말을 묘사한 조각상, 조지 왕조 시대의 은촛대, 샤를 2세의 거울" 등을 언급했다.[4] 키스는 음식을 준비하고 옷을 펼쳐주는 시종들 속에서 생활했다.

　　1928년 키스는 엘리자베스 그린과 결혼했다. 1931년 루퍼트가 태어났으며, 1930년대 말 루퍼트에게는 세 명의 여동생이 있었다. 머독 일가는 교외의 광활한 농장과 멜버른의 사치스러운 대저택을 보유한 부유하고 행복한 가정이었다. 루퍼트 남매에게는 그들을 돌보는 유모가 있었으며, 키스 경과 엘리자베스 부인이 영국을 방문한 1936년에는 영국인 가정교사가 돌보기도 했다. 루퍼트의 전기 작가 윌리엄 쇼크로스는 머독 일가가 야외에서 승마를 즐기던 당시의 풍경을 다음과 같이 묘사하고 있다.

말을 타고 시골길을 달리는 키스 머독은 항상 잘빠진 트위드 재킷과 승마 바지 그리고 광이 나는 승마용 장화를 신고 있었다. (…) 머독 부인은 언제라도 번개처럼 달릴 수 있는, 야생마와의 교배로 태어난 경주마에 올라타 있었다. 손님들과 아이들은 다양한 종류의 당나귀들과 늙은 경찰 말들을 타고 있었고, 마구간과 들판에는 모든 종류의 말이 항상 준비되어 있었다. (…) 승마를 끝낸 사람들이 샤워 후에 옷을 갈아입고 나오면—아마도 잘 구워진 소고기와 좋은 적포도주가 있었을—전통 영국식 점심 식사가 준비되어 있었다. 이 모든 것은 키스 경의 일상이었다.[5]

루퍼트 머독의 성장 환경에서 단지 이와 같은 특권만을 부각시키는 것은 공정하지 못한 처사일지 모른다. 어쨌든 루퍼트 자신이 이러한 사회적 엘리트로 태어나기를 선택한 것은 아니기 때문이다. 뿐만 아니라 어린 머독이 자란 특권적 환경만 강조하면 현재의 루퍼트 머독이 갖고 있는 독특한 정서적 정치적 성격을 설명할 수 없게 된다. 호주는 영국을 모델로 발전했고 영국을 추종하는 엘리트에 의해 운영되어왔다. 하지만 역사가 러셀 워드의 『호주의 전설The Australian Legend』이 보여주듯 호주라는 나라는 본국과 구별되는 독특한 민족적 특징을 갖고 있다. 『호주의 전설』에서 워드는 호주인의 "민족적 신비함"과 그들의 "자의식"에 대해 다음과 같이 말하고 있다.

'전형적 호주인'은 본성적으로 간단하고 유용한 것을 선호하는 실용적 성격을 가지고 있으며, 언제든지 타인의 가식을 비난할 준비가 되어 있다. (…) 호주인은 종교적 지성적 문화적 가치에 대한 추구에 회의적이다. 호주인은 자신이 본국 사람들만큼 훌륭할 뿐만 아니라 그들을 능가한다고 믿는다. (…) 호주인은 매우 독립적이며 거만한 위세와 권위를 싫어한다. (…) 무엇보다도 호주인은 좋을 때나 나쁠 때나 동료 곁을 떠나지 않는다.[6]

워드는 권위에 대한 반항, 실용주의, 허례허식에 대한 혐오라는 호주인의 특징이 농업 노동자가 중심이 되어 지주들과 반목했던 19세기 후반 노동조합의 신념에서 유래했다고 보고 있다. 호주가 여전히 영국 문화권에 공식적으로 속해 있던 20세기 초, 호주의 비공식적 문화 속에는 가식적인 영국적 가치와 고위층의 속물의식에 대한 적대가 자리 잡기 시작했다. 엘리트에 대항하는 일반 시민을 연호하고 사회적 갈등을 정의와 부정이라는 이분법적 구도로 바라보던 당시 호주의 문화는 여러모로 포퓰리즘적이었다.

필립 나이틀리는 『헤럴드』의 기자였던 젊은 시절에 키스 머독의 포퓰리즘적인 매력을 잠깐 엿볼 수 있었다. 필립 나이틀리는 며칠 동안 자신의 고용주 키스 경을 돕는 일을 맡아 그가 묵는 호텔 앞으로 찾아가 그와의 첫 만남을 기다리고 있었다.

나는 정부의 리무진들과 한 대의 벤틀리가 도로로 진입하는 것을 바라보고 있었다. 머독은 저 벤틀리에 타고 있을까 아니면 롤스로이스에 타고 있을까? 이런 생각을 하고 있을 때 내 또래 젊은이가 모는 낡고 더러운 소형 트럭 한 대가 멈춰섰다. 그 차의 조수석에 머독이 앉아 있었다. 머독이 차에서 내리더니 운적석에 앉아 있는 젊은이를 가리키며 말했다. "이 아이가 내 아들 루퍼트라네."[7]

한 국가의 기사이자 언론사 대표가 아들을 동반하고 젊은 기자 후보생과 만나는 장면은 영국에서는 상상도 할 수 없는 일이었다.

엘리트에 대한 적대와 계급적 허식에 대한 혐오 말고도 어린 루퍼트의 성장에 영향을 미친 중요한 요인이 있다. 루퍼트 머독은 아주 신실한 복음주의 프로테스탄트 가정에서 자랐다. 그의 증조부와 조부는 성직자였으며 아버지 키스 머독 또한 신실한 신앙인이었다. 런던에서 보낸 한 편지에서 키스는 매춘이 만연한 대도시의 타락에 대해 다음과 같이 서술했다. "런던 거리에 잠복해 있는 패륜을 보고 큰 충격을 받았다." [8] 이러한 종교적 가족력은 루퍼트가 옳고 그름을 판단하는 감각에 뿌리 깊은 영향을 미쳤다. 결국 그의 도덕적 감각은 모든 복잡한 현상은 선악의 구도로 간단히 이해될 수 있다는 이분법적 믿음으로 변질되었다. 머독이 받은 종교적 교육은 언론 캠페인에 대한 그의 사랑과 맹렬한 근면성 그리고 그가 경력 초기에 보였던 도덕적 이슈에 대한 청교도주의적 태도를 잘 설명한다. 머독의 신문들은 타블로이드지적 선정성을 띠고 있었음에도 불구하고, 그의 청교도주의는 1988년 미국 대통령 선거 후보였던 순회 목사 팻 로버트슨에 대한 지지를 통해 재등장한다. 루퍼트 머독은 기업인인 동시에 한 명의 설교자이자 도덕주의자다.

제1차 세계대전 당시 갈리폴리 전투에서 호주 군사가 입은 피해는

'호주의 신화'가 형성되는 데 막대한 영향을 미쳤다. 바위로 둘러싸인 터키의 반도 갈리폴리에서 대영제국의 일부였던 신생 호주가 피의 세례를 받음으로써 생긴 이 민족 신화는, 머독 일가의 역사에도 매우 중요한 의미를 지닌다.

젊은 언론인 키스 머독은 호주 의회가 막 조직되었던 시기에 의회 기자로 고용되는 행운을 얻었다. 당시 키스는 호주 노동당의 두 거물인 (후일 호주의 총리가 된) 앤드루 피셔, (피셔의 변호인이자 장군이었던) 빌리 휴스와 가깝게 지냈다. 1915년 그는 피셔에게 호주, 뉴질랜드, 영국 군대가 터키와 전투를 벌이고 있던 갈리폴리로 자신을 파견해달라고 요청했다.

피셔의 추천서를 들고 갈리폴리에 간 키스 머독은 몇몇 장군을 포함한 군사 관계자들과 인터뷰를 가졌다. 그때 만난 영국 종군기자 엘리스 아슈미드-바틀릿은 영국 군사 지도력의 무능함으로 인해 곧 대참사가 벌어질 것이라고 키스에게 경고했다. 이미 그와 비슷한 결론에 다다라 있었던 키스 머독은 아슈미드-바틀릿의 편지를 직접 영국 총리에게 전달해 위기를 타개하려 했으나, 키스를 수색한 영국 관료가 그 편지를 압수하고 만다.

이에 격분한 키스는 앤드루 피셔에게 갈리폴리에 재난이 임박했다는 내용의 편지를 직접 써서 보냈다. 그는 그 편지에서 호주인의 "강인한 남성적 기질"과 대비되는 영국군의 허약한 육체적 능력을 묘사하면서 "전쟁놀이에 빠진 장교들과 자만심에 찬 보이스카우트들만 가득합니다. 오직 자신의 외모와 사교 생활을 위해 사는 이들에게 무엇을 기대할 수 있겠습니까?"라고 말했다. 이 편지는 어마어마한 효과를 불러와 몇 달 뒤 키스 머독이 비판한 갈리폴리의 지휘관 이언 해밀턴 경은 경질되었고 전투에서 생존한 호주군은 철수했다.

훗날 루퍼트 머독은 한 인터뷰에서 그 부친의 편지를 매우 자랑스러워하며 다음과 같이 말했다. "그 편지는 진토닉이나 흥청망청 마셔대는 영국인에 의해 도살장으로 내몰린 호주군을 바람직한 양식을 가진 군인으로 묘사하고 있었다." 그러고는 덧붙였다. "공정하지 못한 평가였을지 모르지만, 그 편지는 역사를 바꾸었다." [9]

이렇듯 머독 가는 보수적인 정치적 종교적 원칙을 바탕으로 주저 없이 권위에 저항하는 사람들이었다. 따라서 기숙학교에 보내진 어린 루퍼트 머독이 학교의 규칙에 저항하곤 했다는 사실은 어찌 보면 당연하다 하겠다.

'호주의 이튼 스쿨'이라 불리는 절롱 그래머 스쿨은 호주의 부농과 사업가 자제들이 다니는 사립학교다. 절롱에서 루퍼트는 외톨이로 지냈다. 당시 유행하던 축구, 크리켓, 조정 같은 조직적인 스포츠에 전혀 관심이 없었기 때문이다. 미디어에 대한 대중의 선입견과 미디어 사업에서 부친의 역할 때문에 루퍼트는 괴롭힘의 대상이기도 했다. 그의 반항심은 일찍부터 드러나 토론 수업에서 자신이 다니는 사립학교에 대한 비판을 주저하지 않았다. 16세의 루퍼트는 왜 고위층 자제로 태어났다는 이유만으로 몇몇 사람이 어울리지도 않는 고급 교육의 수혜를 받아야 하는지 이해할 수 없다고 주장했다. 이 토론 수업에서 노동조합을 옹호하고 나선 적도 있다. 그의 발언이 엄청난 논쟁을 불러일으키자 그는 자신이 "공산주의자가 아님"을 변호해야만 했다.[10] 미국적 삶에 대한 토론에서 루퍼트는 미국인들의 인종적 불관용을 비판했고 미국이 자본가의 손아귀에 떨어져버렸다고 비난했다.

옥스퍼드에 도착한 1950년, 머독은 자신의 의견을 굽힐 줄 모르는 오만함으로 가득한 청년이었다. 항상 호주 민족주의자였던 머독은 자신이 영국에 사는 다른 호주인에게서 느낀 실망감을 다음과 같이 표현했다. "영국적인 것은 무엇이든 환영하고 호주적인 것은 무엇이든 거부하는 호주인들이 너무도 많다." [11] 당시 사회주의자로서 영국 노동당을 지지하던 그는 옥스퍼드 강의실에 러시아 혁명가 레닌의 흉상을 갖다두기도 했다. 그가 보여준 도발 행위의 가장 대표적 사례다. 그 시절 그는 선거기간 동안 도시와 시골을 돌아다니며 유권자에게 노동당 지지를 호소하는 등 노동당 선거운동에 동참하기도 했다. 그는 옥스퍼드 노동당 클럽 서기관에 입후보하려 했지만, 공식적인 선거운동에 참석한 사람은 후보가 될 수 없다는 클럽 내규 때문에 자격을 박탈당했다. 그로부터 40년이 지나서도 머독은 당시의 판정에 격분했다. 일찍이 부친의 소개로 호주의 전설적인 총리인 노동당 벤 치플리를 만난 적이 있던 머독은, 옥스퍼드에 있었던 열아홉 살 당시 그에게 "부정직하고 비열한" 토리당●의 위선을 고발하는 편지를 보냈다. 이 편지에서 머독은 "매우 총명하며 사회주의 정당성에 대해 완전히 납득하고 있는" 노동당 하원의원 리처드 크로스먼에 대한 자신의 애정을 표현하기도 했다.[12]

● 영국 보수당의 예전 이름. 현재 영국 보수당의 별칭으로 쓰인다.

당신의 정치적 바탕을 감추라

1952년 키스 머독의 갑작스러운 죽음은 루퍼트의 인생에서 하나의 전환점이었다.

키스는 루퍼트를 영국과 호주의 예비 언론인으로 성장시켰으며, 이는 이후 머독이 자신만의 신문을 창간하는 데 결정적인 요소가 되었다. 키스는 유언장에 아들이 "신문과 방송 산업에 유용하고 이타주의적인 기여를 할 수 있기"를 희망한다고 썼다. 하지만 모든 일이 잘 풀린 것은 아니었다. 키스는 헤럴드 그룹의 경영권을 보유하고 있었지만, 자신의 아들을 그룹의 핵심에 위치시킬 만큼 충분한 주식을 보유하지는 못했다. 또한 키스가 멜버른 상류층의 일원이었던 것과 달리 그의 아들은 상류층에서 배제되었다. 루퍼트는 그들에게 인정받고 환대받기를 원했지만 자신이 무시당하고 있음을 인정할 수밖에 없었다. 그럼에도 불구하고 부친의 유산 중 중요한 일부를 이용해 신문 산업을 향한 자신만의 "이타주의적 헌신"에 착수할 수 있었다. 그 중요한 유산은 뉴스 코퍼레이션의 전신인 뉴스 리미티드가 소유하고 있던 애들레이드의 지역신문 『뉴스News』였다.

이 『뉴스』를 경영한 경험을 바탕으로 훗날 머독은 무자비한 권력을 휘두르게 되었다.[13] 애들레이드 기득권층과의 충돌이 머독에게 이념적 색채를 띤 신문 캠페인의 즐거움과 위험성을 동시에 가르쳐준 것이다. (언젠가 머독은 그때의 경험을 거론하며 "당신은 당신의 정치적 바탕을 감출 필요가 있다"라고 말한 바 있다.) 『뉴스』의 편집장이던 로한 리벳은 당시 머독의 스승이자 멘토 역할을 했다. 키스 머독이 자신의 갑작스러운 죽음에 대비하여 아들에게 물려줄 그 신문사에 리벳을 편집장으로 앉혀둔 것이 아주 유효했던 것이다. 머독이 절롱 그래머 스쿨에 재학할 당시 리벳은 일본군 포로수용소에 갇혀 있었고, 그 경험을 쓴 그의 저서『대나무 뒤에서Behind Bamboo』라는 제목이 말해주듯 그는 3년간을 대나무 숲에 갇혀 지냈다. 리벳도 루퍼트와 마찬가지로 옥스퍼드 출신이었으며, 루퍼트가 옥스퍼드에 다니던 때에는『멜버른 헤럴드』의 특파원으로 런던에 머물며 반항아였던 루퍼트에게 큰형과 같은 역할을 했다. 루퍼트는 스물두 살에 호주 애들레이드에 도착해 아버지의 유산인 신문사를 물려받았다. 당시 루퍼트가 흥분 잘하고 앳된 '소년 출판인'에 불과했다면, 머독보다 열네 살 연상인 리벳은 숱한 산 경험을 한 유명한 작가이자 편집장이었다.

'교회의 도시'로 유명한 애들레이드는 모든 술집이 저녁 6시 이전에 영업을 마쳤고 주말이면 영업을 못할 정도로 종교적인 도시였다. 호주 남부의 주도이기도 한 이 도시 사람들은 주변 지역들과 달리 전과자들을 용인하지 않는 자기 도시를 자랑스럽게 여겼다. 거만한 애들레이드 기득권층이 존경해 마지않았던 주지사 토머스 플레이퍼드 경은 인구가 적은 대다수 교외 지역에 상대적으로 많은 의석수를 할당하고 인구가 집중된 도심 의석수를 축소함으로써 자신의 권력을 유지해온 인사였다. 그런 애들레이드에서 루퍼트 머독이 자신의 반기득권적 성향을 유지할 수 있었던 것은 리벳 덕분이었다. 1959년,『뉴스』는 한 소년을 살해한 혐의로 호주 원주민이 사형을 선고받은 '스튜어트 사건'에 대해 항의성 캠페인을 벌이며 플레이퍼드 주지사에게 이 사건에 관한 정부 심의회를 조직할 것을 요청했다.『뉴스』가 주도한 이 캠페인은 담당 판사의 분노를 샀고, 1960년

1월 리벳과 『뉴스』는 급기야 명예훼손으로 기소되었다. 기소는 결국 기각되었지만 호주의 여론은 머독의 신문사에 불리한 방향으로 돌아섰다. 법정 공방과 논쟁 이후 머독은 이 불리한 여론을 잠재울 필요를 느꼈고, 『뉴스』는 한 사설을 통해 이전의 주장 일부를 철회함으로써 투쟁적 태도에서 한발 물러섰다. 몇 주 뒤 머독은 여론 싸움에서 패배한 대가로 리벳을 해임할 수밖에 없었다. 기득권층과의 첫 번째 충돌에서 머독이 백기를 든 것이다.

그러나 1960년대 이래 머독의 자산은 꾸준히 증가했다. 1960년에 저예산으로 운영되던 타블로이드지 『데일리 미러Daily Mirror』를 인수함으로써 시드니 신문 시장에 진입한 머독은, 훗날 그의 트레이드마크가 된 혁신적 형식들을 이 신문에 도입해 성공을 맛보았다. 그는 몇 차례 더 파산 위기의 신문을 인수해 새로운 에너지를 주입하는 식으로 성공을 거두었다. 1964년에는 현재 그의 주력 일간지로 성장한 『오스트레일리안』을 창간했다. 또한 몇몇 잡지를 인수하는 한편 TV 경영권을 따내기 위해 노력했다. 이러한 행보는 이후의 경력에서도 드러나는 전형적인 패턴이다.

이 시기 동안 머독의 정치적 입장은 일관성 없이 요동쳤다. 애들레이드에서 『뉴스』를 경영할 당시, 그는 떠오르는 노동당 대표 돈 던스턴과 교류했으며 사회주의 단체 페이비언 소사이어티에서 연설하기도 했다. 그러나 리벳을 해임한 이후, 유색인종의 호주 이민을 막는 백호주의 정책White Australia policy을 지지하는 사설을 게재하기도 했다. 1960년에는 쿠바를 방문해 피델 카스트로의 환영을 받기도 했다. 1963년 연방 선거를 앞두고는 신경질적인 호주 노동당 대표 아서 칼웰을 자신의 사무실에 초대해 몇 차례 점심 식사를 함께하고 직원들 앞에서 그를 칭송함으로써 노동당 지지를 밝혔다. 그들의 호의적 관계는 그리 오래가지 않았지만, 그때 머독은 한 국가의 정치 지도자와 개인적 관계를 맺는 것이 매혹적인 일임을 깨달았다. 1966년에 머독의 정치적 입장은 급변하여 그의 새 일간지 『오스트레일리안』은 베트남 철군을 주장하는 노동당과 대치 중이던 보수당 정부를 지지했다.

『오스트레일리안』은 머독이 1964년에 창간한 전국을 대상으로 한 정론지다. 그는 이 신문을 통해 타블로이드지로는 결코 도달할 수 없는 광범위한 대중적 영향력과 국민의 지지를 얻고자 했고, 33세의 언론사 사주는 정말로 이 시도를 통해 자신을 호주 정치의 한복판에 위치시키는 데 성공했다. 대다수의 호주인이 새로운 정치적 신념과 혁신적 가치를 찾기 위해 호주가 아닌 영국과 미국에 눈을 돌리던 시기, 『오스트레일리안』은 스스로의 민족주의적 색채에 강한 자부심을 보였다. 이 색채는 머독의 개인적 성격이 투과된 결과였다. 이념화된 직원들과 이상주의적 최고경영인에 의해 운영되는 『오스트레일리안』은 개방적이고 자유로운 독자의 신문이라는 독보적 지위를 확립할 수 있었다. 창간호에 실린 한 사설은 이 신문이 "독립적인 사유"와 "국가에 대한 새로운 접근법"을 고취시킬 것이라며 "이 진보적 언론을 반기는 호주의 생각 있는 남성과 여성"을 환영한다고 외쳤다.

이 기간 동안 머독은 호주의 부총리이자 국민당 대표였던 존 '블랙잭' 매큐언과 개인적 친분을 쌓았다. 당시 경제에 대한 머독의 신념은 현재 그가 갖고 있는 믿음과는 정반대로, 매큐언처럼 애국적 민족주의를 지지했다. 값싼 수입품으로부터 지역의 제조업을 보호하기 위한 보호 관세를 옹호했으며, 철도·항만·도로 같은 정부 주도형 '국가 건설' 프로젝트를 지지했다. 머독은 『오스트레일리안』이 기반을 둔 캔버라 체류 기간이 점차 길어지자 자신의 아버지가 30년 전에 그랬듯이 도시 외곽의 한 농장을 인수하기로 했다. 매큐언의 도움을 받아 적당한 농장을 물색하던 머독은, 오래된 석조 가옥 앞에 수천 헥타르에 달하는 광활한 풍경이 펼쳐진 케이번 지역 농장을 구매하기로 결정했다. 교외 생활에 대한 환상에 사로잡힌 머독은 이 지역의 하원의원이 되는 꿈에 잠기기도 했다.

출판인으로서 머독의 경력이 막 시작된 이 시기, 그의 비범하고 매력적인 성격이 드러나기 시작했다. 『오스트레일리안』의 임원 중 한 명이던 로드 레버는 자신이 케이번 농장에 초대받았을 당시 머독이 직접 준비한 아침상을 들고 방문을 두드리는 모습을 보고 깜짝 놀랐다고 회고했다. 또한 편집회의에서 '쓰레기' '헛소리'와 같은 말을 거침없이 입에 올리며, "이런 쓰레기들은 집어치우라고 수도 없이 이야기했잖아! 아무도 내 얘기를 듣지 않는 거야?"라고 편집장들을 거침없이 비판하던 머독의 모습도 회고했다. 레버는 편집회의에 대해 다음과 같이 말했다. "그것은 일종의 연극적 퍼포먼스였다. 만약 심리학자가 그 장면을 봤다면 그는 머독의 정복욕을 밝혀냈을 것이다. 머독은 사람을 겁주고 당황하게 만들기를 즐겼다." 머독이 정치계 안으로 들어가고자 한 주된 동기는 존경과 인정을 받고 싶어서였다. 레버는 말했다.

무시당하거나 별것 아닌 사람으로 취급받는 것만큼 루퍼트를 상처 입히고 화나게 하는 일은 없었다. (…) 그가 학생이었을 때 그의 부친은 전직 총리 로버트 멘지스를 소개해주었다. 멘지스는 아주 거만한 인물이었고 항상 루퍼트를 어린애 취급했다.[14]

정치에 관심이 있었으나 방관자에 머물렀던 머독은 1960년대에 이르러 그 세계에 참여하기 시작했다. 1967년 크리스마스 직전 멜버른 근처의 한적한 해변에서 발생한 국가적 비극은 머독에게 킹메이커로서 활약할 첫 기회를 주었다.[15] 당시 호주 총리이던 해럴드 홀트는 바다에서 작살 낚시를 즐기는 외향적 인물이었다. 하지만 1967년 연말 낚시를 간 홀트는 물속에서 다시 해변으로 나오지 못했다. 홀트의 죽음으로 공석이 된 총리 자리는 관례에 따라 자유당−국민당 연립 정부에서 다수 쪽인 자유당 당원으로 충원될 참이었다. 하지만 머독은 『오스트레일리안』의 편집장 에이드리언 디머에게 국민당의 '블랙 잭' 매큐언을 당선시키기 위한 캠페인을 벌이도록 지시했다. 모든 사람이 부조리하다고 생각하는 신념에 대한 머독의 열정을 보여주는 첫 사례였다.

디머는 다음과 같이 회상했다. "나는 머독에게 매큐언은 국민당 사람이고, 따라서 자유당은 결코 그를 지지하지 않을 것이라고 말했다."

머독은 다음과 같이 응수했다. "그(매큐언)가 호주를 위한 최선이야!"

이에 디머는 다음과 같이 반박했다 "그가 최선일지는 모르지만, 아무도 그를 원하지 않아요!"[16]

머독은 포기하지 않았다. 총리 자리는 매큐언과 극심하게 대립해온 자유당 자유무역주의자 맥마흔에게 돌아갈 것으로 보였다. 하지만 선거 직전 『오스트레일리안』은 폭탄을 투하했다. 매큐언은 머독에게 맥마흔이 총리에 오른다면 자신은 맥마흔의 "추종자" 때문에 결코 연립 정부에서 일하지 않을 것이라고 귀띔한 적이 있었다. 그 추종자란 맥마흔의 측근이자 기자인 또 한 명의 자유무역주의자 맥스 뉴턴을 의미하는 것이었다. 일본 정부와 친분이 있던 뉴턴은 호주의 경제정책이 바뀌어야 한다고 경고하는 인물이었다. 또한 『오스트레일리안』 초기에 편집장으로 일하다가 갑자기 퇴사해 머독에게 큰 피해를 입힌 바 있었다. 『오스트레일리안』은 그런 뉴턴을 "외국 정보 요원"이라고 비난하는 기사를 터뜨렸다. 그 여파로 총리 자리는 맥마흔이 아니라 머독과 우호적인 관계를 맺어온 자유당 지도자 존 고턴에게 돌아갔다. 민족주의자 고턴은 호주의 미래에 대한 변덕스러우면서도 거대한 비전을 가진 인물이었고, 머독과 마찬가지로 독불장군 스타일이었다. 1969년 연방 선거에서 머독은 고턴을 지지했지만, 결과는 노동당의 승리였다.

이후 머독은 점차 보수 정치에 관여하는 동시에 항상 그 반대 세력과의 소통도 유지했다. 1967년, 머독은 노동당 출신의 젊은 지성이자 노동당 부대표 거프 위틀럼의 비서로 일하기도 했던 존 메나두를 시드니의 『오스트레일리안』 임원으로 임명했다. 메나두는 머독과의 첫 만남에서 곧바로 그가 얼마나 정치적인 인물인지를 간파했다.

그때나 지금이나 머독은 한 명의 불만에 찬 정치인에 가깝다. 그는 결코 정치권을 내버려두지 않는다. (⋯) 7년간 그와 일하면서 나는 무엇이 그를 움직이게 만드는지 알 수 있었다. 그에게 돈은 유용한 것일 뿐 결코 돈을 위해 일하지는 않는다. 그는 사람들에게 인정받기 위해, 권력자의 위치에서 그들에게 영향을 미치기 위해 일하는 자다.[17]

머독은 1969년에 당시 영국에서 가장 많이 팔리던 일요 신문 『뉴스 오브 더 월드』를 인수하여 국제적 진출의 첫발을 디뎠다. 『뉴스 오브 더 월드』는 종교인의 성 추문, 보이스카우트 단장과 소년들 사이의 부적절한 관계 같은 아주 선정적인 기사를 싣는 타블로이드지였다. 그래서 언론인들 사이에서 '뉴스 오브 더 스크루스'라는 이름으로 불리기도 했다.● 그럼에도 불구하고 머독이 그 신문을 인수한 것은, 한 명의 단호한 '식민지인'이 영국인과 영국 회사를 장악할 수 있음을 그들의 면전에서 보여주기 위해서였다.

머독은 『뉴스 오브 더 월드』에 몇 해 전 영국 보수당 내각 장관 존 프러퓨모와 러시아 관료가 연루된 스캔들로 논란을 일으켰던 크리스틴 킬러라는 매춘부의 회고록을 실겠다고 선언했다. 은폐되었던 새로운 사실을 폭로하여 이 사건의 "전말"을 밝히겠다는 명분을 내세웠지만, 실제로는 대중의 이목을 사로잡기 위해서였다. 그의 말대로 모든 전말을 밝히지는 못했지만, 그 회고록은 엘리트와 기득권층에 대한 투쟁이라는 머독의 비전이 처음으로 구체화된 계기였다. 당시 기득권층은 섹스 스캔들의 당사자인 존 프러퓨모가 런던 빈민을 위한 자선단체를 후원하면서 자신의 죗값을 치르고 있다고 여겼다. 방송인 데이비드 프로스트는 머독을

● 나사를 뜻하는 단어 스크루스screws는 섹스를 뜻하는 비속어로 쓰이기도 한다.

자신의 토크쇼에 초대해서 선정적인 기사를 위해 프러퓨모의 사생활을 파헤쳤다는 사실에 유감을 표기도 했다. 이 토크쇼는 머독에게 하나의 재앙과도 같았다. 사회자와 이야기를 나누는 와중에 자신의 뻔뻔함과 저속한 선정주의를 힐책하는 질문 공세에 직면했기 때문이다. 머독에게 그 토크쇼는 도덕적 우월함을 가장한 엘리트의 쇼로 보였고, 그는 자신과 같은 식민지인들에게 잘난 체하는 영국 기득권층 속물들에게 또다시 경멸감을 느꼈다.[18] 풍자적 주간지 『프라이빗 아이Private Eye』는 머독에게 '지저분한 채굴가'라는 별명을 지어주었는데, 그는 그 별명을 몹시 싫어 했다. 훗날 머독은 한 인터뷰에서 다음과 같이 말했다. "영국은 항상 그들의 제국을 중심으로 모든 것을 판단하며, 우리 호주인을 깔봤다. 그들은 우리의 머리를 쓰다듬으며 '잘할 수 있을 거야!'라고 말하지만, 정작 우리가 무언가를 잘해냈을 때는 우리를 죽이려든다."[19] 영국의 신문 평의회 Press Council가 『뉴스 오브 더 월드』에 게재된 그 저속한 회고록을 비난하자 머독은 직설적으로 응수했다. "신문 평의회가 계속해서 기득권층의 무기를 자처한다면, 나는 결코 그들의 위협에 귀 기울이지 않을 것이다."

같은 해 머독은 자신의 경력에서 가장 중요한 신문 중 하나인 『선』을 인수했다. 머독은 이 『선』에서 막대한 수익을 올려 미국의 영화사와 TV 채널을 인수할 수 있었으며, 무엇보다 영국 정치권의 핵심 인물로 부상할 수 있었다. 원래 영국 노동조합협의회의 기관지였던 『선』은 이후 미러 그룹에 인수되었는데, 1969년 미러 그룹은 재정 상태가 좋지 않던 이 매체를 손쉽게 처분할 곳을 물색 중이었다. 이때 『선』을 인수한 머독은 기자들에게 이 신문을 "급진적"으로 변화시켜 수백만 독자에게 유통할 수 있을 것이라고 자신했다.

　타블로이드지로 탈바꿈한 『선』은 축구 선수의 사생활을 다룬 자극적인 연재소설 「더 러브 머신」을 게재하는 동시에 자동차와 TV 수상기를 상품으로 내건 다양한 대회를 개최했다. 1970년 『선』은 헐벗은 여성 모델로 지면을 장식하기 시작했으며 공인들의 스캔들 기사도 계속 내보냈다. 한편 이 타블로이드지는 노동당 총리 해럴드 윌슨과의 장문의 인터뷰를 싣고 "민중을 향한"이라는 슬로건을 내거는 등 노동당에 대한 지지를 확실히 밝혔다. 이 신문이 아무런 원칙도 없다는 비난에 일자, 『선』이 기반한 확고한 원칙을 다룬 두 페이지에 걸친 사설이 게재되기도 했다. 또한 이 신문은 1960년대 영국 정치의 문제점 리스트를 제시했으며(나중에는 그 문제점들을 외면해버렸지만) 남아프리카의 인종차별, 영국의 인종주의, 베트남 전쟁, 유럽경제공동체 결성, 수소폭탄, 자본주의 횡포를 비판하는 기사들을 실었다. 무엇보다 당시 『선』은 "캔터베리 대주교부터 롤링스톤스의 믹 재거에 이르기까지 모든 사람이 자신의 도덕적 가치관을 주장할 수 있는" 관대한 사회를 주장했다.[20] 이 신문의 반기득권적 관점과 일치하는 한 사설은, 루퍼트의 아버지에게 기사 작위를 수여했던 영국의 서훈제를 철폐할 것을 촉구하기도 했나.

　『선』 인수 뒤 몇 달간, 머독은 해럴드 윌슨과 확고한 연대를 구축했다. 윌슨은 머독의 사무실에서 몇 차례 점심 식사를 함께했으며 머독과 그의 편집인들을 자신의 교외 관저에 초대하기도 했다. 39세의 호주 출신 신문 재벌 2세에게 매우 극진한 대접을 한 것이었다.

　1970년 선거기간에 『선』은 '왜 노동당이어야만 하는가'라는 1면 머리

기사와 사설을 통해 노동당이 그 어떤 당보다 보통 사람과 사회 정의에 관심이 많으며 보수당의 위협적인 이민정책에 반대한다고 주장했다. 하지만 선거에서 노동당은 보수당의 테드 히스에게 패배했다. 그런 결과에도 불구하고 머독은 노동당을 저버리지 않았으며 새로운 총리에게 아첨하지도 않았다. 히스가 1972년 광부 파업을 맞아 비상사태를 선포하자 『선』은 노동조합법에 대한 규제를 비판하며 광부들을 지지했다. 이후 머독은 "우리는 광부들을 지지하는 여론을 일으켰다"라고 주장했다.[21] 10년 뒤 신문 노동조합을 해산시킨 바 있는 그의 이력에 비추어볼 때 이는 아주 놀라운 발언이다.

1970년대는 영국 정치권에 커다란 지각변동이 있었던 시기다. 경제 위기가 영국을 집어삼킨 1974년, 머독은 『선』의 사설을 통해 당시 선거 결과에 대한 자신의 견해를 피력했다.

『선』은 급진적 신문이다. 우리는 우익보다 좌익을 지지한다. 우리는 사회민주주의자를 자처하는 후보를 지지할 것이다. 확실히 히스도 윌슨도 아니다. 그들은 우리에게 어떠한 영감도 주지 않는다.[22]

하지만 머독의 견해는 바뀌기 시작했고, 1974년 초 『선』은 덤덤하지만 보수당을 지지하는 사설을 게재했다.

그사이 호주 『오스트레일리안』의 편집장 에이드리언 디머는 머독에게 하나의 골칫거리를 안겨주었다. 불안정한 출발에도 불구하고 디머는 경쟁사 『에이지』나 『시드니 모닝 헤럴드』에서는 찾아볼 수 없는 새로운 기사 스타일로『오스트레일리안』을 안정시키고 있었다.『오스트레일리안』은 아주 먼 오지의 웨이브 힐이라는 목장에서 발생한 호주 원주민 파업 기사를 내보냈다. 이 파업은 토지에 대한 권리를 얻기 위한 원주민의 기나긴 투쟁에 불을 지피는 것이었다. 그러나 이 기사는 머독을 공감시키지는 못했다. 디머의 자유주의적 정치관은 권력자 입장에서는 눈엣가시와 같았기 때문이다. 디머의 거친 언사와 머독을 따르기를 거부하는 태도도 머독의 심기를 불편하게 했다. 1971년에 원주민 파업은 극에 달했고 원주민은 마침 호주를 방문한 남아프리카공화국 백인 축구 선수단에 대한 적의를 표출했다.『오스트레일리안』의 1면 사설은 백인 선수들의 방문과 이에 대한 정부의 지원을 비난함으로써 원주민 노동자들에게 동조했다. 한 달 뒤 호주에 돌아온 머독은『오스트레일리안』을 호주에서 가장 자유주의적 신문으로 만들어놓은 이 사설에 대해 디머에게 불평을 늘어놓았다. 디머에 따르면 당시 머독은 "그 사설이 지나치게 현학적이고 동정적이며 원주민 편향적"이라고 말하며 "당신은 우리 신문을 전혀 읽지 않는 원주민들에게 너무 많은 지면을 할애하고 있다"고 불평했다 한다.[23] 결국 디머는 전격적으로 해임되었고, 이는 머독의 정치관과 충동성을 보여주는 전형적인 사건이었다.『오스트레일리안』은 이후에도 몇 년간은 합리적이고 자유주의적인 매체라는 명성을 유지했지만, 결국 확고한 우익 매체로 전향했다.『오스트레일리안』은 보수 정부 타도를 도왔던 머독의 처음이자 마지막 매체였다.

디머를 해임하고 일주일 뒤, 머독은 당시 야당이던 노동당 대표 고프 위틀럼과 점심 식사를 함께했다. 전통적으로 노동조합원이 지휘해왔던 노동당 내부에서 변호사 출신 위틀럼은 새롭고 번듯한 이미지를 갖고 있었다. 또한 거만하고 냉담한 성격의 소유자이기도 했다. 그는 노동당 내의 급진 세력과는 거리를 두면서 당의 구조를 혁신해 새로운 노동당을 설계할 계획을 갖고 있었다. 머독은 그 점심 식사 자리에서 위틀럼에게 "어떻게 해야 다음 선거에서 현 정부를 끌어내릴 수 있을까요?"라는 갑작스러운 질문을 던졌다.[24] 『오스트레일리안』의 기본 방침을 바꾸겠다는 생각에서 던진 질문이 아니라 당시의 호주 여론을 반영한 질문이었다. 베트남 전쟁이 23년간 집권해온 보수당 정부에 대한 대중의 불만을 일으킨 것이다. 머독은 그 자리를 계기로 1972년 연방 선거에서 위틀럼과 긴밀한 연대를 형성했고, 결국 선거는 노동당의 승리로 돌아갔다. 머독은 이미 1972년 1월에 한 '호주의 날' 연설에서 호주 여론이 급변할 것이라고 예측했다. "우리가 목격하고 있는 것은 호주의 진보와 계몽을 가로막는 요소들에 저항할, 내내 잠들어 있었던 호주 민족주의의 부활입니다." 머독은 호주가 더 이상 "일본 채광업자를 위한, 외국 개발자들과 매디슨 가•를 위한 방목장"이어서는 안 된다고 주장했다.

지금 호주인들은 새로운 영감으로 가득합니다. 그들은 더 이상 권력가의 메아리나 북반구의 그림자가 되기를 원하지 않습니다. 그들은 새롭고 활기찬 호주인의 정체성을 찾고 있습니다.[25]

• 미국의 광고사들이 밀집해 있는 뉴욕의 거리.

머독은 그 연설에서 자신의 이상주의를 솔직하게 드러낸 것이다.

1972년의 선거 6개월 전에 머독이 시드니에서 발간되는 타블로이드지 『데일리 텔레그래프』와 그 자매지 『선데이 텔레그래프Sunday Telegraph』를 인수한 것은 노동당에게 큰 행운이었다. 머독의 영향력이 극적으로 커졌기 때문이다. 1972년을 거치며 머독의 신문들은 서서히, 하지만 매우 분명하게 노동당과 위틀럼에게 우호적으로 변해갔다. 그러나 이는 미봉책이었을 뿐 결코 머독의 신문이 노동당 편으로 전향했음을 의미하는 것은 아니었다. 1972년 선거기간 내내 머독은 거의 매일 노동당 선거운동 담당자 및 위틀럼의 선거 사무실과 연락을 취했다. 머독은 위틀럼의 연설 초안 작성과 선거 광고를 도왔으며, 선거 마지막 주 노동당의 TV 광고를 설계하는 데 핵심적인 역할을 했다. 머독은 노동당 정부가 들어선다면 머지않아 호주의 징병제도가 막을 내릴 것이라는 내용의 노동당 언론 성명서 작성을 돕기도 했다. 당시 『데일리 미러』의 편집장이었던 마크 데이는 한 노동당원으로부터 이 성명서 유포를 의뢰받고 "새로운 내용이 뭐냐?"라고 물었다. 이에 그 노동당원은 "새로운 것이 있다면 이것이 루퍼트의 아이디어라는 것"이라고 대답했다.26

머독은 '정부 혁신을 위한 기업인 모임Businessmen for a Change in Government'이라는 위장 단체 명의로 자신의 신문에 노동당 광고를 무료로 게재하기도 했다. 이 위장 단체는 머독의 기자들과 노동당의 광고 담당자들이 운영했다. 이 광고 활동에 흥미를 느낀 머독은 자신이 소유하지 않은 신문들에도 광고를 게재하기 위해 지출을 아끼지 않았다. 이는 공식적이고 때때로 은밀했던 그의 정치적 기부가 시작되는 계기였다.

위틀럼의 마지막 선거 유세가 있던 밤, 머독은 그와 함께 자리하기를 거절했다. 머독은 자신의 신문이 위틀럼 당선에 결정적이었다고 믿었지만, 이는 하나의 환상에 불과했다. 당시 노동당이 가장 강세를 보였던 지역은 머독이 어떠한 지역신문도 보유하지 못한 빅토리아였다. 몇 년 뒤 머독은 "우리는 보이지 않는 곳에서 엄청난 일들을 해냈다. (…) 밝혀진 것보다 훨씬 더 많은 일을 우리가 해냈다"라고 회고했다. 새로운 타블로이드지 『데일리 텔레그래프』를 통해 머독은 "우리는 변화를 위해 그 싸움에 몸을 던졌고, 그 결과 20년간 집권했던 보수당 정부를 끌어내렸다. 그럴 만한 가치가 있는 일이었다"라고 말했다.[27]

수십 년간 야당에 머물렀던 노동당의 총리들은 변화를 위한 비전들로 가득한 인물이었다. 하지만 경험이 부족했던 노동당은 자주 무능함을 보였고, 그들의 새로운 정책은 기업인들의 극심한 반대를 불러오기도 했다. 그럼에도 대중의 막대한 지지를 등에 업은 노동당은 1974년 선거에서도 승리할 수 있었다. 하지만 이듬해 위틀럼은 어려움에 빠졌다. 노동당을 지지했던 루퍼트 머독의 신문들이 일제히 정부를 비판하고 나선 것이다. 이후 머독은 위틀럼이 이미 "다른 나라에서 끔찍한 실패를 초래한 바 있는 유럽식 사회주의"를 호주에 도입하려 했기에 그에게 격렬히 대항했다고 설명했다.[28]

1975년의 마지막 달, 적어도 향후 10년간 호주 정치를 분열시키게 될 하나의 정치적 재난이 발생했다. 정부의 재정적 무능을 걸고넘어진 보수당이 상원에서 정부의 예산안 통과를 저지한 것이다. 호주 정치는 지금

껏 한 번도 경험해보지 못한 새로운 국면에 접어들었고 야당 편에 선 머독의 신문들은 사태 해결을 위해 총독이 정부 해산을 주도할 것을 주문했다. 영국 여왕의 대변인인 총독이 정부를 해산시킬 헌법상의 권한을 가지고 있는 것은 사실이었지만, 이러한 발상은 너무나 허황된 것이었고 광범위한 지지를 얻지 못했다.

노동당에 대한 공세를 준비하는 사이, 머독은 『오스트레일리안』의 기자들과 대립하기도 했다. 25명의 기자가 서명한 편지 한 통이 머독에게 전달되었다. "『오스트레일리안』의 스타일과 취지, 독자층이 바뀐다 해도 이 매체가 책임감 있는 언론으로서 전통과 원칙, 진실성을 유지한다면 우리는 계속해서 『오스트레일리안』에 충성할 것이다. 하지만 선동적인 신문에는 충성할 수 없다." [29] 머독은 이 편지를 묵살해버렸다.

2주 뒤 호주 총독이 모두의 상식을 뒤엎고 노동당 정부를 해산시키고 야당 대표를 임시 총리로 임명한 후 새 총리 선출을 위한 선거를 계획했을 때, 호주의 정치적 위기는 최고조에 이르렀다. 위틀럼이 "헌법에 의한 쿠데타"라고 칭한 이 사건은 호주의 분열을 일으키는 동시에 폭력적 정치 투쟁을 초래했다. 『오스트레일리안』은 한때 그들이 칭송해 마지않았던 현 정부의 해산을 촉구하며 총독을 지지하는 헤드라인과 기사들을 쏟아냈다. 위틀럼의 지지자들이 주도한 보이콧으로 『오스트레일리안』의 매출은 급감했고, 머독은 금전적 손실을 감수할 수밖에 없었다. 항구 노동자들이 『오스트레일리안』의 선적을 거부하기도 했다. 1975년 선거 직전, 『오스트레일리안』 소속 시드니 기자들이 파업에 들어갔다. 머독의 회사에서 일어난 최초의 파업이었다. 노동조합과의 협상 과정에서 머독은 그들의 불충을 비난했다. 이 갈등은 선거에서 맬컴 프레이저가 이끄는 보수당 정부가 선출될 때까지 계속되었다.

몇 년 뒤 머독은 1975년 선거에서 그의 신문이 매우 당파적인 역할을 했음을 인정했다. 늘 그랬듯이 그는 자신이 그 소동의 중심에 서 있었음을 의기양양해했다.

당시 나는 호주를 새로운 국면으로 이끌고 있던 맬컴 프레이저가 용기를 잃고 뒤로 물러설까봐 걱정했다. 만약 『오스트레일리안』이 헌법에 따라 조치를 취하라고 주장하지 않았더라면, 프레이저는 용기를 잃었을 것이다.[30]

그 정치적 혼란 시기 내내, 머독은 위틀럼 정부를 향한 공격을 주도하는 동시에 "헌법에 의한 쿠데타"를 준비 중인 야당의 동태를 예의 주시했다. 총독이 정부를 해산시키기 불과 며칠 전, 머독은 그의 전직 임원이자 당시 총리 및 총리내각부 책임자였던 존 메나두와 점심을 함께했다. 그 자리에서 머독은 머지않아 위틀럼이 탄핵된다 하더라도 당신은 현재의 위치를 지킬 것이며, 새 정부가 들어선 후에는 일본 대사관으로 파견될 것이라고 메나두에게 귀띔해주었다.[31]

대대적 전환

호주 노동당 정부를 해산시키기 위한 루퍼트 머독의 집요한 캠페인은 영국 노동당과 보수당 양자로부터 느꼈던 그의 환멸과 관련이 있는 것으로 보이지만 그 직접적인 원인은 밝혀진 바 없다. 어쨌거나 그 일은 그가 기존의 신념과 가치관에서 완전히 돌아섰음을 보여주었다. 이후 그는 영국과 미국, 호주의 정치권에 등장한 새로운 종류의 보수주의와 일맥상통하는 길을 걷는다. 미디어 재벌로 성장한 머독이 이 새로운 흐름에 편승한 것이다. 그는 자신이 소유한 신문들의 포퓰리즘적 선동을 통해 자유시장, 규제 철폐, 글로벌화의 옹호자이자 수혜자로 거듭났다.

머독의 자유시장 보수주의로의 전향은 호주에 노동당 정부가 들어선 1972년에 시작되었다. 그가 자신이 지지해온 당을 배반할 것이라는 낌새는 새 정부가 들어서고 나서 단 몇 주 만에 나타났다. 1972년 크리스마스 직전, 미국 대통령 리처드 닉슨이 북베트남의 수도 하노이에 무자비한 폭격을 가하자 스웨덴의 사회민주당 대표 올로프 팔메를 비롯한 많은 유럽 정부 인사가 이 조치를 나치의 학살에 비교하며 맹렬히 비난했다. 호주 수상 고프 위틀럼도 이 비판에 동참했지만 몇몇 노동당 상관은 그보다 훨씬 강도 높은 발언을 쏟아냈다. 한 장관은 "미치광이들"이 미국 정치를 통제하고 있는 것 같다고 했고, 또 다른 장관은 폭격을 "집단 학살"로 묘사했다. 호주 노동조합은 미국 선박의 입항을 금지하기까지 했다. 미국과 호주의 관계가 위기를 맞은 것이다. 이 일은 평소 미국에 우호적이었고 1971년 방미 당시 닉슨에게 깊은 감명을 받았던 머독의 성미를 건드렸다.[32] 때문에 미국 국무부가 머독에게 노동당 대표와 은밀히 접촉해 달라고 요청하자 머독은 이에 기꺼이 응했다. 노동당 대표와 직접 만나려 했던 머독의 뜻은 이루어지지 않았지만, 위틀럼은 곧 미국에 대한 비판을 자제하게 되었다. 그러자 미국 국무부 장관은 머독에게 감사의 말을 전했다. 하지만 머독은 여전히 미국의 하노이 공격에 대한 호주 노동당 정부의 초기 반응에 실망하고 있었고, 이는 이후 정부의 무능력한 경제 정책에 대한 경멸로 이어졌다. 머독으로부터 미 국무부와의 거래에 대한 이야기를 직접 들은 전기 작가 토머스 키어넌은 이 사건이 "머독을 닉슨으로 대변되는 미국 보수주의로 이끌었다"고 결론지었다.[33]

1974년 닉슨이 불명예스럽게 대통령직을 사임한 일은 머독에게 큰 충격으로 다가왔다. 닉슨이 연루된 민주당사의 불법 침입, 즉 워터게이트 사건을 밝혀낸 것은 『워싱턴 포스트』의 기자 밥 우드워드와 칼 번스타인 이었다. 그들의 기사는 하나의 전설이 되었으며 영화 「모두가 대통령의 사람들All the President's men」로 만들어지기도 했다. 하지만 머독의 눈에 이는 저널리즘의 권력 남용으로 보였으며, 훗날 자신은 이 사건을 대다수의 사람과 다른 관점에서 바라본다고 고백했다.

적대적 저널리즘에 대한 열광이 때때로 체제를 전복시키기까지 했다. (…) 현재 우리의 자유가 직면한 수많은 위험을 인식하지 못한 채 정부의 국방과 대외 정책에 대한 수많은 기사를 읽고 받아들이는 것은 부끄러운 일이다.[34]

특히 기자들의 역할이 머독을 불편하게 했다. 머독은 자신의 한 친구에게 다음과 같이 말한 바 있다. "미국 언론은 아마 닉슨의 공개 처형에 큰 즐거움을 느꼈을 거야. 하지만 마지막으로 비웃음을 받는 사람은 그들이 되겠지. 공산주의자들이 서방세계를 점령하고 난 뒤 그들이 얼마나 좋아할지 두고 보자고."[35] 이와 같은 머독의 생각은 주류 정치권의 견해와 한참 떨어져 있었지만, 그는 결코 두려워하지 않았다. 몇 년 뒤 닉슨은 머독의 비공식적 외교 자문이 된다.[36] 머독은 자신이 "적대적 저널리즘"이라 언급한 불편한 언론들을 후일 "자유주의 미디어"라 부르게 되며, 이는 그의 가장 큰 적으로 부상한다.

머독의 정치적 전향에 영향을 준 또 하나의 요인은 영국에서 발생했다. 이 젊은 호주 언론 재벌은 영국의 『뉴스 오브 더 월드』와 『선』을 인수해 상업적인 성공을 거둠으로써 그 이윤을 바탕으로 더 많은 신문을 인수했다. 하지만 전 세계 인쇄 산업에 휘몰아친 기술혁명으로 인해 머독은 하나의 문제에 봉착했다. 기자들이 컴퓨터 단말기로 직접 자신의 기사를 입력하고 사진까지 손쉽게 넣을 수 있게 되자, 지저분한 신문사 한편에서 뜨거운 납덩어리로 기사를 조판하고 라이노타이프 장치로 인쇄하던 소위 '잉키inkies'들에 대한 수요가 줄어들게 된 것이다. 인쇄공들과 노동조합은 기술 변화가 초래한 고용 감소를 받아들이거나, 이에 끝까지 저항할 수밖에 없었다.

이전까지 인쇄 과정 전반을 통제했기에 임금과 작업 환경 관련 협상에서 유리한 위치에 있었던 그들은 당연히 새로운 기술 도입에 반대했고, 그때부터 그들과 신문사 소유주의 투쟁의 역사가 시작되었다. 인쇄공들이 파업을 감행하자 머독과 같은 신문 소유주들은 경제적 손실을 감수하고 그들과 대치할 수밖에 없었다. 이 분쟁의 영향으로 『타임스』는 거의 1년간 발간되지 못하기도 했다. 파업이 더욱 잦아지자 신문 제작은 밤마다 심각한 위기에 처했고, 당연하게도 이는 머독을 분노케 했다. 한때 페이비언 사회주의Fabian Socialism•와 노동당 지지자였던 머독은 노동조합 전통을 존중해왔지만, 런던 인쇄공과의 대립은 그의 입장을 변화시켰다. 이후 그는 한 인터뷰에서 "플리트 가Fleet Street••의 노조로 인해 겪게 된 17년의 쓰라린 경험이 나를 자유시장 보수주의로 더욱 강하게 돌아서게 만들었다"고 말했다.[37]

1970년대 말, 머독은 (그렇다고 그가 딱히 전통적 보수주의에 더 매력을 느꼈던 것은 아니지만) 좌익 세력과의 모든 연계와 동조를 철회했다. 얼마 후 머독이 가장 진실한 존경을 표하게 될 정치인 마거릿 대처가 등장했다. 대처의 매력을 가장 먼저 인지한 사람은 머독과 마찬가지로 한때 노동당에 동조했던 『선』의 편집장 래리 램이었다. 야당인 보수당 대표 마거릿 대처에 대한 호감을 표시하고 나선 『선』을 보고 처음에 머독은 냉담하게 반응했고 노동자 구독률 하락을 염려하기도 했다. 램에게 전화를 걸어 "아직도 저 무자비한 여자를 지지하는 거야?"라며 분개하기도 했다.[38] 하지만 이내 머독은 열성적인 대처 지지자로 변모하여 향후 10년간 일관되게 그녀를 지원했다. 1979년 영국 선거에서 『선』은 '토리당을 찍자, 이것이 부패를 막는 유일한 길이다'라는 제목의 사설을 대서특필했다. 이

• 의회제 민주주의를 통해 사회주의를 달성하려는 점진적 사회주의를 뜻한다.
•• 영국 신문업계가 모여 있는 런던의 거리.

사설에는 '노동당 지지자에게 보내는 메시지'라는 부제가 덧붙여져 있었다. 이 시기 『선』의 구독률은 친노동당 성향의 『데일리 미러』를 압도했다.

1979년 선거는 영국 정치권의 분수령이었고, 선거 결과는 정치계 너머에까지 파장을 미쳤다. 당선 직후 마거릿 대처는 안정이 아닌 급진적 변화를 추구했다. 전통적 보수주의와 다른 형태를 띤 대처 정치는 계급제도와 기존 권위를 존중하는 것으로 보이지 않고 자유시장과 실력주의를 강조하는 것으로 보였다. 1960년대 문화혁명의 반대급부로 새로운 종류의 전투적 보수 정치가 태동한 것이다. 이는 페미니즘, 반인종주의, 게이 해방운동 등 반종교적 기류에 겁먹은 사람들을 매혹시켰다. 대처는 보통 사람의 대변자를 자처하며 노동자계급 유권자들도 사로잡았다. 이후 미국의 로널드 레이건도 대선 운동 때 대처와 유사한 전략을 펼쳐 후에 소위 '레이건 민주당원'●으로 불리게 된 노동자들의 지지를 얻을 수 있었다. 새로운 보수주의는 1960년대의 자유 정신을 작은 정부와 세금 완화 그리고 자유시장에 대한 지지와 연결시키려 했다. 사회운동에 의해 성장한 거대 정부와 거대 조합, '정치적 올바름'에 대항하여 대중의 대변자를 자처하는 새로운 종류의 포퓰리즘이 등장한 것이다.

머독은 이 전투적 보수주의에서 반엘리트주의를 발견했다. 행복하게도 그것은 보통 사람의 이익 보호를 주장하는 그의 타블로이드지의 신념과 딱 들어맞았다. 마침내 머독은 보통 사람의 정부에 대한 분개를 하나의 정치적 이데올로기로 승격시키는 방법을 발견한 것이다. 멜버른 기

● 민주당 지지자들 중 레이건의 외교정책과 애국주의 등에 끌려 레이건을 지지했던 사람들을 일컫는 용어.

득권층에서 자란 이 반항아는 세계에 만연한 자유주의 엘리트들의 처형자로 성장하고 있었다.

제3장
레이건 혁명의 바리케이드

머독 씨는 (…) 자신은 결코 영어권 미디어에서 가장 영향력 있는 인물이 아니라고 말했다. "듣기 좋은 소리기는 하지만 사실과는 다르다. (…) 내가 만일 내 가치관을 신문에 주입하려 노력했다면 그렇게 되었을지도 모르겠다. 하지만 나는 그러지 않았다."

2003년 4월 7일자 『뉴욕 타임스』

루퍼트 머독은 로널드 레이건을 대통령에 당선시키기 위해 사설과 1면 등 필요한 모든 지면을 할애했다.[1]

공화당 국회의원 잭 켐프, 1981

1983년 3월 21일, 루퍼트 머독을 비롯한 아홉 명의 기업인이 백악관에서 로널드 레이건 대통령과 회의를 가졌다. 이 회의는 레이건의 국가안전보장 보좌관과 미국 정부의 선전 수단인 공보처의 주선으로 열렸다. 주된 안건은 유럽과 영국에서 점증하고 있던 레이건 행정부에 대한 반감이었다. 레이건이 유럽 내에 미사일을 배치하겠다는 호전적인 발언을 함으로써 냉전의 불안감을 더욱 고조시켰기 때문이다. 이 회의가 있기 2주 전, 복음주의자를 대상으로 한 연설에서 레이건은 소련을 "악마의 제국"이라 말했는데, 이는 냉전을 종교적 투쟁으로 변질시킨 발언이었다. 그 연설 이틀 뒤 레이건은 인공위성에 무기를 탑재해 소련의 미사일을 무력

화시키겠다는 전략방위구상Strategic Defense Initiative, 이른바 '스타워즈'를 선포했다. 이전까지 핵전쟁을 피하기 위해 서방세계가 유지해온 긴장 완화 정책을 무시한 처사였다.

유럽 내에 크루즈 미사일과 퍼싱 미사일을 배치하겠다는 이 계획은 영국과 독일 그리고 프랑스에서 대대적인 시위를 불러일으켰다. 유럽의 학생들과 급진주의자들뿐 아니라 노동당과 사회민주당 대표들도 비핵지 대 확대를 주장하며 레이건을 카우보이, 극단주의자라고 비난했다. 미국 내에서도 대통령의 계획에 반대하는 '비핵화' 운동이 일어났다.

앞서 말한 머독을 포함한 아홉 명의 기업인과 레이건의 만남은 전직 할리우드 영화제작자 찰스 윅이 미 공보처장으로 내정되면서 계획된 것이 었다. 머독의 친구인 '찰리' 윅은 훗날 뉴스 코퍼레이션의 이사진에 임명 되기도 한다. 윅은 1983년에 레이건의 국가안전보장 보좌관에게 보낸 서 신에서, "핵무기 배치에 대한 대중의 대대적인 비난에 대항"할 레이건의 전략이 필요하다고 주장했다.[2] 윅이 주선한 회의 참석자 대다수도 핵무기 에 대한 대중의 입장과 반대되는 견해를 가진 사람들이었다. 이 회의에는 『타임스』 등 다수의 영향력 있는 영국 신문을 보유한 머독뿐 아니라 미국 거대 TV 방송국 메트로미디어의 회장 존 클루게, 서독의 정론지 『벨트 Welt』 및 타블로이드지 『빌트Bild』를 소유한 스프링거 출판 그룹 대표 요아 킴 메트리, 프랑스 일간지 『렉스프레스L'Express』의 경영주 제임스 골드스미 스 경 그리고 몇몇 미국 우익 사업가 및 국가안전보장회의와 연이 있는 전직 CIA 간부도 참석했다. 회의의 주된 목적은 "미국 정부보다 더 효율 적으로 해외 활동을 벌일 수 있는 비밀 조직을 지원할" 자금 마련이었다.[3] 이 조직에는 스케이프 그룹, 올린 재단, 프리덤 하우스와 같이 현재까지도 미국 우익을 후원하는 단체들이 속해 있었다. 노골적으로 말하자면, 찰스 윅은 의회 몰래 레이건 행정부의 선전 활동을 벌일 비자금을 확보하고자 했던 것이다.

이 회의에서 레이건은 머독을 포함한 기업인들에게 소련의 유럽 내 "거짓 정보와 선전 활동"에 대항하는 윅의 비밀 조직 '민주주의 프로젝트Project Democracy'에 참여할 것을 촉구했다.[4] 레이건은 소련이 "유럽에서 이념 전쟁을 펼치고 있다"고 운을 떼며 "우리는 반드시 장단기적 계획을 세워 우리의 적수에 대항해야 하며, 그래서 찰리에게 우리의 대외 정책을 지지하는 여러분을 불러모으라고 지시"했다고 말했다. 공산주의에 대항하고 민주주의를 수출하는 것을 목적으로 한 민주주의 프로젝트는 이렇듯 머독, 클루게 등의 재정 지원을 받게 되자 희망적인 전망을 품었다. 이후 공개된 서류에 따르면 당시 백악관 회의에 참석했던 사람들은 40만 달러를 그 조직에 기부했고, 그 돈은 미국 미사일 프로그램을 지지하는 유럽 단체들과 미국 신문 매체를 감시하는 애큐러시 인 미디어Accuracy in Media를 지원하는 데 쓰였다.[5]

10개월 뒤 대중이 그 은밀한 백악관 회의를 알게 되자, 이에 당황한 머독은 "비밀 외교" 계획에 자금을 대지 않았다고 부인했다.[6] 얼마 뒤 레이건 외교부의 별동대인 민주주의 프로젝트는 공공연한 활동을 시작했다. 인권 탄압을 행하는 니카라과 반정부 세력에 대한 재정 지원을 금지한 의회의 결정을 위반하고 이란 무기 판매 대금으로 반정부 세력을 지원한 소위 '이란-콘트라' 사건도 이 조직이 벌인 일이었다. 레이건의 유럽 핵 정책을 선전하기 위해 찰리 윅이 운영한 이 조직에 머독이 관여한 사실은, 이란-콘트라 사건 조사 당시 공개된 백악관 문서를 통해 알려졌다. 자신은 결코 자금을 대지 않았다는 머독의 주장을 믿어준다 하더라도, 한 명의 신문 재벌이 어떠한 동기로 선전 활동 관련 정부 회의석상에 나타났는지 의문을 남긴다.

머독은 문제의 회의가 있었던 1983년에, 백악관에서 레이건과 두 차례 더 사적인 만남을 가진 적이 있다. 그중 한 번은 1월에 찰스 윅, 로이 콘과 함께한 백악관 방문이었다. 당시 콘의 로펌은 머독에 의해 유지되고 있었다. 1950년대에 전투적 상원의원으로 이름을 날린 조 매카시만큼이나 악명이 높았던 콘은 사기와 협박, 위증 혐의로 세 차례나 기소되고 석방되기를 반복한 인물이었고, 머독과 함께 레이건을 만난 지 3년 만에 결국 변호사 자격을 박탈당한다. 이렇듯 콘은 추잡한 사람이었지만 1월의 백악관 방문 며칠 후, 자신이 그곳과 계속 접촉하고 있음을 증명해 보였다. 당시 레이건은 보스턴을 방문 중이었고, 머독은 대통령이 자신의 『보스턴 헤럴드』에 들르게 해달라고 백악관 관료들에게 요청했으나 거절당했다. 모욕감에 빠져 있던 머독을 달래려고 콘은 레이건의 핵심 인사에게 손수 한 통의 편지를 써서 보냈고, 머독은 그 즉시 백악관의 사과를 받을 수 있었다.[7]

콘은 머독과 레이건 사이의 연결고리 중 한 명일 뿐이었다. 찰스 윅의 부인 메리 제인 윅은 낸시 레이건의 가장 친한 친구였고, 『뉴욕 포스트』의 칼럼니스트 조이 애덤스는 할리우드 시절 레이건의 동료 배우였다.

『뉴욕 포스트』

리처드 닉슨에 대한 지지를 통해 머독과 공화당의 내연 관계가 시작되었다면, 1976년『뉴욕 포스트』의 인수를 통해 머독은 미국 최고위 정치인들과 접촉할 수 있게 되었다. 1980년 2월 지미 카터 대통령은 머독과의 점심 식사 자리에서『뉴욕 포스트』가 민주당 대통령 후보 뉴욕 경선에서 자신을 지지해줄 수 있느냐고 물었다. 그리고 며칠 뒤 카터는『뉴욕 포스트』의 지지를 얻었다. 하지만 카터와의 점심이 어땠냐는 한 친구의 질문에 머독은 다음과 같이 대답했다. "아주 좋았어. 하지만 내가 레이건을 지지한다고 말했더니 그는 놀라 팔짝 뛰더군."8 이어진 대선 레이스에서『뉴욕 포스트』가 전직 캘리포니아 주지사•를 지지하자, 심기가 뒤틀린 카터는 머독은 미국인이 아니라 호주인이라며 불평을 쏟아냈다.9

레이건은 공화당 대선 경선 후보였던 1979년 11월에 처음『뉴욕 포스트』를 방문했다. 머독은 레이건의 대선 캠페인에 깊이 관여했고, 전통적으로 민주당이 우세한 뉴욕에서 어떻게 공화당의 득표를 극대화할지에 대해 레이건의 보좌진들과 수차례 논의했다. 가장 좋은 방안은 레이건과 민주당 출신 뉴욕 시장 에드 코치 사이의 연대를 확립하는 것이었다. 한때 코치의 시장 당선을 지원했던 머독은 코치에게 레이건을 시장 관저에 공식적으로 초대해줄 것을 요청했고, 이는 레이건에 대한 대중의 반감을 상쇄하는 데 유효했다. 이후『뉴욕 포스트』는 레이건의 지원을 등

• 1967년 1월부터 1975년 1월까지 로널드 레이건은 캘리포니아 주지사로 재직했다.

에 업고 코치의 주지사 당선을 추진했지만 성공하지 못했다.[10]

『뉴욕 포스트』는 사설을 통해 레이건을 지지했을 뿐만 아니라 이 전직 영화배우에게 매우 편향된 호감을 표하는 수많은 기사를 쏟아냈다. 1980년 11월 대선에서 승리한 신임 대통령 레이건은 영국 수상 마거릿 대처에게 경의를 표하는 첫 번째 백악관 만찬에 머독을 초대했으며 그에게 대통령 명판을 수여하기도 했다. 뉴욕의 공화당 대표 잭 켐프는 "루퍼트 머독은 로널드 레이건을 대통령에 당선시키기 위해 사설과 1면을 비롯한 필요한 모든 지면을 할애했다"고 말한 바 있다.[11]

머독의 첫사랑

로널드 레이건과 레이거니즘은 루퍼트 머독의 정치적 시각에 막대한 영향을 미쳤다. 훗날 조지 W. 부시와 이라크 침공에 대한 열렬한 지지 그리고 폭스 뉴스 등 머독 매체의 오바마 대통령에 대한 악의적 비방에서 잘 드러난 머독의 정치적 견해는 미국 공화주의자의 정치 사상에 영향을 받아 1970년대 후반에서 1980년대 초에 형성된 것이지 영국 보수당과 대처의 영향을 받은 것이 아니다. 다수의 전기 작가와 비평가는 바로 그 사실을 놓치고 있기 때문에 머독의 결정적 순간이 인쇄 노조 해산, 1979·1983·1987년 선거에서의 대처에 대한 노골적인 지지 등 영국에서 벌어졌다고 간주한다. 앤드루 닐의 회고에 따르면, 머독이 대처를 존경했음에도 불구하고 『선데이 타임스』는 때때로 그녀의 실책을 지적할 수 있었다. 반면 "로널드 레이건을 비판하는 것은 위험한 일이었다. 레이건은 머독의 첫사랑이었기 때문이다."[12] 이는 『타임스』와 『선데이 타임스』 인수 직후 머독이 편집장들과 제작진에게 들이닥쳐 다음과 같이 소리쳤을 때 명백해졌다. 그는 『선데이 타임스』에 실린 레이건의 중앙아메리카 정책에 대한 기사를 가리키며 "이 글은 쓴 녀석은 공산주의자"라고 소리쳤다. 당시 『선데이 타임스』 편집장이었던 프랭크 자일스는 머독에게 있어 "로널드 레이건과 다른 노선에 서 있는 사람들은 모두 좌익"이었다고 회고했다.[13] 부편집장 휴고 영은 다음과 같이 말했다.

> 나는 미국 대외 정책의 오류 가능성을 제시하는 엘살바도르발發 모든 기사는 『선데이 타임스』가 공산주의자의 손아귀에 놓여 있음을 보여주는 명확한 증거라는 말을 수차례나 들었다.[14]

머독은 레이건을 방어하기 위해서라면 대처마저 저버릴 수 있었다. 미국이 카리브해의 섬 그레나다를 침공한 1983년 10월 25일 이후의 정황들이 이를 잘 보여준다. 이 침공의 표면적인 명분은, 레이건의 주장에 따르면 좌익 폭도들에 의해 점령된 그레나다 주재 1000여 명의 미국 시민 보호였다. 백악관 관료들은 이 섬에 쿠바와 소련의 정치 고문이 존재한다는 사실이 놀랍다면서 그레나다 사태를 "소련의 제국주의적 팽창"으로 규정했다. 그레나다 침공을 베트남전 이후의 무기력에서 벗어나려는 미국의 시도로 이해한 머독은 레이건의 결정에 깊이 감명받았다. 『뉴욕 포스트』는 소리 높여 침략을 지지했으며 그레나다의 움직임을 "카리브해 전체에 대한 분명한 위협이며 나아가 모든 중앙아메리카에 대한 위협"이라 규정했다. 『뉴욕 포스트』에게 그레나다는 "소련의 전진기지"였다. 『뉴욕 포스트』의 사설은 정부 결정에 의문을 제기한다는 이유로 『뉴욕 타임스』와 워싱턴의 신문들을 공격했다.[15] 이 침공은 영국과 미국 사이의 관계를 악화시켰다. 그레나다는 총독이 영국 여왕에 의해 임명되는 영연방의 일원이기 때문이었다. 레이건이 침공 결정을 형식적으로 대처에게 통보하자 그녀는 재고를 건의했지만, 침공은 이미 진행 중이었다. 의회에 나선 대처와 영국 외무부 장관 제프리 하우 경은 미국에 대한 공개적인 비난은 자제했지만, 굴욕적일 정도로 짧은 미국의 통보에 개인적으로 분노했을 것임은 자명하다. 레이건 행정부와 대처 정부 사이에 하나의 균열이 생긴 것이다. 머독은 대처가 "몹시 숨 가빠 하고 있으며" "제정신이 아니며" "우방의 목소리를 들으려" 하지 않는다고 비난했다.[16] 그는 전기 작가 토머스 키어넌에게 다음과 같이 말했다.

나는 그녀가 1982년에 영국에서 1만 6000킬로미터나 떨어진 포클랜드 제도를 침공하는 것을 지지했다. 그런데 어떻게 그녀는 레이건이 미국에서 불과 수백 킬로미터 거리에 있는 곳에서 정당한 미국 정책을 관철시키려 하는 데 반대할 수 있는가! 나는 그녀가 정당한 사적 재산권과 전쟁을 벌였으며 결국 그것을 망쳐버렸다고 말하겠다. 레이건의 그레나다 침공은 영국을 포함한 서방세계의 자유를 위해 불가피한 것이었다.[17]

이후 머독은 키어넌에게 자신이 미국의 그레나다 침공에 대한 대처의 비난을 질책했다고 말했다.

　로널드 레이건의 첫 임기가 끝나자『뉴욕 포스트』는 당연히 그의 재선을 지지했다. 하지만『뉴욕 포스트』가 과연 그를 당선시킬 만한 영향력을 가지고 있었을까? 뉴욕에서 발간되는 세 개의 주류 신문들 중 세 번째에 불과한, 민주당 도시에서 발간되는 공화당 신문일 뿐인데 말이다. 그러나 정치적인 효과 면에서『뉴욕 포스트』는 그만한 영향력이 있었다. 1984년 이 신문은 "레이건이 끝없는 에너지와 혁신, 열정을 미국에 불러일으켰다"고 외쳤다. 대통령의 업적에 대한 과장보다 더 주효했던 것은 이 신문이 민주당 부통령 후보 제럴딘 페라로에게 안긴 치명적 상처였다. 페라로가 월터 먼데일 대통령 후보와 함께 민주당 부통령 후보로 선출되었을 때,『뉴욕 포스트』의 편집장 스티브 던리비는 페라로의 평판에 타격을 주기 위한 기사를 내놓았다. 페라로가 "낙태를 지지하는 대단한 자유주의자"라며 "우리가 소매를 걷어붙이고 나설 때다"라고 선동한 것이다. 그는 "낙태에 관한 한 그녀가 유죄임이 밝혀져야 한다"고 말하기까지 했다.[18] 머독의 한 편집장에 따르면 낙태를 여성 선택권으로 본 페라로의 입장에 머독이 매우 분개했다고 한다.[19]

　『뉴욕 포스트』의 캠페인은 레이건의 재선을 위한 계획과 아주 잘 맞아떨어졌다. 레이건의 선거운동 담당자 에드 롤린스는 낸시 레이건이 만든 소위 "지저분한 부서"가 페라로의 사생활 구석구석을 조사해 워싱턴 외부 매체들을 이용해 폭로했다고 고백했다. 페라로의 사생활에 대한 이 조사 자료는 머독의 신문『뉴욕 포스트』와『필라델피아 인콰이어러Philadelphia Inquirer』에 넘겨져, 대중에게는 백악관이 아니라 언론이 밝혀낸 것으로 알려졌다. 1984년 10월, 『뉴욕 포스트』는 페라로가 조직적 범죄와 연루된 혐의가 있음을 넌지시 내비치는 1면 헤드라인을 내보냈다.[20] 페라로의 남편이 1940년대에 불법 도박으로 체포된 경력(유죄 선고를 받지는 않았지만)이 있다는 보도 역시 레이건의 선거 본부가 『뉴욕 포스트』에 전한 것이었다. 타격을 받은 페라로는 몇몇 공식 행사 참석을 취소했고 민주당의 대선 운동은 혼란에 빠졌다.

　『뉴욕 포스트』가 페라로 '특종'을 내보낸 날 밤, 머독은 뉴욕 가톨릭 대교구로부터 공적을 치하받았다. 같은 날 머독은 이사진과 편집장들을 호화로운 아파트에 초대해 연회를 열다가, 『뉴욕 포스트』 기사에 대한 페라로의 기자 회견을 접하게 된다. 격노하고 흥분한 페라로는 『뉴욕 포스트』의 지저분한 기사에 상처받은 자신의 모친을 언급하며 다음과 같이 말했다. "루퍼트 머독은 어마어마한 재력과 권력 그리고 백악관과의 공모 관계를 형성하고 있는 인물이지만 신발에 묻은 먼지보다 더 무가치한 인물이다." 한 목격자의 증언에 따르면 이 성명서가 발표될 당시 다수의 편집장이 함성을 질러댔으며 머독 또한 더 많은 샴페인을 터뜨렸다고 한다.[21] 『뉴욕 포스트』의 주필 로저 우드는 이 사건과 관련한 사과 요구를 묵살하며 다음과 같이 말했다. "머독의 신문은 우익 매체다. 머독은 자신이 그것을 가지고 사람들에게 영향을 미칠 수 있다고 생각한다." "우리는 십자군 운동을 벌이지 않는다. 하지만 누군가를 지지하고 나설 때 전폭적인 지원을 아끼지 않는다."[22]

　페라로에 대한 기사는 수익성 면에서나 영향력 면에서나 뉴욕에서 세 번째에 불과했던 신문으로 머독이 어떻게 자신의 힘을 행사할 수 있

있는지를 보여주는 좋은 사례다. 대선 기간 『뉴욕 포스트』가 독자에게 미친 직접적 영향은 보잘것없었다. 하지만 속성상 치열한 보도 경쟁을 벌이는 신문 매체는 특히 대선과 같은 중요한 시기에 서로에게 민감한 관심을 보이기에, 『뉴욕 포스트』의 기사는 독자들을 동요시켰을 뿐만 아니라 소위 '매체 간 의제 설정'이라는 프로세스를 통해 다른 신문들에게 지대한 영향을 미쳤다. 다른 신문들이 『뉴욕 포스트』의 페라로 비난 기사들을 액면 그대로 받아들인 것은 아니었지만, 그 기사들의 강도와 지속성은 다른 신문들까지 그녀의 사생활에 집중하게 만들어 결국 사람들에게 그녀의 배경에 무언가 찜찜한 것이 있다는 인상을 주고야 말았다. 오늘날 폭스 뉴스는 미국 TV 뉴스들의 정치적 의제 설정에 있어 이와 유사한 역할을 하고 있다. 엄청난 구독률을 보이는 머독의 타블로이드지들과 그들의 공공연한 보수주의적 입장은 미국 공적 토론의 프레임을 보다 오른쪽으로 밀어붙였다. 경쟁 언론사들에게 영향을 주는 의제 설정 역할은 미국과 영국, 호주 정치에 미치는 머독 영향력의 비밀스러운 정수다. 우익 편향적 의제 설정은 머독의 신문 및 방송국과 경쟁 언론사 사이의 정치적 투쟁 과정에서 출현했다. 그 투쟁에서 적수는 수많은 머독 언론이 반복해서 떠들어온 "자유주의 미디어"였다.

자유주의 미디어와 신념 전쟁

기자와 편집장 그리고 미디어 소유주들은 특히 정부에 책임을 추궁

하는 것이 미디어의 주된 역할이라는 관점을 공유하고 있다. 이들은 권력을 쥔 자들이 침묵을 선호한다는 사실을 대중에 폭로함으로써 민주주의 프로세스의 일부로 기능한다. 하지만 머독은 레이건 집권 기간 내내 대통령의 행정 활동을 감시하는 파수견의 역할을 저버렸다. 머독은 한 전기 작가에게 다음과 같이 말했다. "신문들은 항상 똑같은 짓거리를 한다. 레이건을 조롱하고 그를 덮치기 위해 레이건이 비틀거리기만을 기다린다. (…) 레이건 행정부에게 더 많은 언론의 지지가 필요하다."[23]

하지만 머독은 어떤 이유로 언론이 '레이건 행정부'를 지지해야만 하는지는 설명하지 않았다. 워싱턴의 한 싱크탱크가 1984년에 주최한 '미국에 자유주의적 미디어 엘리트가 존재하는가?'라는 제목의 토론회에서도 머독은 동일한 주장을 역설했고, 그 자리에서 워터게이트 조사를 지원한 『워싱턴 포스트』 편집장 벤 브래들리를 상대했다. 토론 참가자들이 서로에게 전혀 귀 기울이지 않는다는 사실만을 증명한 이 논쟁에서, 브래들리는 자신이 거느린 기자들의 사회적 가족적 배경을 장황하게 읊으며 그들은 모두 미국의 보통 사람이지 결코 엘리트가 아니라고 했다. 그 토론이 제기한 질문 자체를 부인한 것이다. 이에 머독은 권력에 대한 조사는 신문 매체의 정당한 권한이지만 레이건의 경제정책에 대한 조사는 공정하지 못했다는 뜬금없는 대답을 내놓았다. 그러면서 머독은 신문들이 주로 "정치적 의제를 변화시키려는 시도"만 하고 "이 나라 대중들의 전통적 가치들"은 무시한다고 비난했다.[24]

신문 매체가 좌익 엘리트에 의해 점령되었다는 주장은 1984년 이래 머독이 줄기차게 제기해온 것이다. 이는 머독이 폭스 뉴스 같은 새로운 언론 기구를 조직하고 『뉴욕 포스트』와 같은 오래된 신문들을 구매하게 된 결정적 동기이자 정치적 신념이었지만, 결코 그의 독창적 생각은 아니었다. 닉슨 행정부의 부통령 스피로 애그뉴가 신문 매체를 "재잘거리기만 하는 부정주의적 유력자들"이라 비난한 이래 이는 우익의 전형적 믿음이 되었다. 이 믿음은 또한 애큐러시 인 미디어, 미디어 연구 센터Media Research Center 같은 보수주의적 미디어 감시 단체 창설에 영감을 주었다. 레이건 시대를 맞아 주류 TV 네트워크와 거대 신문들이 좌익 편향적이라는 믿음은 또 한 번 생명을 얻었다. 레이건은 TV 네트워크가 "나쁜" 뉴스에 주목하기보다 "미국인들이 성취해낸 진정으로 존경할 만한 일들"에 집중해야 한다고 말했다. 이에 TV 뉴스 진행자 댄 래더는 "레이건이 언론에 언급된 문제들은 전혀 심각한 것이 아니며 사람들이 그것에 관심을 쏟는다는 게 문제라는 듯 대중을 호도한다"고 응수했다.[25]

1980년 이래 미국 내 '자유주의 미디어'에 대한 공격은 보다 거대한 신념 전쟁의 일부였다. 이 전쟁은 베트남전 패배와 1960년대 문화혁명에 대한 보수주의의 반응인 한편, 우익의 대외 정책과 경제학적 사회학적 신념의 급진화를 의미했다. 레이건은 핵 분쟁을 피하기 위한 긴장 완화 정책을 거부하여 소련과의 심각한 갈등을 야기했다. 또한 공급 중시 경제학supply-side economics•과 경제학자 밀턴 프리드먼의 자유시장주의를 선전했다. 사회적 문제에 있어서는 기독교적 가치에 근거해 페미니즘과 게이 해방운동을 포함한 사회운동들을 공격했다. 한마디로 레이건은 우익

• 자원을 공공 부문에서 민간 부문으로, 소비재에서 자본재로 돌림으로써 생산력 증강과 물가 안정을 꾀할 수 있다는 경제학적 주장.

적 신념의 부활과 급진화의 상징이었고, 바로 그래서 머독은 그에게 매력을 느꼈다. 레이건은 단순히 한 명의 보수주의자가 아니었다. 그는 공화당의 구식 지도층과 미국 우익의 나태한 이데올로기적 합의에 대항하는 반항아였다. 마거릿 대처도 마찬가지였다. 머독이 출간한 책에서 이 둘은 '반기득권층'으로 그려진다. 레이건에 대한 머독의 지지는 선거기간에만 국한되지 않았다. 머독의 신문들은 1980년대를 관통한 신념 전쟁에서 레이건의 보병을 자처했다.

토론에서 벤 브래들리와 맞붙기 1년 전부터 머독은 자신의 신념을 실천하고 있었다. 1983년에 『뉴욕 포스트』가 호전적 신보수주의 지식인 도러시 라비노위츠의 칼럼을 게재하기 시작했을 때, 그녀에게 내려진 지침은 자유주의 '미디어 엘리트'를 비판하는 것이었다. 라비노위츠는 노먼 포드호레츠가 편집장으로 있는 신보수주의 잡지 『코멘터리』에 오랫동안 글을 기고한 칼럼니스트로, 포드호레츠와 동일한 정치적 입장을 고수해온 인물이다. 그녀의 첫 칼럼은 엘살바도르 정전을 군사적으로 지원한 정부에게는 무자비한 질문을 퍼부었으나 의료보험을 옹호하는 의사에게는 그런 태도를 보이지 않은 한 TV 인터뷰어를 공격하는 내용이었다.[26] 이어서 그녀는 핵전쟁에 대한 아이들의 공포를 폭로한 TV 뉴스를 비판했는데, 주요 타깃은 CBS 네트워크였다. 또한 소련의 TV가 미국에 대해 터무니없이 비판적인 만큼, 미국의 TV는 미국의 가난에 대해 너무 비판적이라고 말하면서 다음과 같이 질문했다.

어째서 역사상 가장 민주적인 국가의 신문들이 이 문제(가난)를 바라보는 관점이 가장 전체주의적 신문들과 동일한가?**27**

　'자유주의 미디어'에 대한 라비노위츠의 공격적인 칼럼을 실은 이후 『뉴욕 포스트』는 미디어를 이용해 허위 정보를 유포하고 선전 활동을 펼쳤던 전직 CIA 요원 코드 마이어의 칼럼을 게재했다.**28** 『뉴욕 포스트』의 사설들은 『뉴욕 타임스』를 레이거니즘에 적대적인 언론으로 끊임없이 묘사했다. 그레나다 침공이 발발하자 한 사설은 "『뉴욕 타임스』는 누구의 목소리를 대변하는가?"라는 질문을 던지며 강공을 이어나갔다. 또 다른 사설은 "한 신문이 자기 자신의 망상에 사로잡혀 있다"고 비난했다.

　『뉴욕 포스트』는 자신의 명성을 레이건과 레이건 정책을 비난하는 데 사용하는 유명 인사들을 특히 혐오했다. 이 인사들은 『뉴욕 포스트』의 정치적 블랙리스트에 기재되었다. 훗날 한때 『뉴욕 포스트』의 편집장이었던 스티브 쿠오조는 다음과 같이 말했다. "당신이 이 블랙리스트에 올라 있다면 『뉴욕 포스트』는 당신에게 아주 작은 지면도 할애하지 않을 것이다. (…) 『뉴욕 포스트』가 한 유명인을 보도한다고 그 유명인을 숭배하는 것은 아니다." **29** 여러 진보 집단을 지지해왔고 베트남전에 반대했던 배우 폴 뉴먼은, 쿠오조에 따르면 공공의 적 제1호였다.

　그는 우리의 영구적이고 변경 불가능한 리스트의 1순위에 랭크되어 있었다. 그를 칭송하는 언론들의 눈으로 보면 영화계의 슈퍼스타인 뉴먼은 무결점의 자유주의 영화인이었다. 뉴먼에 대한 현실적 조사가 필요하다고 생각한 것은 오직 『뉴욕 포스트』뿐이었다.

쿠오조의 이 말은 결코 허풍이 아니었다. 정말로『뉴욕 포스트』는 뉴먼을 혐오한 나머지 뉴먼에 대한 기사 자체를 금지해버렸다. 쿠오조는 이런 사실을 흔쾌히 인정하며 다음과 같이 말했다. "그에 대한 나쁜 뉴스를 전하는 예외적인 상황을 제외하면, 우리는 TV 방송 시간표에서도 그의 이름을 빼버렸다." 이보다 더 악랄한 것은 1982년 4월,『뉴욕 포스트』가 약물과 알코올 때문에 28세의 나이에 사망한 뉴먼의 아들에 대한 긴 기사를 실었다는 것이다.[30]

자유주의 성향의 유명 인사에 대한 정치적 표적 조사를 벌여 기사화하는 것은 추문, 스캔들, 범죄 기사라는 머독 타블로이드지의 전형과는 모순되어 보인다. 영국의『선』과 호주의 타블로이드지는 그 전형에서 벗어나지 않았지만, 1980년대 머독의 미국 신문들은 시끌벅적한 타블로이드지 그 이상이었다.『보스턴 헤럴드』와『시카고 선타임스Chicago Sun-Times』그리고『뉴욕 포스트』는 우익 대표 지식인들이 현재 고민하고 있는 주요 사안에 대한 논평과 견해를 오피니언 면에 실었는데, 바로 이 부분이 많은 비평가가 간과한 머독 신문의 가장 핵심적인 특징이다. 머독에게 오피니언 면은, 선정적 포퓰리즘의 본보기인 "토플리스 바에서 머리 없는 시체 발견headless body in topless bar"이라는『뉴욕 포스트』의 유명한 머리기사만큼이나 중요한 것이었다. 도러시 라비노위츠의 글이 게재된 곳 역시 이 오피니언 면이었다. 학자금 대출 예산 삭감에 항의하는 대학생들을 "엘리트의 뻔뻔한 이기주의"를 보여주는 "배부른 어린아이"라고 비난한 닉슨의 전직 연설문 작가 패트릭 뷰캐넌 등 여러 기고가가 이 오피니언 면에 글을 썼다.[31] 호주에서부터 머독의 친구였던 맥스웰 뉴턴 역시 기고가들 중 하나였다. 어딘가 별난 구석이 있는 지성인 뉴턴은 규제 완화, 작은 정부와 같은 레이거니즘의 공급자 중심 경제학을 대변하는 인물이었다. 뉴턴의 관점은 『보스턴 헤럴드』와 『런던 타임스』, 『오스트레일리안』뿐만 아니라 뉴스 코퍼레이션의 몇몇 마이너 언론에게까지 비공식적인 방침 역할을 했다. 『뉴욕 포스트』에 게재된 뉴턴의 기사들은 미국의 가장 영향력 있는 경제학자 중 하나인 밀턴 프리드먼의 관심을 샀고, 프리드먼은 뉴턴이 "내 동료들과 나 자신이 믿고 있는 신념을 표현하는 데 탁월"하다고 칭송했다.[32]

『뉴욕 포스트』의 오피니언 면 책임 편집자 브루스 로스웰은 머독이 벌인 이데올로기 전쟁의 선봉장 중 하나였다. 그는 『오스트레일리안』이 노동당 정부에 적대적 캠페인을 벌이는 것에 반대하는 기자들이 파업을 벌였을 때 바로 그 매체의 편집장이었다. 미국 대선 기간이던 1984년 중반에 로스웰은 갑작스럽게 사망했다. 레이건은 로스웰의 미망인 앤 로스웰에게 개인적인 조의를 표했고, 머독은 오피니언 면 책임 편집자 자리를 공석으로 남겨두었다. 로스웰을 대체할 사람을 찾는 일은 순조롭지 않았지만, 머독은 마침내 한때 우익 단체 헤리티지 재단에서 일했고 훗날 마거릿 대처의 보좌관이 된 영국 기자 존 오설리번을 『뉴욕 포스트』의 부문별 책임 편집자에 임명했다.

오설리번이 사설면 책임 편집자로서 한 첫 번째 활동은 노먼 포드호레츠라는 새로운 칼럼니스트를 소개한 것이었다. 레이건의 장관과 보좌관들에게 이론적 영향을 미쳐온 포드호레츠는 가장 지적인 레이거니즘 웅변가 중 한 명이었다. 훗날 포드호레츠와 그의 신보수주의 동료들은 부시 행정부 정책에 많은 영향을 미치게 된다. 헨리 키신저에 따르면 머독은 포드호레츠와 그의 잡지 『코멘터리』에 정치적 재정적 지원을 아끼지 않았다.[33] 포드호레츠에 쏟아진 『뉴욕 포스트』의 환대는 유례가 없는 것이었다. 지성인과 엘리트에게 회의적인 태도를 보였던 이 신문이 포드호레츠는 귀족처럼 대접했다. 그의 칼럼이 게재되기 전에, 『뉴욕 포스트』는 3일간에 걸쳐 포드호레츠와의 인터뷰를 실었다. 이 인터뷰에서 포드호레츠는 레이건이 소련과의 공생을 도모해야 한다고 말하는 단체들을 비난했다. 그는 이와 같은 주장들이 핵 위험을 증가시킬 소지가 있다고 말했다.[34] 그는 게이 인권이라는 또 다른 문제에 대해서도 언급했다. 관용은 좋은 것이지만 게이 인권은 "특별 대우"를 의미하며, "우리 사회는 특정 가치관과 행위에 대한 승인을 공식적으로 선포할 수 없고 그래서도 안 된다고 믿는다"고 말했다.[35] 3일간의 이 인터뷰 이후 포드호레츠는 『뉴욕 포스트』 사설면에 신보수주의적 세계관을 상세히 제시하기 시작했다. 그 세계관에 따르면 중동 평화는 이스라엘 지원을 통해서만 확보할 수 있으며, 레이건의 중앙아메리카 정책을 비판하는 자들은 공산주의와 "타협하는 자들"이다.

그는 자신의 칼럼에서 니카라과의 잔인한 반공주의적 반정부 세력에 대한 미국 지원의 필요성을 자주 언급했다. 1986년 3월에는 신보수주의자 진 커크패트릭의 권위주의 정부와 전체주의 정부 구분 이론에 기대, 미국은 전체주의 정부를 막기 위해 권위주의 정부를 지지할 수 있다고 말했다. 그러면서 니카라과의 산디니스타 정부는 정확히 전체주의 정부이기에 CIA가 반정부 세력을 지원하는 것은 정당화될 수 있다고 했다.

포드호레츠는 산디니스타 정부가 반정부 세력에 대한 미국의 지원을 중단시키기 위해 민주적 선거를 교활하게 이용할 수도 있다고 경고하며 다음과 같이 역설했다. "하지만 그들이 진정 민주적 선거 결과에 따를 것이라 믿는 것은 순진한 생각이다. 그러려면 그들은 일당 독재라는 레닌주의의 대전제를 포기해야 하기 때문이다."[36] 하지만 산디니스타 정부는 1990년의 선거 패배를 깔끔히 승복함으로써 포드호레츠의 예상과 달리 민주적 절차에 대한 존중을 증명했다.

포드호레츠는 확고한 반공주의자였고 『뉴욕 포스트』와 그 소유주도 그의 사고방식을 공유하고 있었다. 반공주의라는 이름하에 『뉴욕 포스트』는 남아프리카공화국과 필리핀 등지의 민주적 사회 변화에 반대했다. 가령 레이건이 남아프리카공화국의 인종차별을 비난했을 때, 인종차별 반대는 공산주의자들의 주장이기도 하기에 자제해야 한다는 의견을 냈다. 1986년의 한 사설은 아프리카에 무역 제재를 가한 레이건을 비판한 데즈먼드 투투 대주교를 비난하면서 "투투의 과장된 수사는 소련의 지원을 받아 마르크스주의 혁명을 주장해온 아프리카 민족 회의African National Congress의 견해에 동조하는 것"이라고 주장했다.[37] 이듬해 『뉴욕 포스트』는 남아프리카공화국에 대해 제한적인 경제 제재만 가하기로 한 미국 의회를 비판하며 그 결정이 미국의 "영향력"은 감소시키고 "오직 극단주의자들의 이익"만 증가시킬 것이라고 전망했다.[38]

필리핀에서 페르디난드 마르코스의 독재에 대항해 '민중의 힘people power' 운동이 발발하자 머독은 이 친미 독재자를 지지하고 나섰다. 『타임스』의 편집장 찰스 윌슨과 영국 외무부 장관 제프리 하우와의 저녁 식사 자리에서 머독은 반공주의를 앞세워 영국 또한 마르코스를 지지해야 한다고 주장했다.[39] 포드호레츠는 『뉴욕 포스트』와 『시카고 선타임스』에 기고한 칼럼을 통해, 미국이 캄보디아에서 철수하자 그 나라에서 대대적 학살이 일어났다면서 필리핀도 미국의 영향권에서 벗어나면 유사한 사태를 맞을 것이라고 예상했다.[40] 마르코스를 지지하는 포드호레츠의 칼럼은 머독의 국제적 영향력을 업고 런던의 『타임스』에까지 게재되었다.

필리핀과 남아프리카공화국에 대한 머독의 입장은 권위주의 독재와 전체주의 독재를 구분하는 신보수주의 이론에 근거해 있었다. 미국 정부도 이 이론을 바탕으로 폭력적 정치 체제를 지지했을 뿐만 아니라 '공산주의자'에 대항한 투쟁이라는 모호한 개념 아래 학대와 고문도 합리화시켰다.

레이건 혁명은 전통적 가족 가치를 주장하며 동성애를 거부하고 처벌해야 할 것으로 정의한 것으로도 유명하다. 머독의 매체도 그에 동의했기에 동성애자에 대한 사회적 낙인에 항의하고 그들을 수용하려는 운동들에 완강히 저항했다. 1986년 초 뉴욕 시의회가 동성애자 차별 금지 법안을 논의하자, 『뉴욕 포스트』는 즉각 그에 반대하는 캠페인을 개시하고 의회 해산까지 종용했다. 『뉴욕 포스트』는 동성애자 차별이 존재한다는 주장은 "간단하게 증명될 수 없다", 동성애라는 "내적 성향은 동성애자들이 다른 사람에게 공개하지 않는 한 차별의 대상이 될 수 없다"라고 말했다.[41] 『뉴욕 포스트』의 동성애 반대는 히스테리적인 상황으로까지 나아가 열흘간 일곱 개의 사설을 내보냈다. 그중 한 사설은 "게이 사생활 법안은 게이의 자부심을 의미한다"고 주장하며, 새로운 법안이 결국은 동성애를 "도덕적으로 올바른 삶의 한 방식"으로 인가하게 될 것이라고 경고했다.[42] 그 법안이 처음으로 제기되었을 때『뉴욕 포스트』는 한 사설을 통해 그것을 지지한 시의원들의 실명과 전화번호를 공개했고, 그 법안이 통과되자 다가오는 선거에서 해당 시의원들을 낙선시킬 것을 독자에게 촉구했다. 조잡하고 호모포비아적인 이 캠페인 내내 루퍼트 머독의 이름은 "출판인 겸 편집주간"으로 사설면 상단에 등장했다.

1980년대는 에이즈가 출현한 시기다. 이 주제와 관련하여『뉴욕 포스트』는 에이즈 확산 반대 운동에 실질적으로 방해가 될 수 있는 강제적 조사 정책을 완강히 주장했고, 같은 노선에서 게이에 대한 부정적인 편견을 강화했다. 1987년에는 수감자, 혼인신고 대상자, 이민 신청자, 환자에 대한 에이즈 검사를 강요하려는 레이건의 계획을 지지했다. 이 의무적 검사를 통해 "연구자들이 이 치명적 질병을 더 잘 이해할 수 있을 것"이라는 주장이었다.[43] 결과적으로 레이건의 제안은 의무적 검사가 에이즈에 대한 사회적 낙인을 강화하고 그로 인해 보균자들이 의료 서비스로부터 더욱 멀어질 것임을 간파한 현명한 책임자들 덕분에 거부되었다.『뉴욕 포스트』는 에이즈에 대한 또 다른 미심쩍은 전략들을 지원했다. 가령 "성행위 자체의 자제, 특히 10대의 이른 성행위 자제를 강조하는" 뉴욕 시장 에드 코치의 TV 광고를 지지하면서, 콘돔 사용을 독려했던 이전의 광고는 하룻밤의 즉흥적인 성관계도 "괜찮다"는 인상을 준다는 이유로 비판했다.[44] 또한『뉴욕 포스트』는 에이즈에 비윤리적인 낙인을 찍어 에이즈 위기를 더욱 심화시켰다. 스티브 쿠오조는『뉴욕 포스트』를 기념하는 책에서, 에이즈가 키스를 통해 전염될 가능성이 있다는 말을 들은 조 니콜슨 기자의 반응을 언급하며 이렇게 썼다. "니콜슨이 그런 가능성은 아직 증명된 바 없다고 항의하자, 편집장 스티브 던리비는 '너무 깐깐하게 굴지 말라구. 어쨌든 좋은 얘기잖아'라고 웃으며 대꾸했다."[45]

레이건: 충분히 보수적이지 않은가?

레이건 시대는 미국과 소련의 관계가 극적 진전을 보인 시기이기도 하다. 하지만 이는 1985년 취임 즉시 평화를 위한 행보를 시작한 소련 대통령 미하일 고르바초프의 공이었다. 처음에는 주저하던 레이건은 고르바초프의 일관된 자세에 마침내 소련의 변화를 진실된 것으로 인정하게 된다. 유감스럽게도 루퍼트 머독과 『뉴욕 포스트』 기고자들은 그러지 못했다.

1970년대 이래 신보수주의는 소련이 점점 강해지고 있으며 소련의 핵 위협 또한 증가하고 있다고 믿었다. 이 믿음은 레이건 행정부 초기 미국 군비 증강에 큰 영향을 미쳤다. 하지만 종래에 드러났듯 신보수주의자들의 주장은 사실과 상반된 것이었다. 1970년대와 80년대를 거쳐 소련이 점점 쇠퇴하자 소련 군사력의 기반인 소련 경제는 어떠한 활기도 찾을 수 없는 깊은 침체에 빠졌다. 개혁 의지를 가진 고르바초프가 소련 정치의 정점에 등장할 수 있었던 것도 부분적으로 이러한 경기 침체의 영향이었다.

신보수주의자들은 소련 내부의 그러한 상황을 전혀 이해하지 못했던 것으로 보인다. 그들은 전체주의는 결코 스스로 개혁될 수 없다는, 전체주의 국가를 변화시키려면 군사적 개입이 불가피하다는 잘못된 믿음에 사로잡혀 있었다. 고르바초프 개혁에 대한 대중의 열광에 머독은 개인적인 모욕감까지 느끼고 있었기에, 콜린스 출판사가 고르바초프 회고록을 발간하려고 하자 그것을 막으려고 애쓰기까지 했다. 이 시기 머독은 콜린스에 상당한 영향력을 미쳤지만 출판사 전체를 완전히 장악한 것은 아니었다. 머독은 콜린스의 이사 이언 채프먼에게 "그는 여전히 공산주의자"라고 말했다. 채프먼이 이의를 제기하자 머독은 "좋아요, 이언. 당신이 소련의 선진 수단으로 전락하길 원한다면 그 책을 출판하세요"라고 덧붙였다.[46]

1986년 아이슬란드에서 열린 미소 정상 간 무기 감축 회담은 미국과 소련의 관계 개선에 중요한 전환점이었다. 이 회담이 점증하는 세계인의 기대를 업고 조직될 당시, 『뉴욕 포스트』는 고르바초프의 개혁과 그가 주도하여 준비 중인 회담을 비웃었다. 한 사설은 "새로운 개방성"을 주창한 고르바초프를 "스탈린의 후계자"로 묘사하며 소련에는 "어떠한 새로움도 발생하지 않을 것"이라 전망했다.[47] 『뉴욕 포스트』의 사설면 책임 편집자 에릭 브라인덜은 자신들은 소련의 속임수에 전혀 넘어가지 않는다며, 레이건이 자신들의 통찰을 받아들여 회담에 임할 것을 촉구했다. 브라인덜에 따르면 소련이 "새로운 현실"을 맞고 있다고 말하는 고르바초프의 대변인들은 "비단결처럼 부드러운 동시에 얼음장처럼 차가운" 사람들이었다.

이 무기 감축 회담은 성공적으로 끝났고 세계는 안도의 한숨을 내쉬었다. 평화에 대한 희망이 일어났다. 하지만 회담의 성공은 미국이 핵야망을 스스로 포기해야 한다는 결론을 피할 수 없었다. 『뉴욕 포스트』의 칼럼니스트들은 이 문제에 달려들어 레이건과 회담에 참가한 정부 부처들을 강하게 비판했다. 도러시 라비노위츠는 레이건이 고르바초프와 타협한 결과 "가장 비겁하고 가장 이용당하기 쉬운 조건부 항복"을 받아냈다고 비꼬았다. 노먼 포드호레츠도 동조했다. 포드호레츠는 레이건이 "미하일 고르바초프와의 정상회담에서 비겁한 열망"과 "대중의 인기를 얻기 위한 비정상적인 탐욕"을 드러냈다고 비난했다.**48** 1987년 내내 『뉴욕 포스트』는 이러한 분석들을 내놓았고, 사설들은 고르바초프가 1988년 미 대선의 토론 주제를 설정하기에 이르렀다는 주장까지 했다. 두 국가가 핵무기 규제에 대한 합의점을 찾아가자 더 많은 경고성 기사를 내놓았다. 한 사설은 "러시아 개방"이라는 말이 포함하고 있는 정보 공개는 "KGB의 허위 정보 공작 전문가"들이 추진하는 "서방세계에 대한 여론 몰이"라는 괴상한 견해를 내놓기도 했다.**49** '미국이 붉은 구두를 핥기 시작했다'는 고전적 냉전 스타일의 제목이 붙은 또 다른 사설은 레이건 행정부가 "소련과의 정상회담에서 굽실거리기를 자처했다"고 말했다. 이 사설은 서방세계와 공산주의 국가들이 도덕적으로 동등하다고 인정하는 소위 "도덕적 동등성 신드롬moral equivalence syndrome"이라는 죄목으로 국무 장관 조지 슐츠를 비판하면서,**50** 고르바초프가 "미국 정치계의 주도적 인물"로 부상해 다가오는 미국 선거의 정치적 의제 설정에 심대한 영향을 미칠 것이라고 예상했다. 한 독자는 『뉴욕 포스트』에 편지를 보내, 그 사설은 반체제 인사의 석방과 예술적 표현의 자유가 허용되기 시작한 고르바초프 체제의 변화들을 무시했다고 항의했다.

사설면 책임 편집자이자 10년간 『뉴욕 포스트』의 핵심 인사였던 에릭 브라인덜은, 이후 뉴스 코퍼레이션의 최고 임원이 된다. 그는 한 상원의원 밑에서 일하던 시절 헤로인 구매 혐의로 잠복 경찰에게 검거된 이력이 있음에도 불구하고, 머독이 가장 총애하는 사람 중 한 명이었다. 검거된 지 3년이 지나 브라인덜이 사설면 책임자로 『뉴욕 포스트』에 합류했을 때, 스티브 쿠오조는 그가 "노먼 포드호레츠와 그의 아내 미지 덱터, 어빙 크리스톨, 힐턴 크레이머, 윌리엄 F. 버클리 주니어 그리고 리처드 뉴하우스가 속한 엘리트 그룹에 동참"했다고 언급했다. 쿠오조는 브라인덜의 영향력 덕분에 뉴욕의 지성인 사회는 더 이상 좌익 인사들에 의해 독점되지 않았다고 말했다. 신보수주의 운동은 맨해튼 시대에 도달해 있었고, 에릭 브라인덜이 총괄하는 『뉴욕 포스트』 사설면은 매일 그 이데올로기의 목소리를 전했다.[51] 1998년에 브라인덜이 사망하자 머독의 하퍼콜린스는 『브라인덜 선집』을 발간했고, 에릭 브라인덜의 이름을 딴 언론상을 제정하기도 했다. 이후 일련의 신보수주의 저자들이 이 상을 수상했다.[52]

자신의 관을 팔아버린 드라큘라

1980년대 초반 내내 머독은 TV 방송국과 신문사의 겸영을 금지하는 미국 법의 심장부인 뉴욕에서 자유시장, 경쟁, 다양성, 경제적 가치의 장점을 지속적으로 찬양했다. 겸영 금지법이 머독에게 큰 문제가 된 것은 그가 뉴욕의 채널5를 인수한 1985년이었다. 이때 그는 법에 따라 『뉴욕 포스트』를 매각해야만 하는 상황에 놓이게 되었는데, 한 비평가의 표현처럼 그것은 "드라큘라가 자신의 관을 파는 것"과 마찬가지 일이었다. 다행히 연방 통신 위원회Federal Communications Commission가 그 법의 일시적 면제를 승인했고, 머독은 그 결정이 영구적이기를 기대했다. 그러나 1987년 12월 민주당 상원의원 어니스트 홀링스와 테드 케네디가 그 법에 영구적인 면제를 막는 새로운 조항을 추가한 수정안을 내놓았다. 그것은 케네디에게 무차별적인 공격을 퍼부었던 『뉴욕 포스트』에 대한 보복일 뿐 아니라, 전통적인 민주당 지지 도시 보스턴에서 정치적 영향력을 형성하기 시작한 『보스턴 헤럴드』에 대한 보복이기도 했다. 머독은 이 수정안을 "자유주의적 전체주의"라고 규정하며 맹렬히 비난했으며 그것의 시행을 막기 위해 자신에게 정치적인 빚이 있는 사람들에게 호소하기까지 했다. 몇몇 상원의원이 케네디와 홀링스의 수정안 통과를 막으려 했지만 그들의 시도는 실패로 끝났고, 머독을 반대하는 한 상원위원은 머독을 언론계 "제일의 불량배"라고 비난했다. 임기 말기의 레이건이 머독을 옹호하는 발언을 흘렸지만, 상황을 바꿀 수는 없었다.

　　머독 홍보 담당자의 회고에 따르면 『뉴욕 포스트』의 매각이 결정된 1988년 2월의 어느 밤, 루퍼트는 눈물까지 흘렸다고 한다.[53] 1993년에 방송국과 신문사 겸영이 법적으로 가능해지자마자 머독이 『뉴욕 포스트』를 다시 사들인 사실은, 그 신문이 미국 내 머독의 지위에 얼마나 중요한 매체였는지를 잘 보여준다. 레이거니즘이 정점에 달했던 시기에 『뉴욕 포스트』에 기고했던 신보수주의 필자들 다수가, 머독이 재인수할 때까지 계속 그 신문의 필자로 남아 있었다는 사실은 매우 의미심장하다.

1988년 레이건 시대는 종식을 고했지만 전직 대통령에 대한 머독의 열정은 결코 끝나지 않았다. 레이건 행정부와 아주 밀접한 관계를 형성해 온 머독은 로널드 레이건 대통령 재단Ronald Reagan Presidential Foundation의 이사진 15명 중 한 명이 되었다. 2004년에 국장國葬으로 치러진 레이건의 장례식 자리에서 머독은 레이건의 전직 고위 관료들과 재회했다.[54] 레이건 혁명이라는 격렬한 이데올로기에 대한 머독의 열정은 1988년 공화당 대선 후보선정 시기에 다시 한 번 증명되었다. 조지 H. W. 부시를 선호했던 주류 공화당원들과 달리, 온건함은 결코 머독이 좋아하는 단어가 아니었다. 그는 극단적인 종교적 우파이자 TV 설교로 유명한 순회 목사 팻 로버트슨을 지지했다.

제4장
영국 기득권에 쳐들어가기

모든 편집장은 결국 루퍼트 머독의 의견과 일치하는 여정에 오른다. 스스로 머독의 영향권 안에 있다는 사실을 시인하지는 않는다. 하지만 아침에 일어나서 라디오를 켜고 (…) 질문한다. "루퍼트 머독은 이 사건에 대해 어떻게 생각할까?"**1**

전직 『선』 편집장 데이비드 옐런드, 2010

나는 세계 도처의 편집장들에게 지시를 내린다. 런던에 있다고 그러지 못할 이유가 있는가?**2**

루퍼트 머독, 1982

1987년 6월의 어느 저녁, 루퍼트 머독과 그의 아들 라클런은 저녁 만찬에 초대되어 런던의 세인트 존스 우드에 도착했다. 그 자리에는 머독의 학창 시절 친구이자 뉴스 코퍼레이션의 현 회장인 리처드 서비도 참석했다. 몇몇 가십거리를 떠들어대던 그들은 사흘 전 마거릿 대처가 선거에서 거둔 압도적 승리를 자축하며 즐거운 저녁 시간을 보냈다. 만찬 주최자는 보수당 선거운동에 깊게 개입해온 영국 상원의원이자 머독의 친구인 우드로 와이엇이었다. 1980년대 초반부터 우드로 와이엇은 머독과 대처 사이에서 로비스트이자 중개인으로 활약했다. 그는 영국의 막강한 정치인–기업인 네트워크의 일원이기도 했다. 이 저녁 모임 몇 년 뒤, 와이엇은 은밀한 고위층 세계를 관찰한 내용과 그에 대한 견해를 밝힌 수기를 출간했다.[3] 그의 수기는 대처 집권 시절 영국 정치인과 기업인의 영향력을 이해하는 데 도움을 준다. 이 수기는 특히 와이엇의 중개로 형성된 머독과 대처의 비공식적이고 개인적인 관계를 폭로하고 있으며, 대중의 정보 공개 요구에 영국 국무조정실이 내놓은 자료들에는 왜 그 둘의 친분에 관한 내용이 없었는지를 설명해준다.

머독과 대처

『타임스』의 편집장이었던 찰스 더글러스홈은 1986년에 "머독과 대처는 모든 정책, 특히 머독의 경제적 정치적 이해와 관련된 정책에 관해 정기적으로 상의했다"고 발언하여 화제를 모았다.[4] 머독의 반발을 산 이 발언은 대중의 환심을 얻었고 그들에게 영향을 미치는 머독의 재능을 다소 과장하는 바가 있지만, 머독이 대처 정부에 얼마나 깊이 개입했고 그 정부가 위기에 처했을 때 얼마나 탁월한 역할을 했는지를 보여준다.

1981년 머독은 『타임스』와 『선데이 타임스』의 인수를 복전에 두고 있었다. 인수에 성공한다면 머독은 영국 신문 시장의 27퍼센트를 소유해 영국에서 가장 영향력 있는 언론인이 될 것이었다. 하지만 머독은 독점과 합병 위원회Monopolies and Mergers Commission의 조사 위험에 처했다. 그의 인수 계획은 정확히 위원회의 조사 대상에 해당하는 형태였기 때문이다. 그러나 결과적으로 어떠한 조사도 착수되지 않았다. 두 신문이 심각한 적자 상태라서 조사 기간 동안 폐간될 수도 있다는 이유에서였다.

세인트 존스 우드 만찬에서 와이엇이 머독에게 친절히 상기시켜주었듯, 조사 면제는 와이엇의 작품이었다. 와이엇은 수기에 다음과 같이 썼다. "실은 『선데이 타임스』와 『타임스』는 적자 상태가 아니었다. 그럼에도 불구하고 머독의 요청과 나의 부추김에 대처는 이 두 매체의 인수와 관련한 위원회의 조사를 막았다."[5]

그 만찬이 있은 지 2년 뒤에 와이엇은 머독의 미디어 독점 관련 조사를 막기 위해 또 한 번 대처를 만났다. 와이엇이 자신의 노력을 전할 때마다 머독은 거듭 "대단히 감사하다"고 답했다. 1989년에 머독이 SkyTV를 인수하려 하자 경쟁사 BSB가 막대한 신문을 보유한 머독은 방송국 대주주가 될 수 없다고 주장했다. 이때도 와이엇은 아주 중요한 역할을 해냈다. 1990년 3월 와이엇은 이 문제와 관련해서는 더 이상 걱정할 필요가 없다고 머독을 안심시키며 다음과 같이 말했다. "마거릿이 당신의 자리를 지켜줄 겁니다. 그녀는 자신이 당신의 지원에 얼마나 의지하고 있는지 잘 알고 있습니다. 이 사안과 관련해서는 반대로 당신이 그녀에게 의지하고 있지요."[6]

1986년 마거릿 대처의 국방부 장관 마이클 헤슬타인은 영국 헬리콥터 제조사 웨스트랜드에 대한 미국 기업 시코르스키의 입찰에 반대한 이유로 장관직에서 물러났다. 헤슬타인은 유럽계 회사의 입찰을 지지했고, 그의 반대는 총리에 대한 월권행위로 비쳐졌다. 이 사안의 밑바탕에는 영국이 장기적인 국방 계획상 미국과 유럽 중 누구와 제휴할 것이냐는 문제가 깔려 있었다. 이 문제가 한참 논의될 당시 루퍼트 머독은 미국과 영국 회사 간의 거래를 성사시키기 위해 노력했다. 상당한 자금을 들여 이와 같은 개입에 나섰던 것은 순수한 정치적 동기 때문이었다. 머독은 우드로 와이엇에게 다음과 같이 말했다. "어쨌든 우리가 그녀를 이 소란으로부터 구제해주어야 합니다. 상태가 아주 안 좋아 보여요."[7] 그의 개입은 실패로 끝났지만 머독의 신문 『타임스』는 헤슬타인이 친미적 성향이 부족하다고 비난했다.

이 사건이 있고 얼마 뒤, 머독과 와이엇은 대처 부부와 함께 교외의 총리 관저에서 점심 식사를 했다. 이날 무슨 이야기가 오갔는지는 알려진 바가 거의 없다. 하지만 런던으로 돌아오는 길에 머독은 와핑 지역에 위치한 자신의 새 언론사 및 인쇄 공장 단지를 와이엇에게 자랑스럽게 소개했다. 당시 와핑의 머독 회사 소속 인쇄공들은 파업을 앞두고 경찰과 대치 상황에 놓여 있었다. 와이엇의 설명에 따르면, 표면적으로 보인 협상 의지와 달리 머독은 인쇄공들의 파업을 계기로 그들을 성공적으로 "정리해고"할 수 있기를 기대했다 한다.[8] 며칠 뒤 인쇄공들이 파업에 돌입하자 머독은 계획대로 정리해고에 착수했다.

와핑에 위치한 머독의 새 언론사 및 인쇄 공장 단지에 대한 대처의 지원은 노조 활동을 제한하는 새로운 법률 입안에 국한되지 않았다. 신문 발간 저지를 위해 공장 인근에서 피켓 시위에 나선 수천의 인파를 진압하려고 공장 입구에 경찰을 투입한 것도 대처였다. 하지만 1986년 6월에 이르자 보수당 내각 안에서도 머독에 대한 지지를 철회해야 한다는 목소리가 들리기 시작했다. 한 장관은 6개월간의 경찰 투입에 500만 파운드가량의 지출이 발생했다고 불평했다. 그러나 대처는 불안해하는 머독에게 결코 장관들의 불평에 휘둘리지 않을 것이라고 말했다.[9]

대처와 머독은 아주 깊은 상호 존중 관계를 유지했지만, 총리가 머독을 더 존중했던 것으로 보인다. 대처가 와이엇과 머독을 저녁 식사에 초대했을 때, 그녀는 와이엇에게 "나는 머독과 대화를 나누는 게 아주 좋아요"라고 말했다.[10] 1986년 4월에 영국이 미국의 리비아 침공을 돕기 위해 영공을 개방해준 일로 심각한 정치적 논쟁이 일어났다. 그때 대처는 지인들에게 『타임스』와 『선』이 자신의 선택에 "훌륭한 지원"을 해주었다고 말했다. 머독 역시 "대처가 미국을 지원하기 위해 내린 결정에 존경을 보낸다"고 말했다.[11] 우리가 알고 있듯이, 그들의 상호 존중은 아주 괴상한 수준에까지 도달했다. 대처는 머독을 너무나 존경한 나머지 그의 조언에 따라 그의 회사 타임스 뉴스페이퍼스 사의 상무이사 마마듀크 허시를 BBC 회장으로 임명하기로 결심했다. 하지만 이 인사 결정이 발표되자 머독은 허시가 자신에 대한 "BBC 마피아"의 감시를 제지할 만큼 강한 인물이 아니라며 이 "재앙과 같은 인사"에 유감을 표했다.[12] 자신이 대처에게 조언했다는 의심을 받을까봐 그런 반응을 한 것이다. "그런 회피 작전은 다소 우습기까지 했다"고 와이엇은 회상했다.[13]

하지만 선거 때면 머독은 그녀를 아낌없이 지원했고, 그것이 둘 사이의 관계를 유지시키는 핵심이었다. 1987년 선거 몇 달 전, 대처는 사석에서 다음과 같이 말했다. "우리는 승리를 위해 그에게 의지해야 합니다. 『선』은 매우 훌륭한 신문입니다."[14] 선거 한 달 전에 머독은 영국으로 와서 직접 자신의 신문들을 감독했다. 와이엇에 따르면, 대처는 "루퍼트가 선거를 위해 특별히 자신과 접촉해 조언해준 것을 매우 기뻐했다"고 한다.[15] 당시 머독은 세금 완화를 약속하여 "대중의 탐욕에 호소하라"고 조언했다.[16] 선거 일주일 전, 머독은 대처에게 『선』이 "노동당이 집권하면 어떤 일들이 벌어질지에 대한 아주 충격적인 두 가지 이슈"를 준비 중이라는 메시지를 보냈다. 이 소식을 접한 대처는 "루퍼트는 정말 대단하다"고 평가했다.[17]

많은 논평가와 비평가는 대처와 머독 사이를 정부의 지지와 언론의 영향력을 교환하는 상호 이익 관계로 이해했다. 하지만 이런 견해는 그들의 관계를 너무 단순하게 폄하하는 것이다. 각자의 이익에 민감했던 것은 사실이지만 한편으로 머독과 대처는 동일한 이데올로기적 세계관을 공유했고, 바로 그것이 머독이 십수 년간 대처를 강하게 지원했던 이유다. 대처가 보수주의 정치 철학의 수위 변화를 대변하는 인물이었다면, 머독은 정치적 진화를 거듭하여 자신을 대처와 유사한 위치에 올려놓았다. 뿐만 아니라 그들 사이에는 미국 공화주의라는 첨가물도 작용했다.

머독이 대처를 지원하기 시작한 1979년만 해도 그는 스스로를 여전히 기득권 외부의 반항적 보수주의자로 이해했다. 하지만 『타임스』와 『선데이 타임스』를 인수한 1981년 이후, 그는 자신을 광범위한 영국 엘리트 계층의 일부로 받아들이기 시작했다. 그 이유는 분명하다. 『선』과 『뉴스 오브 더 월드』 같은 타블로이드지와 달리 새로 인수한 두 개의 정론지는 외교, 정부 예산, 보건 및 교육 정책 같은 다양하고 수준 높은 사안들을 일상적으로 다루었기 때문이다. 그 정론지들은 신념과 철학에 관한 장기적인 논쟁의 장이기도 했다. 『타임스』의 오피니언 면이 영국 중산층의 문

화적 독특함을 재확인시키며 찬양했다면,『선데이 타임스』는 자유시장이
보통 사람들의 해방구가 될 것이라는 미국적 견해를 옹호했다. 또한『타
임스』는 레이건 행정부의 신보수주의자들처럼 미국의 이익이 곧 영국의
이익이라는 주장을 펼쳤다.『타임스』의 기사, 칼럼, 사설 안에서 소위 '대
처리즘'이 논의되고 정교화되었으며 그에 반대되는 생각들은 조롱을 받
았다.

간섭과 이데올로기

　　루퍼트 머독의『타임스』와『선데이 타임스』에서 일어난 노사 갈등은
편집장들과 거만한 소유주 사이의 단순한 충돌 이상을 의미했다. 이 갈
등은 머독이 편집장들의 독립성을 보장하겠다는 약속을 어김으로써 발
생했다. 머독이 임명한『타임스』편집장 해리 에번스와『선데이 타임스』편
집장 프랭크 자일스는 이 드라마의 두 주인공이다. 훗날 두 사람이 그 신
문들의 노선 변화에 관해 쓴 책에는 기사와 헤드라인, 사설과 칼럼에 막
대한 영향을 미친 머독의 존재감이 서술되어 있다. 머독의 개입이 두 신
문의 노선 변화에 결정적인 역할을 한 것이다.

　　머독은 신문의 미세한 부분 하나하나를 통제하지는 않는다. 사실
그는 편집장이 정치적으로 신뢰할 만하다고 판단되면 일상적인 간섭이나
경고를 삼간다. 머독의 견해에 따르면, 에번스와 자일스의 문제는 방향성
과 의견이 결핍된 신문을 만든다는 것이었다. 머독은 그들이 "무엇인가를

지지했어야 했다"고 말했다. 머독은 그들이 이데올로기적 헌신을 보이기를 원했다. 즉 서구세계를 변화시키고 있는 새로운 보수주의의 두 표상인 로널드 레이건과 마거릿 대처를 지지하기를 원했다. 하지만 편집장 입장에서 그런 헌신을 표방하기란 쉬운 일이 아니다. 에번스와 자일스는 정치적 사안에 있어 조심성이 많고 실용주의적인 편이었다. 에번스는 1979년 선거에서 대처를 지지했고 두 사람 모두 사설을 통해 보수당을 옹호했지만, 정부에 대한 비판이라는 언론의 일반적 태도는 견지하고 있었다. 제3장에서 언급했듯이, 머독은 『선데이 타임스』에 실린 레이건의 중앙아메리카 정책 비판 기사를 보고 "공산주의 기자"가 쓴 글이라며 격렬한 불만을 표시한 바 있다.[18] 이를 목격한 『선데이 타임스』의 베테랑 기자 휴고 영은 다음과 같이 말했다.

머독은 중립성이라는 것을 믿지 않았다. 실제로 머독은 많은 정치인이 그러하듯 중립성을 이해하는 데 어려움을 보였다. 그에게 있어 언론의 객관성은 반대처리즘의 가면이었다. 우리가 정부에 찬성하지 않으면, 그는 우리를 정부에 대한 노골적인 반대자로 여겼다.[19]

의미심장하게도, 『선데이 타임스』에서 일어난 초기 갈등 중 하나는 영국과 유럽의 핵무기 확대를 꾀한 레이건과 대처의 계획과 관련된 것이었다. 당시 머독은 레이건에게 그 계획에 반대하는 '반미주의'를 자신의 신문을 이용해 공격하라고 말했다. 1981년 8월에 머독의 상무이사 제럴드 롱은 『선데이 타임스』의 한 사설에 주목했다. 그 사설은 BBC가 자신들이 주최하는 딤블비 강연 연사로 역사학자 E. P. 톰슨을 지명했다가 철회한 결정을 비판하고 있었다. BBC가 톰슨을 내친 것은 그가 핵무기 축소 캠페인을 지원했기 때문이었다. 롱은 이 사설을 걸고넘어지면서 이 신문의 "일반적인 사설 정책"과 "정치 성향"에 관해 자일스와 논의하기를 원했다.[20] 그러나 그런 논의는 필요 없었다. 자일스는 머독이 자신에게 『선데이 타임스』의 정치 성향에 대한 지시를 내린 적이 한 번도 없었고, 그럴 필요도 없었다면서 이렇게 말했다. "그가 목 놓아 이야기하는 바를 항상 들어왔기에 나는 머독의 정치적 견해가 무엇인지 이미 잘 알고 있었다." 머독은 밤이면 자주 신문사에 나타나 자기 앞에 펼쳐진 신문의 특정한 기사를 손가락으로 가리키며, "이런 쓰레기 같은 기사가 말하고자 하는 바는 뭐야?"라고 고함치곤 했다.

포클랜드 전쟁이 있었던 1982년 후반, 머독이 편집장들에게 원하는 것은 매우 분명했다. 자일스는 포클랜드 제도를 둘러싸고 영국과 아르헨티나 사이에 벌어진 갈등에 관한 몇몇 사설을 썼다. 꼼꼼하게 작성된 이 사설들에서 그는 영국의 가능한 선택지들을 검토하면서, 협상이 우선시되어야 하지만 협상 실패 시 무력 동원은 불가피하다고 주장했다. 실제로 협상이 결렬되자 자일스는 '꼭 필요한 전쟁'이라는 제목의 사설을 내보냈다. 하지만 그 사설에 대한 머독의 반응을 보고, 편집장들은 단순히 그의 견해—이 경우에는 대처가 원하는 전쟁에 대한 지지—에 동조하는 것만으로는 그를 만족시킬 수 없음을 알게 되었다. 머독은 자신의 신문들이 뚜렷한 이데올로기적 입장을 표하기를 원했던 것이다. 머독이 포클랜드에 대한 자일스의 사설을 폄하하자 자일스는 다음과 같이 항변했다.

"하지만 루퍼트, 우리 『선데이 타임스』는 최후의 수단으로 무력 사용이 불가피하다는 입장을 일관되게 유지해왔고, 그것은 이의의 여지가 없는 애국주의적인 입장이에요."

"맞아요." 머독이 냉소적으로 웃으며 대답했다. "하지만 당신의 사설이 그것을 의미하는 것은 아니었잖아요?"

호주 출신의 진정한 이데올로그에게는 애국주의가 무엇보다 중요했다.

해럴드 에번스는 『타임스』 편집장 자리에 13개월밖에 앉지 못했다. 이 기간 동안 에번스는 새로운 직원을 고용하고 디자인을 혁신하여 신문을 새롭게 만들었다. 하지만 공격적인 대외 정책과 급진적 경제학을 함축하는 레이건 혁명에 대한 머독의 헌신과 자주 충돌함으로써 그의 편집권은 급격히 제한되었다. 에번스는 초과 지출을 했다는 이유로 해임되었다. 이에 에번스는 자신은 결코 충분한 편집 예산을 지원받지 못했다고 항변했다. 에번스는 저서 『굿 타임스, 배드 타임스Good Times, Bad Times』를 통해 자신이 머독으로부터 들어야만 했던 정치적 비난을 나열하는 한편 머독이 "대서양을 건너온 미국 신우파의 신문 사실"을 자신에게 전해주었던 일을 회고했다.[22] 미국에서 건너온 사설 중 하나는 마거릿 대처 임기 초기의 어려움을 윈스턴 처칠의 경우와 비교한 『월스트리트 저널』의 사설이었다. 그 사설은 "처칠이 마침내 승리했음"을 기억해야 한다고 말하고 있었다. 사설의 필자는 레이건의 핵심적 싱크탱크 중 하나인 미국 기업 연구소American Enterprise Institute 소속 경제학 교수였다.

에번스가 『타임스』 편집장으로 있을 때 머독은 "공산주의" 기자들을 맹비난하고, 체크 표시와 사선으로 기사를 난도질하며 악평을 해댔다. 머독이 행사한 압력에 대해 에번스는 다음과 같이 묘사한다.

특정 정치인을 비난하거나 특정 주제를 던져주는 방식을 사용하지는 않았지만, 머독은 무엇이 자신을 기쁘게 하는지를 분명하게 전달하려고 노력했다. (…) 그는 세세하게 간섭하는 사람이 아니라 분위기로 압박하는 사람이었다. 그는 1981~1982년에 에드워드 히스●를 비롯한 보수당 내의 대처 반대 세력을 적대시하는 분위기를 만들어냈고 사회민주주의자들을 경멸했다. 편집회의와 전화를 통해 그들을 일관되게 조롱함으로써, 나에게 "읽어볼 것"이라고 표시된 우익 옹호 기사를 보냄으로써 그리고 대처에게 도움이 되는 보다 효과적인 말들로 수정하라는 뜻으로 특정한 헤드라인을 손가락으로 가리킴으로써―머독은 이때 "당신은 항상 그녀를 나무라는군요"라고 말했다―그런 분위기를 만들어냈다.[23]

대처 정부는 민영화 정책을 내세우기 전에는 인플레이션과 경제적 수익 감소에 대응하기 위해 화폐 유통을 통제하는 통화주의 정책을 견지했다. 이런 대처의 정책은 정부가 화폐 유통 조절이라는 제한된 역할만 한다는 점에서, 통화주의 지지자에게는 자유주의 철학의 표현으로 보였

●　1970~1974년 영국 총리를 역임한 영국 보수당의 대표적인 정치인으로, 대처와 대립한 인물이다.

다. 가장 영향력 있는 통화주의 주창자는 밀턴 프리드먼으로, 통화주의에 대한 비판은 대처가 속한 새로운 급진적 보수주의에 대한 비판이기도했다. 이러한 상황에서 통화주의에 대한 합리적 논쟁이 가능할 것이라 가정한 에번스는 큰 실수를 저지르고 말았다. 1981년 6월에 '레이건의 통화주의'라는 제목의 사설을 내보내 미국의 높은 이자율을 비판하고 레이건에게 세금 감면을 연기하거나 철회할 것을 촉구한 것이다.[24] 얼마 뒤에는 "아무것도 하려 들지 않는 통화주의 이데올로기"를 공격하는 또 다른 사설을 실었다.[25]

경제학자 헤럴드 레버가 『타임스』에 시장 자유주의와 변동환율제가 "화폐 혼란이라는 절망적 현상"을 불러올 것이기에 다시 규제가 필요하다고 주장하는 두 편의 글을 기고하자 통화주의 논쟁이 가속화되었다.[26] 『타임스』는 이어 "통화주의만으로는 충분하지" 않으며 이 정책의 고수가 결국 "실업 증가와 정치적 협력 쇠퇴와 사회 안정성 위협"을 초래할 것이라고 경고하는 사설을 내보냈다.[27] 다음으로는 "영국의 급진적 통화주의 실험"을 꼬집는 사설까지 실었다.[28]

3개월 뒤 에번스는 더 큰 무례를 범했다. 노벨 경제학상을 수상한 예일대 경제학 교수 제임스 토빈의 글을 실은 것이다. 토빈은 그 글에서 통화주의는 "위험한 실험"임을 거듭 강조하며 다음과 같이 덧붙였다. "통화 공급량이 고용을 비롯한 우리가 필요로 하는 모든 것을 결정한다는 발상이 당신의 머리를 모래 속에 파묻고 있다."[29] 얼마 뒤 에번스는 자신의 집에서 저녁 식사를 하자고 머독을 초대했고, 두 사람은 같은 차를 타고 에번스의 집으로 향했다. 에번스는 그때를 다음과 같이 회고했다.

차가 대문 앞에 도착하자 장황한 비난이 시작되었다.

"왜 그런 사설을 내보냈소?"

"시의적절하니까요."

"그의 이론은 틀렸소! 틀렸다고! 그가 대체 뭘 알겠소?"

나는 대답했다. "그는 노벨상 수상자예요."

"헛소리나 하는 먹물이지."

에번스의 부인 티나 브라운은 훗날 "머독처럼 화가 나서 웅크려 있는 사람"을 이전까지 본 적이 없었다고 말했다.[30]

1980년대 초 냉전은 머독의 가장 중요한 관심사였다. 머독과 에번스는 소련에 대항하는 완고한 방침이 필요하다는 사실에는 합의했다. 하지만 머독은 소련에 대한 보다 공격적 대응을 촉구하는 레이건 행정부의 신보수주의에 영향받고 있었다. 당시 레이건은 소련의 아프가니스탄 침공과 폴란드 무력 점거에 맞서 소련에 대한 경제봉쇄를 추진하고 있었다. 머독은 에번스 몰래 『타임스』의 한 논설위원을 만나 이런 미국의 강력한 방침에 대해 논의하면서 "『타임스』의 온건한 태도를 비난"하며 『타임스』가 "긴장 완화 같은 회유책"을 주장하지 말아야 한다고, "우리가 경제와 외교 관계를 봉쇄하면 소련이라는 썩은 사과는 떨어지고 말 것"이라고 주장했다. 에번스는 머독에게 직접적으로 도전하기보다는, "신중하게 계획된" 제재는 옹호하지만 레이건식 대처는 "극단적인 전략"이라는 주장을 담은 사설을 통해 그에게 응답했다.[31] 『타임스』는 소련의 위협성을 과장하는 신보수주의의 주장을 받아들이지 않았으며, 도리어 레이건 행정부를 다음과 같이 비판했다.

(레이건 행정부는) 소련을 무슨 수를 써서라도 세계 도처로 영향력을 뻗치고 있는 확장주의적 권력으로 취급한다. (반면) 유럽인들은 소련을 스스로를 이해하지도 통제하지도 못하는, 수많은 내적 외적 문제로 골치를 앓는 어설픈 거인으로 이해한다.[32]

소련에 대한 『타임스』의 태도가 충분히 전투적이지 않다는 점에 불만을 표해온 머독은 이 시점에 이르러 새로운 편집장을 물색하기 시작했다. 당시 논설위원 중 한 명이었던 리처드 데이비는 그때를 다음과 같이 회상했다. "『타임스』는 항상 합리적 논증과 자유주의적 가치를 지지해왔음에도 불구하고, 머독은 그 신문이 아무것도 지지하지 않는다고 불평했다."[33] 사실 머독이 중요하게 여긴 이슈에 대한 『타임스』의 입장은 결코 온건하지 않았다. 『타임스』는 영국의 새 핵잠수함 확보와 공무원 임금 동결, 노조법 수정, 자유무역에 지지를 보냈기 때문이다. 하지만 결국 머독이 원했던 것은 영미권의 신보수주의 비전을 공유하는 이데올로그를 편집장으로 세우는 일이었다. 1982년 3월 중순, 에번스는 머독의 요청으로 사임했다.[34]

마음이 맞는 편집장

루퍼트 머독의 새 편집장 찰스 더글러스홈은 퇴역 군인이자 전쟁사 학자였으며 오랫동안 『타임스』 기자로 일해온 인물이었다. 또한 전직 총리인 알렉 더글러스홈의 조카로 영국 상류사회의 일원이었다. 국방 담당 기자로 일하던 1968년에는 체코 국경에 밀집한 2만5000명의 소련군에 대한 보도를 했다는 이유로 소련에 체포되기도 했었다. 더글러스홈이 체포되고 얼마 뒤, 이 군대는 '프라하의 봄'을 종식시켰다. 거의 모든 신문이 보수당을 지지하던 시절에 『타임스』 편집장으로 임명된 그는, 마거릿 대처에 대한 단순한 지지를 넘어서서 신문에 머독의 가치관을 반영했다.

이 시기 머독 소유의 두 영국 정론지가 보인 가장 두드러진 특징은 레이건의 대외 정책을 반복적으로 지지했다는 점이다. 이 신문들은 영국이 미국에 의존할 것을 장려하면서 유럽이 미국을 견제하기 위해 제시한 대안을 묵살했다. 그 대안은, 미국의 국제적 영향력과 경쟁하기 위해 유럽 경제 통합을 이루어야 한다는 것이었다. 머독은 그때부터 25년 동안 유럽 경제 통합을 반대하는 정치적 신념을 고수했다. 자유시장주의에 냉담하고 미소 대결에서 확고하게 미국 편에 서지 않는 유럽의 태도가 머독의 눈에는 최악의 죄악인 반미주의로 비쳐졌다. 레이건의 열렬한 지지자였던 『타임스』의 새 편집장은 1983년 7월 머독과 함께 백악관을 방문한다.

3개월 뒤 미국의 그레나다 침공에 대한 『타임스』의 반응은 이 신문의 친미주의적 변화를 증명했다. 그레나다 침공 직전, 레이건이 전화로 침공 계획을 통보하자 대처는 "심각한 당혹감"을 표하면서 자신의 견해를 숙고해주기를 요구했다.[35] 하지만 레이건은 자신을 지지하도록 대처를 압박하여 그녀에게 공적인 동시에 사적인 굴욕감을 안겨주었다. 처음에 『타임스』는 '그레나다 공격 착수'라는 사설을 통해 당시 대처가 느꼈던 당혹감을 반영하면서 "한 독립국에 대한 공격을 정당화해주는 어떠한 법적 근거도 없다"고 주장했다.[36] 하지만 『타임스』의 입장은 흔들리기 시작하여 며칠 뒤 "서유럽이 미국의 이해관계를 조금 더 이해하기"를 촉구하며 "레이건 대통령을 한 명의 카우보이로 묘사하는" 것에 신중한 경고를 보냈다. 그레나다 침공에 대한 첫 번째 사설을 낸 지 9일이 지나 『타임스』의 입장은 완전히 변해 다음과 같은 사설을 실었다. "여태까지 서구세계는 소련의 은밀한 위협을 명확하게 인식하지 못했고 따라서 저항할 의지조차 갖지 못했다." 그레나다는 "전체주의라는 감옥에서 구출된 최초의 약소국가"이니 "그레나다 구출은 환영할 일이고 이 상황은 굳건히 유지되어야 한다".[37]

　머독과 그의 편집장들은 소련과 전투적으로 대치하는 것이 보수주의의 유일한 선택지라고 주장했지만, 이는 매우 기만적인 것이었다. 대처 내각 안에 있는 명망 있는 보수주의자들 몇몇도 이런 이분법적 선택지에 이의를 제기했다. 레이건의 결정에 반대하는 동시에 소련의 확고한 적으로 남는 방법은 얼마든지 있기 때문이었다.

　1980년대 몇몇 이슈에서 『타임스』는 영국의 전통적 보수주의가 아니라 미국 신보수주의 쪽으로 기울었다. 그중 하나는, 핵무기로 무장한 두 진영이 핵전쟁에 의한 공멸을 피하면서 현재의 대치 상황을 이어가는 방법에 대한 이슈였다. 리처드 닉슨과 헨리 키신저는 긴장 완화 정책을 제안했지만, 레이건 행정부는 이 의견에 맹공을 퍼부었다. 1981년 1월 대통령 취임 뒤 첫 기자 회견에서, 레이건은 긴장 완화를 "소련이 자신들의 목적을 달성하기 위해 사용해온 일방적인 계획"이라고 주장했다. 해럴드 에번스가 편집장일 당시 『타임스』는 "극단적 우익인 레이건 행정부의 주장과 달리, 긴장 완화는 회유책이 아니다"라고 주장했다.[38] 하지만 더글러스홈이 편집장으로 임명된 『타임스』의 태도는 돌변하여 "우리는 대화를 원하지만 긴장 완화는 원하지 않는다"고 주장했다.[39] 소련은 여전히 서구 세계에 교묘히 스며들어 위협을 가하고 있으며, 이와 다른 견해들은 착각일 뿐이라고 강조하기도 했다. 또한 위협의 심각성을 부인하고 방비에 소홀한 몇몇 나토 가입국에 소련의 입김이 작용하고 있다는 음모론을 제기하면서 다음과 같이 주장했다. "소련의 전략은 우회적이다. 소련은 미국 지도력에 대한 의심을 부추겨 유럽의 내분을 조장한다."[40] 1984년의 한 사설은 레이건이 "1970년대에 만들어진 긴장 완화라는 환상"에 저항해야 하며 "악마의 제국"에 동조하는 세력으로 인해 미국의 자유로운 군사 행위가 제한되어서는 안 된다고 주장했다.[41] 찰스 더글러스홈의 한 동료는 "레이건의 사람들과 찰스에게 긴장 완화는 곧 회유책을 의미했다"면서 머독과 마찬가지로 "찰스는 사람들을 잘못된 이분법으로 판단했기에 온건한 좌익이나 현실주의적인 반공주의자는 없다고 생각했다"고 회고했다.[42]

냉전이 최고조에 이르자 레이건은 '스타워즈 계획'이라고 불리게 된 전략방위구상을 선포했다. 이 계획은 "핵전쟁의 파괴력에 대한 미국과 소련의 상호 이해"에 기반한 균형 상태를 위태롭게 할 것이라는 비판에 직면했다. 그러나 미국은 스타워즈 계획을 통해 소련 미사일에 대한 방어력을 확보해 냉전에서 우위를 점하려 했다. 즉 긴장 완화 정책과 군비 축소 협약을 무시하고 새로운 군비 경쟁을 시작하려 한 것이다. 이 사안에 대해 『타임스』는 대처 내각이 제기한 이의를 포함한 모든 반론에 저항했다. 1985년에 대처의 외무부 장관 제프리 하우가 스타워즈 계획은 "쉽게 동의할 수 없는 사안"이라 선을 그으며 "예상되는 이득보다 위험 부담이 더 클 수 있다"고 신중히 경고하자,[43] 『타임스』는 하우의 온건한 태도에 분노를 표하며 그가 우방 미국에게 "말로 표현할 수 없는 피해를 입혀 미 행정부 중추 세력의 당혹감과 분노를 초래했다"고 주장했다. 또한 방송을 타고 전해진 하우의 연설에 대해 "솔직하지 못하고 부정적이고 기술 혐오적 관념과 거짓 정보들로" 미국의 계획을 난파시키려는 위협이라고 주장했다.[44] 이틀 뒤 레이건의 국방부 차관보 리처드 펄이 런던을 방문했다. 그는 『타임스』에 정기적으로 기고해온 영국의 냉전 용사들과 가진 콘퍼런스에서 하우가 소련의 막대한 군비 확장을 무시하고 있으며 미국의 의도를 호도하고 있다고 비판하면서 긴장 완화는 "실패한 실험"이라고 덧붙였다.[45] 이후 『타임스』는 오직 미국만 군비를 축소하는 바람에 현재 소련이 "이득"을 얻고 있다는 펄의 콘퍼런스 연설문을 게재했다.[46]

펄의 공격적인 태도에 자극받은 머독은 『월스트리트 저널』의 오피니언 면에 게재된 글들을 『선데이 타임스』의 편집장 앤드루 닐에게 보내기 시작했다. 앤드루 닐은 "이 글들을 통해 스타워즈와 레이건, 냉전에 대한 정보를 얻곤 했다"고 회고했다. 우리가 이미 알고 있듯이 모든 보수주의자가 레이건의 계획에 동의했던 것은 아니었다. 『타임스』의 논설위원 리처드 데이비는 더글러스홈을 설득하려 했다.

나는 더글러스홈을 설득하기 위해 러시아인들과 대화를 시도하는 것이 결코 타협을 의미하는 것이 아니며, 위협적인 핵 대치 상황에서 대화 시도는 아주 상식적인 것이라고 말했다. 무엇에 대해 이야기하고 어떤 사활적인 이익을 지켜내느냐가 중요하다면서, 나는 특히 긴장 완화 정책이 동유럽의 체제 전복 효과를 불러온 것을 강조했다. 하지만 그는 내 말을 이해하지 못했다. 그는 서구세계가 소련의 선전에 의해 점차 공산주의에 온건한 태도를 취하고 있으며, 따라서 『타임스』의 논설위원은 공산주의의 악랄함을 폭로함으로써 영국 대중의 자세를 교정해야 한다고 강박적으로 주장했다. 편집장들을 교화하려고 노력해온 머독에게 더글러스홈은 너무나도 흡족한 존재였다.**48**

이러한 신보수주의적 신념은 임박한 정세 변화에 대한 인지를 더디게 했다. 머독과 마찬가지로 『타임스』도 소련의 새로운 지도자 미하일 고르바초프에 대해 회의적이었다. 어떻게 전체주의 시스템에서 합리적 대화가 가능한 인물이 나올 수 있겠느냐고 생각한 것이다. 1985년 6월, 『타임스』는 고르바초프 지도부가 뭔가 달라 보이긴 하지만 이는 "실상과는 다른 표면적 차이일 뿐이다"라고 주장했다. 또한 "고르바초프의 친밀감"에 대해 쓴 "서구 미디어"들을 비난하면서, 고르바초프도 자신의 뜻대로 일이 진행되지 않으면 "노골적인 폭력 행위"를 취할 것이라 주장했다.**49** 이는 자신의 억측에 부합하지 않는 사실을 결코 받아들이지 못하는 이데올로그의 반사적 태도다. 그러나 장기간의 세계 안정이 지속되자 마침내 『타임스』는 고르바초프의 솔직함은 교활한 음모라는 주장을 철회할 수밖에 없었다.

공공연한 정치적 원조

1980년대를 거치며 정치에 더 많은 관심을 갖게 된 머독은 극우 단체에 대한 재정 지원을 확대했다. 1987년 영국 선거에서 노동당 캠페인이 대중의 지지를 얻기 시작하자, 자유 영국 위원회Committee for a Free Britain라는 생소한 단체가 『선』을 비롯한 머독 신문들에 불안감을 조성하는 선거 광고 시리즈를 내기 시작했다. 20만 파운드가량의 비용이 투여된 이 광고들에는 노동당의 승리가 "두렵다"고 말하는 보통 사람들의 사진들이 포함되어 있었다. 그중 한 광고에는 "당신이 노동당에 투표한다면 내 자녀들은 다른 중요한 덕목들은 제쳐두고 게이와 레즈비언에 대해 배우게 될 것"이라는 문구가 실려 있었다. 또 다른 광고는 육군 예비역 병장을 등장시켜 "당신이 노동당에 투표한다면 우리의 핵 억지력은 사라질 것이고, 우리 군인들은 소련에 대항할 기회조차 얻지 못할 것"이라고 말했다.[50] 미국의 네거티브 캠페인을 모방한 이 광고들은 광고 규범 협회Advertising Standards Authority로부터 비난받았다. 선거 이후 자유 영국 위원회는 마거릿 대처의 세 번째 임기를 지지하는 성명서를 발표했는데, 그제야 이 단체의 구성원이 밝혀졌다. 이 위원회의 의장은 부유한 보수주의 운동가

데이비드 하트였고, 훗날 타임스 뉴스페이퍼스 사 이사에 오른 랠프 해리스 공 또한 이 단체의 일원이었다.

대처의 친구이기도 했던 데이비드 하트는 1983년에서 1989년까지 『타임스』에 글을 기고했다. 그의 보수주의 운동가로서의 명성은 1984~1985년 광부 노조 파업 당시[51] 『타임스』의 권한을 위임받아 광산 지역에 침투해 파업 반대 세력을 조직하고 이를 대처에게 보고함으로써 쌓은 것이었다. 당시 기사가 운전하는 메르세데스 벤츠로 탄광을 돌아다니던 그는, 처음에는 자신을 의심하던 파업 불참 광부들을 "자금력과 개인적 카리스마"로 설득해 마침내 광부 노조에 합법적인 타격을 가해 심각한 피해를 입힌 인물이었다.[52] 파업이 장기화되어 대처 정부 내부에서 노사 합의에 대한 논의가 시작되자, 그는 광부 노조에 대한 무자비한 탄압을 요구하는 칼럼들을 『타임스』에 기고했고, 그중 한 칼럼에서 "짧은 승리는 무의미하다"라고 말했다.[53]

1987년 선거에서 대처가 세 번째 집권이라는 대승리를 거두자, 자유 영국 위원회는 대처리즘 급진화의 한 방편으로 국민건강보험을 민간 보험으로 대체해 국방비를 늘릴 것을 촉구했다.[54] 하트의 칼럼은 "역할과 범위 그리고 크기"에 있어 정부 규모의 축소를 의미하는 "영국의 변화"를 보수당에 건의했으며, 이 변화에는 모든 국립학교의 민영화와 교육 바우처 제도*의 도입이 포함되어 있었다.[55]

머독은 보다 은밀히 정치에 개입하는 하트의 이런 발상들에 사로잡

---

* 학부모가 정부로부터 지급받은 바우처(서비스를 구매할 수 있는 일종의 증서 혹은 쿠폰)로 원하는 학교를 선택하고, 학교는 이 바우처를 통해 정부의 재정 지원을 받는 제도.

혀 있었다. 1989년 후반, 노동당 그림자 내각●의 환경부 장관 내정자 브라이언 굴드가 마거릿 대처에게 하트와의 관계에 대한 해명을 요구했다. 그러자 하트가 후원하고 한 퇴역 MI5●● 요원이 편집장으로 있는 뉴스레터 『브리티시 브리핑British Briefing』이 굴드를 공산주의 동조자라고 비난했다. 『브리티시 브리핑』은 『가디언Guardian』에게 정체가 폭로된 1989년 12월까지 비밀리에 발간되었다.[56] 『브리티시 브리핑』의 표지에는 "독자 요청으로 배포되지 않고, 정기구독도 불가하다"는 설명과 함께 "이 매체 존재에 대한 발설이나 직접적 인용은 삼갈" 것을 부탁하는 문구가 찍혀 있었다. 『브리티시 브리핑』 초기 호에는 노동당 대표 닐 키넉의 공산주의 동조와 관련된 비난 기사가 네 페이지에 걸쳐 실려 있었는데, 『가디언』은 이 기사가 "보잘것없는 논리와 연좌제식 발상을 행사"하고 있다고 꼬집었다.[57]

하트는 고전적인 공산주의 음모를 유포해온 『월드 브리핑World Briefing』이라는 또 다른 출판물에도 관여하고 있었다. 이 매체는 미하일 고르바초프에 의한 소련의 체제 변화를 부인하면서 겉으로 보이는 변화들은 "다양한 수준에서 서구세계 전반에 영향을 미치기 위한 소련의 지능적 전략"일 뿐이라고 주장했다.[58] 『브리티시 브리핑』과 유사하게 『월드 브리핑』 또한 퇴역 CIA 관료 허버트 메이어의 첩보술에 의지해 발간된 것이었다.

『브리티시 브리핑』의 존재가 폭로된 그해, 『가디언』은 한 기업에 자유영국 위원회의 후원금으로 25만 파운드를 요청한 데이비드 하트의 편지를 입수했다.[59] 이 편지에 따르면 위원회의 주요 활동은 젊은 선동가 양성

● 야당이 다음 선거에서의 정권 획득에 대비해 미리 계획하는 내각.
●● 영국의 국내 담당 보안정보국.

및 대학에 선전물을 배포하고 세미나를 개최하는 일이었다. 하트는 또한 전 세계 정치 지도자와 대외 정책 담당자, 정보 요원 그리고 수많은 학자와 기자에게 유포되는 『브리티시 브리핑』과 『월드 브리핑』의 발간 비용이 총 9만 파운드에 달하며, 자신이 직접 구축한 소식통을 포함한 소련 반체제 인사들로부터 소련의 서방세계에 대한 선전물 유포 정황을 입수하려면 향후 5년간 1년에 5만 파운드의 후원금이 필요하다고 주장했다.

루퍼트 머독은 이 요구에 이미 화답한 상태였다. 1988년 7월, 하트는 모금 활동의 일환으로 머독에게 『월드 브리핑』 한 부를 전했다. 같은 해 8월, 머독은 그에게 다음과 같이 말했다. "『월드 브리핑』의 분석들을 매우 흥미롭게 읽었습니다. 저의 편집장들에게도 보내주실 수 있습니까? 아니면 제 것을 그들에게 보여줘도 될까요?"[60] 얼마 뒤 머독은 하트의 매체를 후원하기 시작했다. 1989년 2월 그는 하트에게 다음과 같은 메시지를 보냈다. "오늘 저희 그룹의 재무 책임자 피터 스테른버거에게 3년간 매년 4만 파운드의 후원 계약을 지시했습니다. 전에 약속했던 15만 파운드도 지급될 것입니다."

이 후원이 『옵서버Observer』와 TV 프로그램 「월드 인 액션World in Action」에 의해 폭로되자, 머독은 자신이 하트와 『브리티시 브리핑』의 관계를 이미 알고 있고 『브리티시 브리핑』을 직접 받아보기도 했음을 인정했다. 하지만 그 매체를 직접적으로 후원한 사실은 최대한 은폐하면서, 자신이 후원한 돈은 "주로 하트 씨의 동유럽 리서치와 자문 활동"에 쓰였을 것이라고 말했다.[61]

두 사람 사이에 오간 편지들도 유출됐는데, 그 내용을 보면 머독은 하트의 단순한 후원자 이상이었던 것으로 보인다. 머독은 하트의 견해들을 진지하게 자신의 신문에 반영했다. 1989년 1월, 하트는 당시 『타임스』의 편집장이던 찰스 윌슨을 해임하고 그 자리에 피터 스토사드를 앉힐 것을 조언하는 편지를 머독에게 보냈다. 그 편지에서 하트는 "찰스 윌슨이 편집장에 오른 후 『타임스』의 권위가 쇠퇴했으며, 이는 자유세계에서 『타임스』뿐 아니라 당신의 영향력도 감소시키는" 유감스러운 결과를 낳았다고 말했다.**62** 또한 『타임스』는 "『선』의 거친 정치적 입장을 보다 논리적 언어로 번역하여 고소득층 독자에게 전달해야 한다"고 주장했다. 한 달 뒤 머독은 그에게 보내는 편지에 첨부한 메모를 통해 다음과 같이 말했다. "나는 당신이 다른 서신들을 통해 제안한 의견도 존중합니다."**63**

하트의 활동과 그에 대한 머독의 재정 지원으로 볼 때, 영국 정치권에서 머독의 역할은 전기 작가와 비평가들이 지적했던 것보다 훨씬 광범위했을 것이다. 『브리티시 브리핑』과 『월드 브리핑』에 대한 "후원 계약"이 언급된 1989년의 편지는, 하트의 초기 활동이 머독의 지원 아래 진행되었음을 보여준다. 머독의 기부를 받기 몇 해 전에 하트는 니카라과 반정부 세력 지도자 아돌포 칼레로를 영국에 초청했다. 당시 『선』은 1987년 선거를 겨냥한 히스테리적인 반노동당 광고들을 게재하고 있었고, 머독은 학교 민영화와 교육 바우처 도입을 포함한 자유시장에 대한 하트의 신념을 공유하고 있었다. 또한 『타임스』는 그보다 훨씬 전인 1983년부터 1989년까지 하트가 자신의 견해를 피력할 지면을 제공했다.

데이비드 하트와 머독의 관계를 제쳐두더라도, 머독이 영국 정치에

암암리에 개입해온 정황은 수없이 많다. 하트가 참여하기 이전의『브리티시 브리핑』은 과거 영국 안보국 및 CIA와 일했음을 기꺼이 인정한 광신적 반공주의자 브라이언 크로저에 의해 운영되었다. 1970년대부터 1980년대까지 크로저는 워싱턴과 런던에서 비밀 첩보 조직을 운영했다. 또한 1975년 그 존재가 폭로되기 전까지, CIA가 후원하는『포럼 월드 피처스 Forum World Features』라는 매체를 비밀리에 운영했다. 그 매체는 수많은 우익 기사를 신문사들에게 팔았다. 1970년대 후반, 크로저는 CIA를 통해 알게 된 미국 백만장자 딕 스케이프의 연간 10만 달러 후원금으로 분쟁 연구소Institute for the Study of Conflict를 운영하기도 했다.[64] 이 연구소에서 발간한『체제 전복 전말 보고Background Briefing on Subversion』는『브리티시 브리핑』의 전신이다.

크로저는 수년간『타임스』의 칼럼니스트로 활약했는데, 그의 글은 레이건의 핵 정책을 지지하고 긴장 완화를 비난하는『타임스』의 노선에 딱 들어맞았다. 그는 칼럼을 통해 소련이 "한때 남베트남의 고위 정치인이었던" 50만여 명의 강제 노동자들을 유럽 가스관 매설에 동원할 계획이라는 등의 허황된 주장을 해댔다.[65] 당시 그는 미국의 우익 단체 헤리티지 재단으로부터 후원금을 받아 소련과의 핵 경쟁을 위한 레이건의 계획을 지지하는 영국 정치 단체들을 지원하기도 했다.[66]

평화 안보 연합Coalition for Peace through Security이라는 크로저의 단체는 조직화된 반시위 세력을 침투시키고 비행기로 반평화 슬로건을 유포하면서 대규모 평화 시위를 방해했다. 이 단체는 핵무기 감축 운동의 리더 브루스 켄트가 미국을 방문했을 때 켄트가 연설하기로 한 도시에 먼저

들이닥쳐, 그가 공산주의자이며 핵무기 감축 운동은 소련의 공작이라는 주장을 신문과 라디오 방송국에 유포했다. 1980년대에 크로저는 연간 100만 달러의 예산을 사용하는 한 반공 단체를 비밀리에 조직했고, 예산의 일부를 CIA를 통해 지원받았다. 이 단체의 분파들은 벨기에와 프랑스, 독일 등지에서 핵무기 반대를 주장하는 평화 단체를 겨냥해 캠페인을 벌였다. 주로 민간 영역에서 충당된 이 단체의 활동 자금은, 크로저의 주장에 따르면 CIA 국장 윌리엄 케이시에 의해 모금된 것이었다.[67]

크로저는 자서전에서 루퍼트 머독이 자신의 비밀 활동 일부를 지원했음을 암시했다. 『프리 에이전트Free Agent』라는 제목의 이 자서전은 머독의 하퍼콜린스에서 출간되었다. 크로저는 이 책을 통해 영국 및 미국의 정보 당국과 일한 경력을 뽐냈으며 자신의 후원자를 밝히기도 했다. "(오랜 후원자) 딕, 프랜스, 지미, 루퍼트, 엘머 그리고 결코 잊지 못할 앨폰스와 잭." 풀 네임으로 적혀 있지 않은 이들의 정체는 크로저의 친구 아널드 바이크먼에 의해 폭로되었다.[68] 루퍼트 머독은 물론이고 우익 금융가 제임스 골드스미스 경(지미), 다수의 미국 우익 단체를 지원해온 미국 백만장자 리처드 스케이프(딕) 등을 가리키는 이름들이었다. 수많은 극우 서적을 출판해온 크로저의 셔우드 출판사 또한 머독의 후원을 받았다. 1987년 이 출판사가 6만7000파운드가량의 적자에 허덕이고 있을 때 크로저의 동료들이 머독에게 지원을 요청했다. 1990년 머독의 영국 지주회사 뉴스 인터내셔널은 셔우드 출판사의 주식 절반을 갖는 조건으로 9만 파운드에 달하는 부채 전부를 해결해주었다.[69]

자신의 신문을 이용해 영국에 충분한 영향력을 행사해온 머독이 왜 극단적 대처리즘 활동가들에게도 은밀한 후원을 했을까? 하지만 이런 의문은 머독을 평범한 기업가로만 바라볼 때 생기는 것이다. 머독에게 정치는 사업만큼이나 중요하다. 정치권 내에서 영향력 있는 활동가로 자리 잡는 것은 그의 인격과 인생관에 있어 매우 중요한 일이었다. 하트와 크로저에 대한 재정적 지원은, 머독이 자신의 신문을 통해 보여준 이데올로기적 헌신의 연장선상에 있는 활동이었다.

막다른 최후를 향해

1990년에 이르러 대처 혁명은 쇠퇴기에 접어들었고 대처의 열정도 잦아들기 시작했다. 마거릿 대처는 많은 적을 만들어왔고 그녀가 추진한 새로운 세금 정책은 상당한 반대를 불러왔다. 11월에 이르러 보수당 대표로서 대처의 역할은 당내에서 심각한 장애에 직면했으며, 그녀가 총리직에서 물러나야 한다는 의견이 대두되기 시작했다. 당시 루퍼트 머독은 자신의 미디어 제국을 파멸 직전까지 몰고 간 심각한 경제 위기에 휘말려 있었다. 그럼에도 불구하고 머독은 대처가 물러날 경우 발생할 "재앙"에 대한 우드로 와이엇의 견해에 귀 기울였다. 마침내 대처의 당 대표직과 관련한 보수당의 재신임 투표가 결정되었다. 투표 몇 주 전, 머독은『선데이 타임스』의 편집장 앤드루 닐에게 대처를 지지하는 사설을 실으라고 지시했다.[70] 닐이 이 지시를 거부하자 머독은 자신이 결코『선데이 타임스』의 입장과 같지 않음을 대처에게 알려달라고 와이엇에게 요청했다. 머독의 말을 전해들은 대처는 와이엇에게 다음과 같이 말했다. "루퍼트는 아주 훌륭하며 친절한 사람이기도 합니다. 나는 그를 매우 좋아합니다."[71] 보수당의 투표일 하루 전, 머독은 자신의 편집장들을 불러모았다. 와이엇에 따르면, 루퍼트는 "오늘 아침 『타임스』의 사이먼이 일을 잘 처리했으며, 『투데이』의 데이비드 몽고메리, 『선』의 켈빈 매켄지 역시 아주 좋았다"고 말했다 한다.[72] 하지만 이는 아무런 소용 없는 발언이었다. 대처가 물러난 뒤, 머독은 『타임스』와 『선』, 『투데이』를 총동원해 대처가 후임으로 언급한 존 메이저를 새 총리 후보로 지지하고 나섰으나, 『선데이 타임스』는 머독의 압박에도 불구하고 마이클 헤슬타인을 지지했다.

강제적으로 총리직에서 물러난 마거릿 대처는 자신의 회고록을 준비하기 시작했다. 머독은 그 회고록의 계약에 깊이 개입했고, 우익 지식인 존 오설리번의 저술 참여를 추천했다. 마침내 거액의 선인세를 제안한 머독의 하퍼콜린스가 출판권을 따냈다. 1993년에 출간된 이 회고록에서 루퍼트 머독에 대한 언급은 단 한 줄도 찾아볼 수 없다.

제5장
통념에 대한 저항

내가 들어본 가장 큰 찬사는 영국 철강 협회 의장 이언 맥그리거의 다음과 같은 발언이었다. "영국에는 오직 두 명의 급진주의자가 있다. 마거릿 대처와 루퍼트 머독이다."[1]

루퍼트 머독, 1990

모든 미디어가 정작 도움이 절실한 가난한 이들은 외면한 채 사회를 분열시키고 괴롭히는 복지라는 개념을 무비판적으로 받아들인다는 사실은 참으로 유감스럽다.[2]

루퍼트 머독, 1992

1992년, 『선데이 타임스』는 아주 놀라운 연재 보도를 내보내기 시작했다. 3년간 연재된 이 보도는 영국인들을 충격에 빠뜨렸다. 『선데이 타임스』가 독자적인 탐사 보도를 내보낸 것은 그때가 처음이 아니었다. 기형아를 출산한 산모에게서 입수한 의약품에서 탈리도마이드를 검출해 한 제약 회사의 부정을 폭로한 일로 이미 명성을 얻은 상태였다. 제약 회사가 피해자들에 대한 보상을 거부하자 피해자의 이익을 위한 캠페인을 벌이기도 했다. 『선데이 타임스』는 영국 기득권층에 잠입한 러시아 스파이 킴 필비의 존재를 폭로한 적도 있다. 또한 전설적인 편집장 해럴드 에번스의 지휘하에 있을 당시, 부당한 사회문제를 비판·폭로하는 수많은 캠페인성 기사를 쏟아내 우익을 지지하는 영국의 보통 사람들을 대변했다. 한 가지 덧붙이자면, 『선데이 타임스』는 광고들로 가득한 수익성 좋은 신문이었다. 바로 그 점 때문에 1981년 머독은 이 신문을 인수했다.

1992년에서 1994년까지 게재된 『선데이 타임스』의 폭로성 연재 기사는 얼핏 보기에 앞서 말한 훌륭한 전통의 연장으로 보인다. 그 몇 년 전부터 후천성면역결핍증(에이즈)의 치명성에 대한 대중의 반응에 관심을 기울이던 『선데이 타임스』는, 1990년 3월 미국 보수주의자 마이클 푸멘토가 쓴 『이성애 에이즈에 대한 신화The Myth of Heterosexual AIDS』라는 책의 내용을 연재하기 시작했다. 이 책은 에이즈가 이성애자 집단에는 결코 퍼질 수 없으며, 보통 사람 모두가 에이즈에 걸릴 수 있다는 신화는 에이즈 발병률이 높은 특정 집단에 쏠려 있는 대중의 관심을 돌려놓기 위한 동성애자 집단의 로비 결과라는 주장을 담고 있다. 『선데이 타임스』는 영국의 어떤 출판사도 그 책을 출간하지 않았다는 이유로 푸멘토를 "정치적 올바름"의 피해자이자 "에이즈 담론 기득권층"이 만들어낸 피해자로 묘사했다.[3]

『선데이 타임스』는 이 질병에 대한 "통념"에 대항하기로 결정했다. 에이즈의 이해와 통제에 핵심적인 역할을 했으며 널리 인정받고 있는 과학적 연구 결과에 의문을 제기하는 캠페인을 벌이기로 한 것이다. 1992년에 드디어 길고 치밀한 첫 기사가 게재되었다. 그 기사는 에이즈 연구와 "안전한 섹스" 캠페인에 수십억 달러가 들어갔지만, "점차 많은 원로 과학자가 HIV가 에이즈를 유발한다는 발상에 저항하기 시작했다"고 주장했다.[4] 게다가 몇몇 회의론자가 "이 바이러스는 아주 예전부터 존재해왔으며, 보통의 성관계를 통해서는 전파되지 않는 무해한 것"이라고 주장했다면서 그러나 "어떤 영국의 지성도 HIV 가설에 이의를 제기할 용기를 내지 못하고 있다"고 지적했다. 하지만 겉으로 보기엔『선데이 타임스』의 탐사 보도 전통을 잇는 것으로 보이는 이 기사가 언급한 "원로 과학자들"에 포함되는 사람은 반골적 분자생물학 교수 피터 듀스버그 한 사람뿐이었다. 만일 이 기사의 주장이 옳다면, 기사에 나온 대로 "에이즈를 HIV와 연관시킨 것은 금세기 최대의 과학적 의학적 실수"일 것이다. 이 기사로 분명 어떤 실수가 존재한다는 것이 증명되었지만, 그것은 기사가 지적한 실수와는 전혀 다른 종류였다.

『선데이 타임스』는 사람들을 에이즈 회의론으로 이끄는 연단이 되었고, 머독의 다른 신문들도 이 논리에 기여했다.『선』은 오직 마약중독자와 게이, 양성애자, 오염된 혈액을 수혈받은 자들만 에이즈에 걸릴 수 있다고 주장했다. 1989년『선』의 한 기사는 "이를 제외한 모든 가능성은 다만 동성애자의 선전"일 뿐이라고 말했다.[5]『선』은 "우리가 아이들에게 가르쳐야 할 가장 중요한 교훈은 남색이 사람을 죽인다는 것"이라고 강조했다.[6]『타임스』는 보다 고상하고 덜 난폭한 자세를 취했다.『타임스』의 한 사설은 에이즈 연구에 투입된 자금에 의문을 표하며 HIV와 에이즈를 연관시키는 것이 현대 의학사의 가장 큰 "실수"일지 모른다는『선』의 주장을 반복했다.[7]『타임스』는 또한 듀스버그에 대한 비판들을 "히스테리적"이라 평가했으며 그를 종교재판에 직면한 갈릴레오에 비유했다.『타임스』는 이후 몇몇 회의적 기사를 더 내보내고 그 이슈에서 손을 뗐다. 반면『선데이 타임스』는 결코 물러서지 않았다.

뉴스 코퍼레이션은 훗날 또 다른 과학적 이슈—기후변화—에 대한 회의론을 일으켰을 때와 마찬가지로, 과학계에 에이즈라는 질병의 모든 측면을 즉시 완벽하게 설명해보라고 요구했다. 몇몇 예외를 물고 늘어지며 가정 전체가 틀렸음을 증명하고자 한 것이다. 그들은 과학자들이 어떤 메커니즘으로 HIV가 에이즈를 유발하는지 정확히 알지도 못하면서 HIV가 에이즈의 원인이라는 무리한 확신에 차 있다고 비판했다. 과학자들은 HIV가 에이즈와 연관되어 있다는 과학계 내부의 변함없는 압도적 합의를 언급하며 회의론적 반론에 대응했다. 하지만 이런 대응은, 학계 기득권층은 자신들의 엘리트적 입장만을 고수한다는 회의주의자들의 믿음을 강화시켰고, 후에 기후변화가 이슈로 떠올랐을 때도 그들은 같은 반응을 보였다.

1992년과 1993년 동안 『선데이 타임스』는 아프리카의 급격한 에이즈 확산은 사실이 아니고, 에이즈 치료를 위해 광범위하게 사용되고 있는 약물 AZT가 실은 피해를 입히고 있으며, HIV에 대한 실험들이 "과학적으로 타당하지 않다"고 주장하는 기사들을 내보냈다.[8] 이 기사들은 에이즈와의 전쟁을 주도하고 있는 세계보건기구의 자금 유치 노력이 자기 잇속만 챙기는 행동임을 암시하고 있었다. 『선데이 타임스』가 보기에는 정부의 재정 지원을 요구하는 "에이즈 단체의 세력이 확대되는 것"도 문제였다. 그래서 이 신문은 에이즈 단체가 지지하는 HIV 이론은 글로벌 제약회사들만 살찌우고 있다면서, "의학계는 무지와 불확실성"에 휩싸여 있을 뿐이라고 주장했다.[9] 1993년 10월, 『선데이 타임스』의 의학 전문 기자 네빌 호드킨슨은 '이전에는 존재하지 않았던 전염병'이라는 제목의 긴 기사를 내놓는다. 이 기사는 아프리카 대륙이 에이즈로 황폐화되었다는 믿음과 달리 "아프리카에 에이즈 따위는 존재하지 않으며, 그것은 누군가가 날조해낸 이야기일 뿐"이라는 한 프랑스인 커플의 말을 인용했다.**10** 1993년 말 이 신문은 BBC와 "대부분의 의학, 과학 저널"이 "이 이슈와 관련해 자기 검열에 빠져 있다"고 비난했다. 『선데이 타임스』는 자신들의 에이즈 기사를 탈리도마이드라는 위험 물질을 폭로한 1960년대 그들의 공로와 은근히 비교했다.**11**

『선데이 타임스』의 입장은 과학계와 의학계를 놀라게 했다. 저명한 과학 잡지 『네이처Nature』는 이성애자들은 에이즈로부터 자유롭다는 견해에 깊은 염려를 표하면서 "이 신문이 '정상적인' 사람(『선데이 타임스』의 독자?)은 에이즈에 걸리지 않는다는 잠재적 메시지"를 보내고 있다고 말했다.**12** 『선데이 타임스』의 캠페인에 당혹감을 느낀 『네이처』는 1993년 후반부터 매주 이 신문을 모니터하고 자신들의 견해를 담은 편지들을 보냈다. 하지만 그 편지를 게재해달라는 요구는 항상 거부되었다. 『네이처』에 따르면 그 편지들의 게재가 거부된 것은 다수의 "에이즈 회의론자"의 동의에 의한 것이었다. 이 회의론자들은 과학적 지식에 대한 다음과 같은 견해를 공유하고 있었다. "오류는 본질적으로 인식론적 문제다. 거꾸로 말하면, 하나의 가설이 '참'으로 결정되는 과정은 사람들이 자신들의 믿음에 표를 던지는 민주적 절차의 일종이다." **13** 『선데이 타임스』는 『네이처』의 감시에 '에이즈— 왜 우리는 침묵할 수 없는가'라는 3000자짜리 기사로 대항했다. 자신들을 "무지막지한 공격"의 피해자로 묘사하고 있는 이 기사는 『네이처』를 "악의적 의도"로 검열에 집착하고 진실에는 관심이 없는 과학계의 기득권층이라 비난했다.[14] 1994년 전반기 내내『선데이 타임스』는 그들이 "침묵의 음모"라 묘사한 과학계의 동향을 비난했고, 에이즈 관련 실험들이 "과학적으로 타당하지 않음"이 밝혀졌다고 주장했다.[15]

『선데이 타임스』의 편집장 앤드루 닐은 자서전에서 단지 한 이슈에 대한 모든 가능한 견해를 소개하고 "논쟁을 촉진"했을 뿐이라고 말한 바 있다. 그의 말은『선데이 타임스』가 에이즈라는 이슈에 보인 열성 및 에이즈에 대한 '통념'과 '의학 기득권층'에 저항한 방식이, 뉴스 코퍼레이션의 세계관을 반영했다는 사실을 감추고 있다. 에이즈에 대한『선데이 타임스』의 접근 방식은, 사실에 근거하지 않았다는 이유로 한 견해를 묵살하는 행위는 '검열'과 '억압'이라고 주장한 포스트모더니즘 이론을 어설프게 모방한 것이었다.

『선데이 타임스』의 변화

『선데이 타임스』를 인수한 1981년에 머독은 이미 상당한 영향력을 보유한 이 신문에는 신경 쓰지 않고『타임스』에만 집중했다. 하지만 1983년에 이 일요 신문의 새 편집장을 찾기로 결정했다. 머독의 정치 자문 어윈 스텔저는 앤드루 닐을 추천했다. 당시『이코노미스트Economist』의 영국 편집장이었던 닐은 얼마 전까지 미국에서 근무했던 사람으로 미국의 "역동적이고 긍정적인 문화, 자유롭고 빠른 계급 유동성, 새로운 기술을 도입하고 개발하는 신속성"에 반해 있었다.[16] 신문사 경험이 전무했던 닐을

『선데이 타임스』의 편집장으로 임용한 것은 매우 이례적인 결정이었다. 그만큼 그와 머독이 정치적인 견해나 성격적인 면에서 잘 맞았기 때문이다. 닐은 머독이 『선데이 타임스』를 어떻게 생각하느냐고 물었을 때, 그 신문은 "지적인 수준에서 1960년대에 머물러" 있기에 "영국 기득권층의 중추를 뒤흔들고 사회적 경제적 변화를 주도하는 신문으로 거듭나려면 집단주의적 사고방식에서 벗어날 필요가 있다"고 조언했다.[17] 그리고 『선데이 타임스』 편집장으로 임명되자마자 머독에게 했던 조언을 실천에 옮겼다.

뉴스 코퍼레이션에서 일한 11년 동안 닐은 몇 번의 크리스마스를 머독 가족과 함께 애스펀에서 보낼 만큼 그와 친하게 지냈다. 닐은 머독에 대해 "보기보다 훨씬 더 우익적인 인물이지만, 경제적 이득을 위해 그런 면모를 조절했다"고 평했다. 그에 따르면 머독의 정치적 신념은 "미국 공화주의와 순수한 대처리즘 그리고 식민지 호주가 물려준 영국 기득권층에 대한 반항심으로 구성"되어 있었다.[18]

『선데이 타임스』의 편집장으로 일하는 동안 닐은 자주 외부의 비판에 직면했고, 때때로 잉글랜드가 아닌 스코틀랜드 출신이라는 이유로 공격받기도 했다. 초기의 비판은 그가 『선데이 타임스』의 이상을 저버렸다고 믿은 좌파로부터 제기되었다. 전국 규모 언론에 실린 몇몇 기사는 보수당 산하 연구 단체에서 일한 닐의 초기 경력을 날카롭게 지적했다. 이에 닐은 "나는 보수주의자가 아니고, 다만 급진주의자"일 뿐이라고 『가디언』을 통해 항변했다.[19] 자신의 신문인 『선데이 타임스』와의 인터뷰에서, 닐은 『선데이 타임스』가 "영국의 정치사상을 위한 가장 중요한 포럼"이라고 말한 바 있다. 혁신과 급진주의 그리고 (뉴스와 탐사 보도가 아닌) 정치

사상에 대한 강조는 이데올로기적 편집장으로서 닐의 자의식을 반영한다. 처음에 닐은 『선데이 타임스』 고위급 간부 중에서 "이데올로기적 동반자"를 찾을 수가 없었다. 그가 보기에 그곳은 "자유주의 좌파의 집단주의적 합의"에 의해 굴러가는 "이데올로기적 부패 상태"에 놓여 있었다. 닐은 그 매체의 기자들을 "1980년대의 낯선 풍경을 목적 없이 배회하고 있는 1960년대의 고대인"으로 묘사하기도 했다.[20] 하지만 임기 후반에 닐을 위기로 몰아넣은 것은 우익 인사들이었다. 닐의 성적 방탕함과 포퓰리즘, 왕가에 대한 무례가 그들의 비난을 산 것이다. 1989년에 보수주의 칼럼니스트 페레그린 워스손은 『선데이 텔레그래프』의 칼럼을 통해 닐이 매춘부와 사귀고 있음이 드러난 이상 메이저 신문의 편집장으로 적절하지 않다고 주장했다. 1992년 『선데이 타임스』가 웨일스 왕자 내외의 사생활에 대한 연재 기사를 내자, 워스손은 닐과 머독의 "도덕성 결여"를 비난했다.[21]

닐은 『선데이 타임스』를 완전히 새로운 이데올로기적 방향성을 가진 선동적 신문으로 재탄생시키려는 비전을 가지고 있었다. 그 재탄생 과정에서 닐의 친구 어윈 스텔저의 역할은 결정적이었다. 경제 전문 칼럼니스트라는 제한된 위치에도 불구하고 스텔저는 때때로 고위 간부들만 참여하는 편집회의에 초청되는 특권을 누렸다. 『선데이 타임스』의 한 기자는 기삿거리를 논의하는 편집회의에서 스텔저가 맡은 역할을 다음과 같이 회고했다.

스텔저는 "이 기삿거리에 대한 우리의 방침이 무엇인가요?"라는 질문을 네다섯 번씩 던지곤 했다. 그러면 나는 우리는 "방침" 같은 것을 두지 않으며, 단지 이 소재가 특집 기사로서의 잠재적 가치가 있기에 논하는 거라고 네다섯 번씩 대답하곤 했다.²²

그러나 편집장 닐 체제하에 『선데이 타임스』는 하나의 정치적 방침을 유지하고 있었다. 1984~1985년의 탄광 노조 파업을 비난했고, 와핑 지역에서 시작되어 영국 신문업계 전체로 번진 언론 노조 파업에 사무실 폐쇄로 대응했다. 또한 1983·1987·1992년 선거에서 보수당 재집권을 강력히 지원했다. 하지만 마거릿 대처와 그녀의 후임 존 메이저를 전적으로 옹호하지는 않았다. 1984년 『선데이 타임스』는 대처의 아들이 운영하는 회사의 거래 내역을 공개해 총리의 분노를 샀고, 대처의 사회정책을 엘리자베스 여왕이 못마땅해하고 있다는 보도를 내기도 했다. 대처에 대한 대중의 지지가 잦아들면서 더 많은 갈등이 불거지자, 마침내 『선데이 타임스』는 그녀의 사임을 촉구하기에 이른다. 하지만 대처 정부를 막연히 지지했던 다른 보수 신문들과 달리, 『선데이 타임스』는 대처리즘을 규정하는 핵심 이데올로기에 지속적으로 헌신했다.

인사이트 팀과 이데올로기

『선데이 타임스』를 특별한 언론 브랜드로 자리매김하게 한 '인사이트 팀'에 대한 닐의 운영 방식을 통해, 우리는 그의 이데올로기적 시각을 엿볼 수 있다. 인사이트 팀은 탈리도마이드와 필비 기사를 주도하여 탐사 보도 분야에서 『선데이 타임스』의 명성을 확립한 팀이었다. 닐의 부임 이후 이 팀은 정치적인 이유로 잠시 해산된다.

> 자신들이 이 신문을 장악하고 있다고 착각해온 일군의 직원들이 있었다. 평온한 집단주의가 더 이상 허용되지 않는다는 사실을 깨달았을 때 그들은 씁쓸함을 맛보았을 것이다. 내가 보기에 그들은 『선데이 타임스』라는 브랜드와 특히 인사이트 팀 뒤에 숨어 이 신문을 왼쪽 끝으로 몰고 간 책임이 있다.[23]

이후 재결성된 인사이트 팀은 경제적 자유주의에 대한 닐의 집착이 반영된 기사를 내보냈다. 새 인사이트 팀의 초기 기사들 중 하나는 마거릿 대처, 로널드 레이건 등 다수의 세계 정상이 참여한 1984년 런던 경제 정상회담Economic Summit에 관한 것이었다. 이 기사는 (머지않아 잊힌) 그 회담의 최종 공식성명이 어떻게 논의되고 결정되고 작성되었는지를 매우 자세히 보도했다.[24]

닐이 생각하는 탐사 보도의 정의는 매우 독특한 것이었다. 그의 자서전 『완전한 폭로Full Disclosure』는 『선데이 타임스』에 연재되었던 전직 안보국장 피터 라이트의 회고 기사 '스파이캐처Spycatcher'에 대한 소개로 시작해 그 신문이 탐사 보도에 남긴 업적을 언급했다. 하지만 그 회고 기사는 탐사 보도가 아니라 일종의 기획 연재물이었다.

인사이트 팀은 이라크와 영국 사이의 거래, 그린피스 선박 레인보우

워리어 호에 대한 프랑스의 폭격, 이스라엘 비밀 핵무기 공장, 보수당에 대한 비밀스러운 정치적 기부 등 의미 있는 기사들을 내놓기도 했다. 하지만 정치적 주제가 아닌 다른 주제를 다룬 기사도 자주 내놓았다. 닐의 이데올로기적 관점과 자유시장 포퓰리즘을 반영하는 인사이드 팀에게, 반경쟁적 기업 행태는 또 하나의 주요 주제였다. 때문에 한 거대 주차 회사가 산업 스파이를 시켜 급부상 중인 경쟁 업체의 정보를 빼냈다는 사실을 폭로했고, 중소 항공사 버진 에어라인에 대한 브리티시 에어웨이스의 반경쟁적 대응도 보도했다.[25] 주택 임대인을 위한 금리 인하를 방해해온 은행과 시장을 독점하기 위해 반경쟁적 행태를 벌인 대형 슈퍼마켓들을 비판하는 기사도 내보냈다.[26]

인사이트 팀의 수많은 기사에서 선택과 경쟁이라는 자유시장의 가치는 모든 문제의 해답으로 제시되었다. 인사이트 팀은 1988년 1월의 한 기사에서 국민건강보험을 "막대한 국세가 투입되는 독점적 형태"[27]라고 비판하면서 건강보험 문제를 해결하려면 "의료 서비스 각 분야의 더 많은 경쟁을 통해서 보다 효율적인 자원 배분"이 이루어져야 한다고 주장했다. 1991년 후반, 인사이트 팀은 유럽경제공동체가 휴한지 확충을 위해 부유한 영국 휴한지 소유자들에게 보조금을 지급한 사실을 조명했다.[28] 그 1년 뒤에는 유럽경제공동체가 스페인과 크레타 섬, 포르투갈에도 보조금(대처의 한 보좌관이 "햇빛을 훔치는 일"이라고 비난한 바 있는)을 지급했음을 폭로했다.[29] 다음으로는 유럽경제공동체가 제3세계로 넘어갈 위기에 처한 그리스의 담배 농업에 지원금을 지급했다는 기사를 냈다. 이 기사는 표면적으로는 인사이트 팀의 오랜 표적이었던 담배 회사에 대한 비판으로 보였지만, "유럽연합의 막대한 지원금"을 고발하는 것이 실제 목적이었다. 이 기사가 논의된 편집회의에서 닐은 유럽연합 집행위원회의 금연 캠페인을 취재해 그들의 위선을 드러낼 것을 촉구했다.[30] 유럽연합과 그들의 보호주의를 동시에 공격하려 한 것이다.

이 시기 인사이트 팀은 새롭고 특이한 정치적 논의를 생산하려는 닐의 초창기 목표를 훌륭히 수행해냈다.

우리 신문은 급진적이고 반기득권적이다. 이는 우리가 경쟁을 선호하고 기업 간 담합에 반대하며 규제 완화와 민영화를 지지함을 뜻한다. 우리는 급진적 우익이다. 거시경제 정책에 있어 우리는 사회민주당 대표 데이비드 오언의 입장과 매우 가깝다.[31]

당시 영국의 보수당은 전통의 유지가 아니라 변화를 주장하고 있었고, 따라서 보수주의자들에게 "급진적"이라는 말은 찬사였다. 자신의 고용주와 마찬가지로 닐은 우상 파괴자, 반항아, 비주류를 자처했다. 닐은 다음과 같이 자평하기도 했다. "나는 마거릿 대처가 주장하는 것보다 훨씬 더 엄격한 시장 혁명을 촉구했다."[32]

닐은 『선데이 타임스』의 명성이 인사이트 팀으로부터 비롯된 것임을 잘 알고 있었기에 새 인사이트 팀에 집중했지만, 사람들은 새로운 인사이트 팀보다 예전의 인사이트 팀을 더 높게 평가했다. 1991년 닐은 이러한 상황에 불만을 표하며 다음과 같이 말했다. "(인사이트의) 창립 멤버들이 인사이트의 새로운 업적에 신뢰를 보내지 않는다는 사실이 매우 유감스럽다. 기득권에 대항하기 위해 그들이 사용해온 기법을 변화시켰다는 이유로, 우리는 비난받고 있다."[33]

기득권층을 타도하라

'기득권층Establishment'은 1980년대부터 1990년까지 『선데이 타임스』가 유포한 새로운 정치 언어다. 자서전에서 닐은 당시 자신이 "다양한 기득권층의 육탄전에 끼어" 있었다고 묘사했다.[34] 일반적으로 '기득권층'은 영국 지배계급을 지칭하는 느슨한 단어다. 하지만 앤드루 닐과 루퍼트 머독에게 기득권층은 두 개의 이데올로기적 적수를 의미한다. 첫 번째 적수는 자유시장과 규제 완화 그리고 민영화에 반대하는 모든 '기득권층'이다. 닐은 한 사설에서 영국의 TV 규제를 옹호하는 "방송 기득권층"을 공격한 바 있다. 1989년 보수당 보건부 장관이 영국 의료협회를 비판하고 나서자, 닐은 그 협회를 "자기 잇속만 차리려고 국민건강보험을 이용하는 의료 기득권층"이라고 비난했다.[35]

두 번째 적수는 지식 '엘리트'다. 닐의 글에서 이 엘리트 계층은 "인텔리겐치아" "시끄러운 계급" 등으로 지칭되며 "정치적으로 올바른"이라는 말로 수식된다. 1988년 『선데이 타임스』에 실린 한 사설은 "영국 기득권층"이 발전하는 경제 상황을 "경멸하고 묵살"한다면서, 공영주택을 구매했거나 민영화된 기업 이익 배당에 참여한 "영국의 보통 사람들"은 더 이상 경제 침체가 아님을 알고 있다고 했다. 그러면서 그들이 "자신의 영향력을 넓히려고 유행성 견해를 생산해내는 기득권층"보다 현명하다고 찬양했다.**36** 보통 사람들을 엘리트와 투쟁 중인 합리적인 사람으로 묘사하는 기사는 매력적일 수밖에 없고, 모든 캐리커처가 그러하듯 이는 일면의 진실을 담고 있다. 『선데이 타임스』의 전직 부편집장 휴고 영에 따르면 예전의 『선데이 타임스』는 일반 시민을 "기업의 무자비함과 교육 불평등, 그리고 인종적 편견에 시달리는 정치 권력의 희생자로 묘사"했지만 이후에는 그들을 "과거로 회귀하려는 모든 기업과 정부, 공무원에게 고통당하는" 소비자 시민으로 표현했다.**37**

　『선데이 타임스』에게 대처의 영국을 부정적으로 묘사하는 자유주의 지식인과 예술가들은 분노의 대상이었다. 닐은 다음과 같이 말했다.

> 영국의 인텔리겐치아는 그들이 살고 있는 대지로부터 점점 유리되고 있다. 그들은 대처 정부가 지지하는 모든 것을 혐오한다. 국가가 자신의 목소리를 더 이상 듣지 않음을 깨닫게 되자, 그들은 현학적인 불평이 현명한 비평으로 받아들여지는 좌익 단체로 모이기 시작했다. 지성적인 좌익이 보통 사람의 삶을 개선하기 위한 실용적인 정책을 고민했던 시절도 있었다. 하지만 오늘날의 인텔리겐치아는 보통 사람이 자신의 집을 소유하는 문제에 대해 조금도 신경 쓰지 않는다.**38**

　해외투자라는 이슈와 관련해 『선데이 타임스』는 "시끄러운 계급은 다국적기업을 '악마적'이라고 주장하지만 보통의 소비자들은 그렇게 생각하지 않는다"면서, "보통 사람이 옳으며 더 배운 이들이 틀렸다"고 말

했다.[39]

　레이건식 세금 감면을 이상적 모델로 간주해온 『선데이 타임스』에게 소득세는 중요한 경제 문제였다. 『선데이 타임스』는 1988년 재무부에 제출한 제안서에서 누진세가 아닌 일률적 과세가 절대적으로 필요하다고 주장했다.[40] 『선데이 타임스』가 이런 과감한 제안을 할 수 있었던 것은 닐이 『선데이 타임스』를 하나의 독립적 정치권력으로 생각하고 있었기 때문이었다. 게다가 일률 과세는 『선데이 타임스』의 많은 독자에게 실질적 이득을 가져다주는 것이었고 작은 정부를 지향하는 신자유주의 이상을 반영하는 것이기도 했다. 정부 규모를 축소하는 방법으로 세금을 줄이는 것보다 더 효과적인 방법이 있겠는가? 1988년 예산안에서 소득 세율이 60퍼센트에서 40퍼센트로 감소하자, 『선데이 타임스』는 그것을 자신들의 공이라며 자축했다. "꽤 오랫동안 『선데이 타임스』는 최대 40퍼센트의 소득 세율을 홀로 주장해왔다. 우리는 끊임없이 총리를 조르고 괴롭혔다." 세율 감소의 불공정함을 비판한 『파이낸셜 타임스Financial Times』와 『가디언』을 향해, 닐은 그들이 "더 이상 사유하기를 멈추고 직감에 따라 대응하고" 있으며 "더 정확한 정보를 얻기 위한 조사를 게을리하고 있다"고 비난했다. 이어 그는 노동당이 과거 보수당을 모욕적으로 지칭하던 용어를 써서 노동당을 "영국의 새로운 멍청한 정당"이라 비난했다.[41] 닐에 따르면 『선데이 타임스』가 세금 감면을 열정적으로 주장한 것은 "높은 세금이 '정의'와 '공정함'의 상징이라 믿고 있는 중도 좌파에게 정면으로 도전한 행동"이었다.

　닐이 주도한 또 다른 캠페인은 유럽 통합과 관련된 것이었다. 한때 유럽 통합을 지지했던 『선데이 타임스』는 1991년에 이르러 영국이 미국과 유럽 통합 모델 사이에서 하나를 선택해야 한다고 압박했다. 이후 유럽과 미국의 공공의 적이었던 소련이 붕괴하자 루퍼트 머독은 유럽 통합 반대를 자신의 가장 중요한 신념으로 삼았고, 이 신념은 토니 블레어가 이끄는 1990년대의 새로운 노동당에게 영향을 미쳤다. 이 시기 『선데이 타임스』의 급진적인 변화는 "좌우를 막론하고 정치적 기득권이 내린 합의"를 공격하고 있는 닐의 한 사설에서 잘 드러난다. 이 사설은 정치적 기득권층이 "유럽 모델의 사회적 시장경제●를 지원하고 있으며" "정부 통제와 자유시장의 매끄럽지 않은 공존 속에서 강력한 집단주의가 자본주의를 쇠퇴"시키고 있다고 주장한다.42 『선데이 타임스』는 "전통적인 유럽식 혼합 경제가 큰 문제를 안고" 있고 "유럽의 산업이 과대평가된 통화와 값비싼 노동력, 비능률적 작업 환경, 너무 많은 정부 규제로 허덕이고 있다"고 주장하며 "하나의 급진전 대안"을 지지하고 나섰다.

대처는 임기 초기에 신자유주의 경제학자 밀턴 프리드먼이 제안한 교육 바우처 제도를 이용해 영국의 교육 시스템을 수정하려 했다. 바우처 제도가 교육 분야의 시장주의를 유도하면 전반적인 교육의 질이 향상될 것이라고 믿었기 때문이다. 이 계획은 비현실적이라는 이유로 폐기되었다. 1990년대에 이르러 정부 규제에 대한 반대가 경제 분야를 넘어 교육과 같은 사회문화적 문제에까지 확장되자, 『선데이 타임스』는 과거에 폐기된 대처의 계획을 환기시켰다.

● 사회보장제도의 틀 안에서 행해지는 자유시장 경제.

학생을 위해 학교들이 경쟁하고 학교가 유치한 학생 수에 비례해 재정이 지원되는 교육 시장이라는 발상이 제대로 이해되지 못한 채 호도되고 있다. (…) 좋은 평판을 쌓는 학교는 계속해서 번창하고 성장할 것이고, 학부모에게 나쁜 인상을 준 학교는 쇠퇴하고 사라질 것이며, 학생들은 더 좋은 학교에 배치될 것이다.[43]

이런 자유시장적 교육정책은 머독이 줄곧 주장한 바였지만, 그것이 실현되기까지는 얼마간의 시간이 필요했다. 한편 영국의 복지 정책을 둘러싼 『선데이 타임스』의 공격은 보다 격렬하고 극적으로 전개되었다.

하층계급: 우리들 속의 몬스터

1980년대 후반에 이르러 대처의 혁명은 동력을 잃어갔다. 대처의 인기도 시들해졌을 뿐만 아니라, 규제 완화에도 불구하고 경제는 정체기에 빠졌다. 대처 정부가 들어선 지 10년이 지나자 한때 급진적이라고 인정받았던 대처의 발상들도 그 자체로 하나의 통념이 되고 말았다. 통념과 싸우려는 『선데이 타임스』의 끈질긴 본능은 새로운 적수를 찾아야만 했고, 편집장 앤드루 닐은 마침내 자신이 제거해야 할 '정치적으로 올바른' 거인들을 발견했다. 복지국가라는 개념을 내세우는 거인들이었다. 이 새로운 표적을 향한 『선데이 타임스』의 반응은 1960년대 미국 신보수주의자들이 존슨 행정부의 사회정책에 퍼부었던 맹공과 유사했다. 복지 정책에 대한 광신도적 반대 운동의 핵심적인 인물은 보수주의 싱크탱크인 미국 기업 연구소의 이데올로기적 정치학자 찰스 머리였다. 복지 정책에 대한 머리의 견해는 1982년에 어빙 크리스톨의 잡지 『퍼블릭 인터레스트Public Interest』에 처음 등장했고, 1984년에 발간된 그의 논쟁적이고 영향력 있는 저서 『퇴보Losing Ground』를 통해 소개되기도 했다. 이 책은 실업과 가난, 차별, 편부 편모 가정에 대한 1960년대의 복지 정책이 오히려 사회 문제를 악화시켰다고 주장했다. 『퇴보』 출간 몇 주 후, 『워싱턴 포스트』는 세 편의 사설을 실어 머리의 견해를 소개했고, 그 책은 1980년대 레이건 행정부의 정치적 정책적 의제를 형성하게 되었다. 1985년 레이건은 머리를 보건후생부 차관보 후보로 고려하기도 했다.[44]

『퇴보』를 읽고 "복지에 대한 머리의 명철한 판단"에 감명받은[45] 앤드루 닐은 1989년 어윈 스텔저를 통해 머리를 영국에 초대했다. (훗날 『뉴욕타임스』와의 인터뷰에서 머리는 스텔저가 "대부" 같았다고 말한 바 있다.)[46] 머리는 자신이 "하층계급underclass"이라 부르는 집단이 영국에서도 형성되고 있는지에 관한 선풍적인 연구를 계속 진행했고, 같은 해 5월 영국 사회보장부 장관 존 무어와 두 차례의 회동을 가졌다. 11월에는 『선데이 타임스 매거진Sunday Times Magazine』에 영국의 하층계급 출현이 멀지 않았다는 주장이 담긴 머리의 긴 에세이가 실렸다. 머리는 이 하층계급을 "보통의 영국인들과 다른 세상에 살고 있으며 이웃 전체에 자신의 가치관을 전염시키는 육체적으로 건강한 취업 연령의 인구들"로 정의했다.[47] 또한 하층계급을 '사생아' '범죄 가담' '노동 거부'와 같은 단어들로 정의했는데, 그중 '사생아'라는 단어는 정상적인 아버지가 부재하는 하층계급 가정이

범죄 예방과 노동 장려라는 사회적 시민적 규준을 위협함을 암시하고 있었다. 머리는 이런 문제가 『선데이 타임스』 독자에게 이제는 매우 친숙해진 "지식인의 통념" 때문에 토론의 주제로 부상하지 못했다고 불평하면서, 바로 그것 때문에 사람들이 주요 사회문제의 징후를 포착하지 못하고 있다고 주장했다. 머리는 좌익 인사와 지식인들은 줄곧 범죄가 중요한 사회문제임을 인정하지 않았으며, 마거릿 대처가 물러나면 마치 모든 문제가 해결될 것처럼 굴었다고 말했다. 머리가 이 문제에 대한 해결책으로 제시한 것은 정부 개입 축소라는 자유시장 이념뿐이었다.

널은 머리의 '연구'를 환영하는 한 사설을 통해, 하층계급이 사회복지 정도와 무관하게 얼마나 "사회 일반으로부터 유리되어 있고 사회로의 재합류를 거부하고 있는지"를 묘사했다. 그 사설에서 하층계급은 "약물, 일상적 폭력, 경범죄, 사생아, 노숙, 노동 기피, 관습적인 가치들에 대한 경멸"로 정의되었다.[48] 이후 몇 년간 『선데이 타임스』는 공교육 실패와 '막돼먹은 문화yob culture'의 확장, 불결한 빈민 주거 단지 같은 문제들을 다룰 때 머리의 견해를 인용했다.[49]

『선데이 타임스』에 실린 머리의 글들은, 모든 문제를 지식인에 대한 비난으로 돌리는 포퓰리즘 전략을 고수하면서 "빈민 산업poverty industry"을 지배하고 있는 지식인들은 "패륜적 범죄 급증이 야기한 피해들, 보통 사람들의 눈에는 너무나 분명한 이 피해들을 끈질기게 부인해왔다"고 말했다.[50] 다시 한 번 자신의 입장을 통념에 대한 비주류의 반항으로 강조한 것이다.

머리와 널의 복지국가 반대 캠페인은 당시 한 회의에서 "진정 가난하고 도움이 절실한 이들은 저버리며, 우리 사회를 분열과 적의로 물들이는 사회복지라는 개념을 모든 미디어가 무비판적으로 받아들인다는 사실"에 유감을 표한 머독의 견해에 부합하는 것이었다.[51] 사실 머독은 『선데이 타임스』의 캠페인이 성에 차지 않았다. 닐은 급진적 개혁은 필요하지만 모든 사람을 위한 최소한의 안전망은 필요하다고 머독에게 말한 적이 있다. 이에 머독은 다음과 같이 대답했다. "그래요, 아마도 그렇겠죠. 하지만 최소한이어야 합니다."[52] 이후 머독은 정기적으로 열리는 애스펀 콘퍼런스에서 머리에게 연설을 요청했다.

영국의 도심 지역에서 폭동이 발발한 1990년대 초반, 『선데이 타임스』는 머리의 견해를 지지하는 사설과 기사들을 실었다.[53] 1993년에는 머리가 직접 자신의 견해를 구체적으로 밝힌 글을 싣기도 했다. 그 글에서 머리는 "지식인의 통념에 대한 저항"을 촉구했다. 또한 정부가 미혼모에 대한 재정 지원을 중단하고 결혼 장려를 위한 법을 시행할 것과, 경제력이 없는 미혼모 슬하 아이들을 위해 "좋은 시설과 직원을 갖춘 고아원"을 설립하고 입양을 장려할 것을 주장했다.[54] 당시 경제 연구소IEA는 입양 장려 캠페인을 벌이고 있었고, 그 연구소가 발행하는 『IEA 인사이더』는 입양을 "궁극적 민영화, 국가의 관리와 보호로부터 아이들을 데려오기"라고 묘사했다.[55] 미국 민주당 행정부의 보건부 장관 도나 샬레일라는 입양과 고아원에 대한 머리의 발상을 굶주림에서 벗어나기 위해 아이들을 잡아먹는 아일랜드인이 나오는 조너선 스위프트의 풍자 에세이 『겸손한 제안A Modest Proposal』에 비유했다.[56]

머독의 싱크탱크

찰스 머리의 영국 방문과 그의 견해에 대한 언론의 관심은 1990년대에 형성된 『선데이 타임스』와 IEA 사이의 연대를 반영한다. 1950년대에 출범한 IEA는 '경제적 자유주의'로 정의되는 비주류 경제학을 주창하는 단체였다. 이 단체의 핵심적인 신념은 경제 시장의 압도적 우수성이었고, 오스트리아의 경제학자이자 철학자 프리드리히 하이에크가 IEA를 대표하는 이데올로그였다. 마거릿 대처가 총리로 당선된 1979년 직전, 전통적 경제학의 쇠퇴와 함께 IEA의 영향력이 증가하기 시작했다. 이곳이 없었다면 자신의 정부는 아무것도 이룩하지 못했을 거라는 대처의 발언이 반영하듯, IEA는 대처에게 매우 중요한 단체였다.[57] 앤드루 닐의 『선데이 타임스』는 정기적으로 IEA의 활동을 보도했고 그들의 논쟁적 논문을 게재하기도 했다.

찰스 머리는 영국에 도착해서 가장 먼저 축구폭력football hooliganism에 의한 가족 와해를 주제로 한 IEA 콘퍼런스에 연사로 참석했다. 그는 그 자리에서 복지 단체 또한 사회 와해와 혼란에 책임이 있다고 말했다.[58] 『선데이 타임스』에 게재된 머리의 첫 칼럼을 IEA는 즉시 논문으로 출판했고, IEA 회원 데이비드 그린은 그 논문 서문에서 가난은 가난한 자들의 책임이라는 사회적 낙인을 다시 한 번 환기시켰다.[59] 그 밖에 많은 머리의 글이 IEA와 『선데이 타임스』가 공동 출간한 논문으로 유포되었다. 이는 『선데이 타임스』가 자신들의 이데올로기적 입장을 공식적으로 표명한 것이나 마찬가지였다. 앤드루 닐은 1993년 IEA 연례회에서 기조 연설을 했으며, 1994년 IEA가 발간한 논문「하층계급: 깊어가는 위기」의 표지에는『선데이 타임스』의 로고가 선명하게 박혀 있었다.『선데이 타임스』는 1000여 명이 참석한 IEA의 런던 포럼을 후원하기도 했다.

『선데이 타임스』와 IEA의 관계는 특정한 우익 싱크탱크에 대한 닐의 개인적 선호가 반영된 결과만은 아니었다. 양자의 지적 유대와 정치적 연대는 닐이 사임한 1994년 이후에도 계속되었다. 1996년에 발간된「찰스 머리와 하층계급: 계속되는 논쟁」과 1998년에 발간된「감옥이 작동하는가?」를 포함한 다수의 논문도 이 양자의 공동 출간이었다. 진정한 결속은 IEA와 루퍼트 머독 사이에 존재했던 것이다.

IEA의 창립자이자 1988년에서 2001년까지 소장을 역임한 랠프 해리스 공은 머독의 타임스 뉴스페이퍼스 홀딩스Times Newspapers Holdings의 사외이사로 재직했다. IEA의 지적 영향력은 TV 사업으로 진출하려는 머독의 캠페인에 동원되기도 했다. 1990년 IEA의 연구위원이자 편집위원인 센토 벨자노프스키는 신문 경영인의 위성 TV 소유가 미디어 시장의 다양성을 위협하지 않을 것이라는 골자의『오늘날 영국의 미디어The Media in Britain Today』라는 책을 냈다. 벨자노프스키는 그 책을 출판한 뉴스 인터내셔널로부터 어떠한 영향도 받지 않았다고 주장했다.[60] 1년 뒤에 한 학자가 머독이 BSkyB를 소유하면 "막대한 미디어 권력이 루퍼트 머독 한 사람의 손아귀에 집중되는 결과를 초래할 것"이라고 주장하자 벨자노프스키는 강력히 반박했다. 그에 따르면 영국은 세계에서 가장 경쟁이 치열한 신문 시장을 가지고 있고, 그 학자는 "사업에서의 성공과 독점"을 혼동하고 있었다.[61] 뉴스 인터내셔널의 신문들이 IEA의 정치적 학문적 의제들을 대중에 알려왔다는 사실은 둘 사이의 연대를 더욱 분명히 보여준다.

방송국 설립권 민영화하기

자신이 지지하는 자유의 가치를 금전적 이익과 결합해서 생각해온 머독의 방식은 그의 이데올로기적 자세를 이해하는 데 큰 도움이 된다. 1989년에 앤드루 닐과 어윈 스텔저의 도움으로 작성된 머독의 한 연설문은 영국 TV 방송 정책의 전복을 호소하고 있는데, 이는 가치관과 이윤이 결합되는 방식을 잘 보여준다. 머독은 그 연설문을 에딘버러 국제 TV 페스티벌이 주최하는 유명한 강연 프로그램 '맥타가트 강연'에서 낭독했다. 머독은 에딘버러가 낳은 19세기 경제학자이자 자유시장 철학의 주창자인 애덤 스미스를 언급하면서, 시청자의 더 많은 선택권을 보장하기 위해 영국 방송을 시장 원칙에 따라 개혁할 필요가 있다고 주장했다. 머독은 방송 기득권층이 오랫동안 영국 TV 시장을 점유해왔기에 시청자들의 선택의 폭이 넓지 못했다면서 "영국 TV를 통제하는 이들은 항상 공공 보조금과 정부가 제공한 특권의 보호 아래 일했기에, 선천적으로 시장과 경쟁에 거부감을 느낀다"고 말했다. 또한 미국 TV 방송이 "이 나라 선동가들에 의해 부도덕한 것으로 묘사되는 한" 영국 TV를 세계 최고로 만들겠다는 기득권층의 주장은 빈말이 될 수밖에 없다고 했다. 그는 규제 없는 미국식 복수 채널 환경이 되면 영국의 공영방송 BBC는 그 질을 유지하기 어려울 것이라는 일부의 주장을 반박했다.

영국 방송을 통제하고 있으며 자신의 취향이 높다고 생각하는 소수 엘리트들의 가치관을 반영한다고 영국 TV 방송의 질이 높아지는 것은 아닙니다. (…) 공영 TV 시스템은 반상업적이고 과거 지향적인 태도를 가진 특정 계급에 집착하는 TV 콘텐츠를 유포함으로써 영국 사회에 부정적인 효과를 낳아왔습니다.

머독은 "억압적인 영국 억양으로 가득하고 엄격하게 구조화된 계급 질서로 귀결되는 드라마들"을 규탄했다. 몇 차례에 걸쳐 그는 공익이라는 관념을 공격했다.

나는 공영 TV 방송에 관한 어떠한 그럴싸한 정의도 들어본 적이 없으며, 자신의 방송은 공익을 반영하기에 계속 특혜를 받아야 한다고 대중에게 호소하는 영국 방송 엘리트에 대해 회의적입니다.**62**

많은 이가 이 연설을 자신이 지상파 TV 방송국을 사는 것을 허용해달라는 머독의 가증스러운 요구라며 일축했다. 6개월 뒤, 머독은 네 개의 위성 채널을 가진 스카이 TV 방송을 개설했다. 사실 머독의 연설은 그가 바라는 민영 방송 시스템 구축에 최대의 걸림돌이 되는 BBC를 겨냥한 것이었다.

포퓰리즘의 승리자

1990년 마거릿 대처가 마침내 물러나자 앤드루 닐은『선데이 타임스』의 정치적 입장을 분명히 드러냈다.

『선데이 타임스』는 포클랜드 전쟁, (타협을 종용하는 다른 이들을 뿌리치고 얻어낸) 광부 파업에서의 대승, 크루즈 미사일 배치, 영국 기지에서부터 시작된 미국의 트리폴리 공습,● (…) 민영화, 과감한 세율 축소를 포함한 영국 시장경제 경쟁력 증진을 위한 조치 등 대처의 모든 과업에 함께했다. 대처의 전투는 곧 우리의 전투였다.

그러나『선데이 타임스』의 이데올로기는 앤드루 닐이 밝힌 것보다 훨씬 과격하고 복잡했다. 편집장 닐 아래에서『선데이 타임스』는 '시장 포퓰리즘market populism'이라는 말이 가장 어울리는 정치적 담론을 유포했고, 이는 지금까지도 많은 반향을 불러일으키고 있다.『선데이 타임스』는 시장경제주의가 보통 사람들을 지지한다고 옹호했고, 시장경제 비판자들은 자기밖에 모르는 기득권층이나 엘리트층이라고 비난했다.『선데이 타임스』의 견해는 시장이 "선거보다 훨씬 명확하고 의미 있게 대중의 이익을 대변해왔다"는 미국 작가 토머스 프랭크의 주장과 동일하다.**63**

이러한 견해는 '대처리즘'이라는 단순한 용어로 표현되기도 하지만,

● 1986년 4월 15일 리비아 트리폴리로 향했던 미군의 폭격기가 영국의 지원을 받아 영국 기지에서 이륙했다.

사실 리처스 닉슨 이후 부활한 공화당의 일부 포퓰리즘적 우익으로부터 생겨난 것이다.[64] 『선데이 타임스』가 사용해온 정치적 언어들이 1983년에 출간된 공화당 이데올로그 리처드 비거리의 저서 『기득권층 대 대중The Establishment vs. The People』에 등장하는 언어와 유사하다는 사실에 주목해야 한다. 리처드 비거리는 이 책에서 기득권층 엘리트는 증세를 주장하고 시장에 적대적이기에 좌익이라고 규정한다.[65] 『선데이 타임스』의 담론은 레이건 시대의 신보수주의를 상기시키기도 한다. 신보수주의는 미국의 모든 사회문제에 대한 책임을 막 부상한 "새로운 계급"에 전가하면서 자신들의 정치적 입장을 구축했다. 새로운 계급이라는 이 모호한 표현은 보수주의의 반발을 산 다수의 정책을 제시한 지식인층을 겨냥한 것이었다.[66] 그들은 존슨 시대의 복지 정책을 지지했고,• 베트남전에 반대했다. 그러나 신보수주의의 견해에 따르면 겉으로는 "보통 사람들"이나 공익에 관심을 표하나 진짜 관심은 정치적 영향력 증진에만 있는 "사회를 염려하는 척하는 엘리트주의자들"이다.[67] 『선데이 타임스』의 이데올로기적 입장은, 앤드루 닐과 루퍼트 머독이 새롭게 세례받은 신보수주의의 영향을 받은 것이었다.

• 미국의 제36대 대통령 린든 존슨은 기초 복지 제도를 도입한 인물이다.

제*6*장

자유주의 앞지르기

내 친구 테드 터너에게 무슨 일이 벌어졌는지, 그가 제인 폰다와 결혼했는지, 리튬●을 끊었는지 알지 못하지만, 이런저런 일들로 지난 몇 년간 CNN은 너무 많이 변했다. (…) CNN이 점점 더 왼쪽으로 기울고 있다. (…) 우리는 지금이 CNN에 도전해야 할 때라고 생각한다.[1]

루퍼트 머독, 1995

나에게 '냉전 그 이후'란 존재하지 않는다. 미국의 삶 곳곳이 자유주의적 에토스로 무 자비하게 부패한 이상 나의 냉전은 종식되기보다 더욱 격렬해졌다. (…) 나는 우리가 미 국 민주주의의 전환점에 도달했다고 믿는다. 하나의 냉전은 끝났을지 모르지만 진짜 냉전은 이제 시작되었다.[2]

어빙 크리스톨, 1993

1992년 6월, 애스펀의 콘퍼런스 센터에서 열린 한 토론회에 미국 주 요 보수 지식인 몇몇이 패널로 참석했다. 한 TV 방송국 고위 간부의 연설 이 끝나자, 잘생긴 남자 하나가 무대로 올라와 천천히 셔츠와 바지를 벗 더니 속옷까지 벗었다. 사회를 담당했던 유명 공화당원 린 체니는 충격에 빠졌고, 객석에 앉아 있던 그녀의 남편 (당시 부시 행정부의 국방부 장관이 던) 딕 체니도 깜짝 놀랐다. 일부는 소심하게나마 웃었지만 아내 안나와 함께 스트리퍼 가까이 앉아 있던 루퍼트 머독은 결코 웃을 수 없었다.

● 조울중 치료제 성분.

머독의 뉴스 코퍼레이션이 개최한 이 토론회의 청중석에는 다수의 신문 편집장과 TV 뉴스 연출자, 20세기 폭스 사의 간부는 물론 마거릿 대처의 전직 보좌관 찰스 파웰 경, 주미 호주 대사 마이클 쿡, 자유시장 미래주의자 조지 길더 등이 앉아 있었다. 스트립쇼 직전에 연설을 한 사람은 당시 36세에 불과했던 자신감에 찬 폭스 텔레비전 대표 스티브 차오로, 「캅스Cops」「일급 지명수배자들America's Most Wanted」「스터스Studs」와 같은 프로그램들을 성공시킨 인물이었다. 그 스트립쇼는 콘퍼런스 센터의 직원을 시켜 차오가 직접 계획한 것으로 밝혀졌다. 차오는 자신의 경력 내내 때로는 용감하고, 때로는 충격적인 혁신을 만들어온 인물이었다. 하버드에서 MBA를 획득했고 2년간 타블로이드지 『내셔널 인콰이어러』에서 일하기도 했던 그는(UFO를 추적하기 위해 라틴아메리카를 여행하기도 했다), 폭스 텔레비전 입사 후 9년 만에 폭스의 정상에 올랐다. 폭스 텔레비전의 성공 대부분은 차오 자신의 성공이기도 했다. 하지만 그날의 사건으로 머독은 차오를 해고했다.

몇몇 논평가는 뉴스 코퍼레이션의 『선』이 수년간 여성 나체 사진을 게재해왔다는 사실을 들어 차오의 해임이 위선적인 조치였다고 꼬집었다. 머독의 무료 방송국 폭스 텔레비전도 CBS, NBC, ABC와 같은 유명한 방송국과 경쟁하기 위해 성적이고 폭력적이고 대립적인 드라마confronting drama를 방영했기에 그러한 지적은 당연한 것이었다. 보수 진영도 폭스의 선정성에 대해 일찍이 비난한 바 있다. 사실 스트리퍼에 의해 중단된 이 토론회의 주제도 폭스를 향한 보수 진영의 비난에 실린 모순성에 관한 것이었다. 섹스와 폭력이 난무하는 프로그램으로 폭스가 성공할 수 있었던 것은 자유주의 시장경제를 원칙으로 삼았기 때문인데, 그런 원칙을 지지하는 보수주의자들이 왜 폭스를 비난한 것일까? 미국 기업 연구소의 일원이자 머독의 참모였던 어윈 스텔저가 제시한 이 토론회의 의제 "현대 문화가 초래한 민주자본주의에 대한 위협"은 이 중요한 딜레마를 표현하고 있다.

그 토론회의 패널석에 앉아 있던 참석자들은 1990년대에 뉴스 코퍼레이션에 이데올로기적 영향력을 미친 사람들이었다. 마이클 메드베드는 할리우드 자유주의자들이 미국의 도덕적 가치를 체계적이고 의도적으로 변질시켜왔다는 주장을 담은 『할리우드 대 아메리카』의 저자였고, 『뉴욕 포스트』의 전직 편집장 존 오설리번은 당시 미국의 보수주의를 선도하던 잡지 『내셔널 리뷰National Review』의 편집장이었다. 신보수주의의 '대부'이자 『퍼블릭 인터레스트』의 편집장 어빙 크리스톨 역시 페널석에 있었다. 크리스톨은 검열은 지배적 도덕관념의 반영이라는 점에서 허용되어야 하며 TV 속의 대중문화는 아이들의 가치관 형성에서 부모의 역할을 몰수한다고 주장했다. 메드베드는 영화와 TV가 대중에게 많은 영향력을 행사한다는 사실을 인정했다. 그렇지 않다면, 왜 수많은 기업이 막대한 비용을 광고에 투입하겠느냐고 그는 되물었다. 하지만 R등급● 영화가 PG등급●● 영화보다 더 많은 관객을 끌어들이는 것은 아니라는 점을 들어 시장에서의 성공을 위해 폭력성을 강조한다는 말은 정당화될 수 없다고 주장했다. 메드베드는 할리우드 영화 산업 엘리트들이 R등급 영화 범람 현상에 책

● 성인과 동반하지 않으면 17세 미만은 관람 불가인 영화.
●● 부모의 지도하에 미성년자들이 관람할 수 있는 영화.

임이 있음을 암시하기도 했다. 그러나 차오는 검열에 반대하는 사람이었다. 그래서 현실에서 펼쳐지는 외설적인 사건이 문제지 문화 콘텐츠 안에서 등장하는 누드나 섹스는 별 문제가 아니라는 점을 강조하기 위해 스트립쇼를 계획한 것이었다. 또한 차오는 TV 콘텐츠를 좌우하는 막강한 자유주의 엘리트는 존재하지 않는다고 말했다.[3]

머독의 문화 전쟁

애스펀 콘퍼런스가 열린 시기는 전 세계의 정치 상황이 새로운 물결에 직면한 때였다. 그 1년 전에 '악마의 제국' 소련이 갑작스럽게 무너졌기 때문이다. 많은 사람이 냉전 종식과 그에 따른 새로운 물결을 목격하고 있었다. 이 물결로 인해 애스펀 콘퍼런스 이후에 실시된 미국 대선에서 젊고 총명한 빌 클린턴이 당선되었다. 한편 냉전 종식은 보수 진영의 내분을 초래했다. 1992년 공화당 전당대회에서 팻 뷰캐넌은 "미국의 영혼을 위한 종교적 전쟁"을 호소하고 "우리 대중문화를 오염시키고 있는 포르노그래피라는 오물"을 비난하며 당원들을 자극했다. 뷰캐넌은 "병역기피자이자 게이 지지자며, 급진적 페미니스트와 결혼한 애송이" 빌 클린턴에 대항할 공화당 대통령 후보로 별다른 매력 없는 조지 H. W. 부시를 추천했다.

1990년대 초, 루퍼트 머독은 자신의 정치적 플랫폼을 완전히 상실한 상태였다. 1980년대 중반 영화제작사 20세기 폭스를 헐값에 인수하고 미국에서 네 번째로 큰 TV 네트워크를 구매하기 위해 미국 시민이 되기까지 했지만, 1988년 그토록 사랑했던『뉴욕 포스트』를 잃고 나서 더 이상 신문 매체에 영향력을 행사할 수도 정치에 관여할 수도 없게 되었다. 그의 TV 네트워크와 영화제작사는 오락물을 제작하는 회사이지 사설을 게재하는 회사는 아니기 때문이었다.

로널드 레이건의 임기가 끝나자 머독은 더욱 급격히 우경화되었다. 1988년 공화당 대통령 후보 경선에서 머독은 종교적 우익의 대변자인 팻 로버트슨에 대한 자신의 지지를 동료들에게 알렸다. 로버트슨은 "모든 이슈에서 철저한 우익"이었다.[4] 당시 로버트슨은 러시아가 쿠바에 미사일을 보유하고 있으며 자신은 직접 신과 소통한다고 주장했다. 그는 페미니즘이 여성들에게 "남편을 떠날 것을, 자녀를 죽일 것을, 마녀의 주술에 심취할 것을, 자본주의를 파괴할 것을, 레즈비언이 될 것을" 권장한다고 말한 적도 있다.[5]

1992년 대통령 선거에서 머독은 우익의 독불장군 로스 페로를 지지하며 자신이 그를 "아주 잘" 안다고 말했다. 페로는 1991년에 걸프전에 반대하면서 정부는 지출을 줄이고 미국인의 일자리를 보호해야 한다고 주장했다.[6] 다음 해에 무소속으로 대선에 출마해 포퓰리즘적 캠페인을 펼친 그는 공화당 표를 분산시켜 결과적으로 클린턴의 승리를 이끌어냈다.

머독은 1990년대부터 미국 정치권에서 자신의 목소리를 내기 위해 언론 매체를 확보하기 시작했다. 1993년에는 미국에서 가장 영향력 있는 도시에 기반한『뉴욕 포스트』를 재인수했고, 1995년에는 미국 신보수주의 근거지인 워싱턴 D. C.에서『위클리 스탠더드』를 창간했다. 1996년에는 현재까지 미국 정치의 의제 설정에 막대한 영향력을 행사하고 있는 폭스 뉴스를 개국했다. 이 모든 시도는 위험한 도박이었다. 실제로『뉴욕 포스트』와『위클리 스탠더드』는 시작부터 적자를 면치 못했지만, 머독에게는 이윤보다는 보수주의 전파가 중요했다. 오직 폭스 뉴스만이 보수주의 전파와 막대한 이윤이라는 두 마리 토끼를 잡을 수 있었다.

1990년대에 '보수주의 혁명'이라는 별명이 붙은 승리주의적 보수 정치학이 등장하자 머독은 기회가 왔음을 본능적으로 깨달았다. 그 시기는 또한 주류 대중매체에 대한 미국인들의 의심이 증가했던 때였다. 머독은 엉뚱하게도 이런 대중의 의심을 '자유주의 미디어'에 대한 자신의 적개심과 일치하는 것으로 해석했다. 그리하여 머독은 대중매체에 대한 대중의 의심에 편승해 반미디어적이고 주류에 비판적인 새로운 언론을 발명했다. 머독의 취향에 딱 들어맞는 새로운 언론은 정치적 올바름을 설파하는 권위주의적 엘리트를 비난했다. 1996년에『타임스』는 클린턴 대통령, 연방준비제도이사회 의장, 마이크로소프트의 빌 게이츠에 이어, 루퍼트 머독을 미국에서 네 번째로 영향력 있는 인물로 선정했다.

1992년부터 1993년 초반까지, 루퍼트 머독은 애지중지했던『뉴욕 포스트』의 급격한 판매 부수 감소를 씁쓸히 지켜봐야 했다. 1988년 머독에게서 부동산 개발자 피터 캘리코에게 넘어간 이 신문은 1993년 또다시 건축업자 에이브 허슈펠드에게 넘어갔다. 하지만 허슈펠드의 편집 방침은 직원들의 반대에 부딪혔고, 마침내『뉴욕 포스트』1면에 "에이브 허슈펠드는 물러나라!"라는 외침이 실렸다. 또 다른 면에는 "『뉴욕 포스트』를 인질로 붙들고 있는 사람은 누구인가?"라는 문구가 등장했다.

허슈펠드의 재정적 위기가 머독에게 『뉴욕 포스트』를 재인수할 기회를 제공했다. 민주당 소속 뉴욕 주지사 마리오 쿠오모는 TV 방송국과 신문 겸영 금지 조항을 머독에 한해 면제한다는, 훗날 뼈저리게 후회할 중대 결정을 내렸다. 수백 명이 일자리를 잃게 될 위급한 상황에서 오직 머독만이 그 신문을 인수할 수 있었기에 내린 결정이었다.

한 차례 법적 공방이 있었지만 1993년 3월 29일 허슈펠드의 파산 소식이 전해지자 30분 만에 판사는 머독의 인수를 허락했다. 그리하여 루퍼트와 그의 아들 라클런은 『뉴욕 포스트』 보도실에 당당하게 입성할 수 있었다. 1988년 이후의 암흑기 동안 희미한 불꽃을 지켜온 『뉴욕 포스트』의 직원들은 그들을 환영했다. 보도실에 마련된 나무 상자에 올라선 머독은 직원들에게 다음과 같이 말했다. "신문은 중요한 논쟁을 유발하여 많은 일을 해낼 수 있습니다. 언론은 돈벌이가 아닙니다. 언론은 무엇인가를 확립하는 것이고 사회를 개선시키는 것입니다." 머독은 또한 『뉴욕 포스트』의 사명은 거물과 대결하고 반기득권층을 자처하는 것이라고 말했다. 그는 특히 『뉴욕 포스트』가 자신을 '엘리트화' 되었다고 비난했던 『뉴욕 타임스』와 대결하기를 원했다.[7] 머독의 귀환에 가장 큰 피해를 입은 『뉴욕 포스트』의 임직원은 자유주의적 편집장 피트 해밀이었다. 전 경영주에 대한 기자들의 저항을 이끈 공로에도 불구하고, 해밀은 "정치적 공존 불가능성"을 이유로 곧 해임되었다.[8] 머독이 회사의 중추가 된 것이다.

『뉴욕 포스트』는 머독의 발언을 독자들에게 전하기 시작했다. 그의 귀환은 공공 정책에 대한 논쟁에서 "하나의 대안적 목소리를 제시할 것"

임을 의미했다. 또한 다른 신문과 달리 "정치적으로 올바른 길을 피할" 것임을 의미했다.[9] 머독은 『뉴욕 포스트』를 통해 엘리트층을 적으로 선언했다. 1990년대 미국 정치판을 지배하기 시작한 포퓰리즘적 보수주의의 입장과 일치하는 말이었다. 또한 그는 언론은 돈벌이가 아니라 사회 개선을 위한 것이라고 말했다. 머독이 재인수한 뒤에도 『뉴욕 포스트』는 1년간 1억 달러의 적자에 시달렸지만, 그의 눈에 이 신문은 공적 토론 개선에 기여하고 있는 것으로 보였기에 손해를 감수했다.[10]

『뉴욕 타임스』는 머독의 무차별적 공격에 대한 반격에 나서, 머독이 『뉴욕 포스트』를 구제했을지는 모르나 "그가 미국 언론에 건강한 영향을 미칠 것이라는 기대는 환상에 불과하다"고 단언했다. 『뉴욕 타임스』는 『뉴욕 포스트』의 타블로이드지적 성격을 문제삼지는 않았다. 진짜 문제는 "머독의 신문이 정치적 직업적 측면에서 정직하지 못하다는" 사실 그리고 "그가 자신의 신문을 정치적 동지들에게 무기로 제공하고, 나아가 보수주의를 유포하는 데 사용"한다는 점이었다.[11] 머독은 언론 윤리라는 이상에 무지할 뿐만 아니라 무관심하다고 『뉴욕 타임스』는 비판했다.

머독은 분노했다. 다음 날 『뉴욕 포스트』는 머독의 귀환이 무엇을 의미하며 앞으로 머독이 취할 정치석 자세가 무엇인지를 드러내는 길고 분노에 찬 사설로 『뉴욕 타임스』에 응수했다. 이 사설의 도입부는 파격적이게도 머독과 『뉴욕 포스트』가 하나의 "이데올로기적 방향"을 고수하고 있음을 인정했다. 이어 "미국 언론 매체를 지배하고 있는 자유주의자들과 좌익들은 자신들 역시 특정한 이데올로기에 의해 움직이고 있다는 사실을 인정하지 않고 있다"며 『뉴욕 타임스』가 위선적이라고 비난했다.[12]

『뉴욕 포스트』는 이를 증명하기 위해 소수집단 우대 정책affirmative action●
과 게이 인권을 지지하는 『뉴욕 타임스』의 사설들을 예로 들었고, 그런
사설들은 차치하더라도 『뉴욕 타임스』의 보도는 명백히 자유주의 편향적
이라고 비판했다. 『뉴욕 포스트』는 세계를 엄격한 이데올로기적 언어로
이해했다. 즉 모든 사람은 알게 모르게 하나의 이데올로기적 힘을 대표
한다고 보았다. 흥미롭게도 이는 이데올로기와 주체에 대한 마르크스주
의의 주장을 뒤집어놓은 견해였다. 며칠 뒤, 머독은 '편집주간'으로 임명
되어 그의 이름이 『뉴욕 포스트』의 사설면 꼭대기에 등장하기 시작했다.
이는 『뉴욕 포스트』의 정치적 노선이 머독의 견해와 일치한다는 사실을
드러내는 것이었다.

머독은 즉시 자신의 이데올로기적 파수견 에릭 브라인덜을 사설면
책임 편집자로 복귀시키고 오피니언 면을 늘리는 등의 조치를 취했다. 머
독에게 사설과 오피니언 면은 신문의 핵심이었고 이는 『뉴욕 포스트』를
다른 타블로이드지와 차별되게 만들었다. 『뉴욕 포스트』는 유명 인사에
대한 선정적 보도라는 타블로이드지의 고전적 형식을 유지했지만, 오피
니언 면에는 미국 기업 연구소, 맨해튼 연구소, 후버 연구소 소속 칼럼니
스트들의 진지한 글을 실었다. 『뉴욕 포스트』의 오피니언 면은 그 규모와
지적 수준에 있어 영국 『선』의 오피니언 면을 월등히 앞섰다.

『뉴욕 포스트』는 머독이 귀환하기 전에는 동성애에 대한 원색적 혐
오를 삼갔고, 게이 학대에 대한 비판 기사 및 동성애자의 칼럼을 게재하

●　인종, 성별 등으로 인해 차별받기 쉬운 이들에게 혜택을 주는 미국의 정책.

기도 했다. 하지만 머독이 복귀한 이후 워싱턴에 수십만 인파가 몰려들어 게이 시민권을 주장하는 사건이 벌어지자, 이 시위가 "대다수 사람이 오랫동안 비정상적인 것으로 간주해온 특정한 성적 행위들을 일반적인 것으로 받아들이라고 강요하고 있다"는 사설을 실었다.[13] 이 사설이 나오기 며칠 전, 또 다른 사설은 일반적 견해와 달리 동성애자 인구는 전체의 1퍼센트 정도에 불과하다는 불철저한 조사 결과를 보도했다. 또한 마이클 메드베드 같은 칼럼니스트들은 정작 동성애자들 스스로는 다양한 영역에서 "게이가 과대평가되고 있음을 잘 알기" 때문에 소수집단 우대 정책에 별다른 관심을 보이지 않는다고 주장했다.[14] 레이건 행정부 연설문 작성가였던 또 다른 칼럼니스트 모나 차렌은, 뉴욕 주가 학교에서 에이즈 교육을 실시하는 바람에 열두 살배기들이 피스팅●과 골든 샤워●● 따위를 배우고 있다면서 "교육 내용이 지나칠 정도로 상세해 사도마조히즘적 행위를 부추기고 있다"고 비난했다.[15]

1994년 후반에 실시된 선거에서 상하원 모두를 장악하게 된 공화당은 가난한 사람을 위한 복지와 의료보험 등 다양한 정부 정책을 비판했지만 특히 소수집단 우대 정책을 강하게 반대했다. 공화당과 동일한 목적을 공유하고 있던 『뉴욕 포스트』는 사설을 통해 빌 클린턴 행정부가 "인종적 젠더적 할당"을 통해 구성되었다고 비난했다. 또한 『뉴욕 포스트』의 칼럼니스트들은 소수집단 우대 정책이 "이데올로기적으로 역겹다"고 매도했다.[16]

● 손가락과 주먹을 이용한 여성의 자위행위.
●● 상대방의 몸에 오줌을 갈기는 성희.

머독 또한 소수집단 우대 정책에 깊은 반감을 가지고 있었다. 머독은 대처 시대에 반공주의를 비밀리에 후원했던 것처럼, 문화 전쟁 시대였던 1990년대에도 자신이 선호하는 사회적 이상을 조용히 지원했다. 1996년에 브라인틸은 머독을 워드 코널리에게 소개했는데, 워드 코널리는 캘리포니아주립대 이사진 중 한 명으로 소수집단 우대 정책 금지를 위한 캘리포니아 주 주민투표를 주도했던 인물이다.[17] 머독은 워드 코널리를 알게 된 것을 계기로 캘리포니아 주 공화당원들의 소수집단 우대 정책 반대 운동과 대선 운동에 100만 달러를 후원하게 된다. 캘리포니아 주 주민투표는 결국 공화당의 승리로 돌아갔지만, 이 작은 승리는 같은 해 클린턴이 대통령에 당선됨으로써 퇴색했다. 2003년 캘리포니아 주에서 주 정부 및 지방자치단체의 인종 정보 수집에 반대하는 시도가 일어나자● 머독은 거침없이 30만 달러를 기부했다. 하지만 머독의 기여에도 불구하고 이 시도가 실패로 끝나자, 그는 정치적 기부와 관련된 문건들을 공개하려는 법원의 결정과 맞서 싸워야만 했다.[18]

1990년대 내내 『뉴욕 포스트』는 클린턴과 민주당에 적대적이었다. 『뉴욕 포스트』의 한 사설은 "민주당의 모든 의제는 환경주의자, 흑인 과격분자, 페미니스트, 동성애자에 의해 설정되며, 온건주의자는 당에서 배제된다"고 비난하면서 공화당원들은 "이데올로기적 다양성"을 유지하고 있다고 했다.[19] 1994년 『뉴욕 포스트』의 한 기자는 1년 전 자살한 클린턴의 핵심 보좌관 빈스 포스터가 사실은 피살되었을지도 모른다는 추

● 교육 및 고용에 있어 소수집단 우대 정책의 기반이 되는 인종 정보 수집에 반대하는 캘리포니아 주 법률 개정안 54호가 제안된 일로, 주민투표 결과 개정안은 통과되지 못했다.

측성 기사를 내놓았다. 이 기사가 전 국민의 관심을 끌자 『뉴욕 포스트』는 포스터가 죽기 전 한 "비밀 아파트"에 감금되어 있었고, 이후 그의 시신이 공원으로 옮겨져 발견된 것이라는 추가 기사를 냈다.[20] 몇몇 조사를 통해 그 기사들은 근거 없는 것임이 밝혀졌다. 하지만 그 기사들은 대통령과 관련된 수많은 루머와 음모론을 일으켰으며, 대통령과 백악관 인턴 사이의 스캔들까지 터져 상황은 더욱 심각해졌다. 후에 그 모든 일이 막대한 자금이 투여된 극우적 공화당 지지자들의 정치 활동이었음이 당시 그 일에 동참했던 데이비드 브록에 의해 밝혀졌다.[21] 『뉴욕 포스트』는 정치적 암살에 대한 기사와 "화이트 워터게이트"•에 대한 기사를 쏟아내는 동시에, 사설을 통해 "미국의 공적 담론이 좌익의 선동적 연설에 의해 오염되었다"고 비판했다.[22]

또한 『뉴욕 포스트』는 소위 '반기득권적'인 보수 지식인을 지면에 소개함으로써 1990년대 미국 문화 전쟁에서 보수주의의 공격성을 한층 강화시켰다. 그 대표적인 인물이 유력한 대통령 후보였던 호전적 우익 인사 팻 뷰캐넌이다. 그는 『뉴욕 포스트』에 정기적으로 칼럼을 실어 "문화 전쟁의 승리"에 대해 이야기했다. 그는 사진작가이자 양성애자인 로버트 메이플소프의 "퇴폐적" 작품을 비난했고, 다문화주의를 "우리 영미권 유산에 대한 전면적 공격"이라며 반대했다.[23]

우익의 우상 윌리엄 버클리와 레이건 정부 시절의 영국 대사 진 커크패트릭의 칼럼도 게재했다. 후버 연구소의 흑인 보수주의자 토머스 소

• 빌 클린턴 부부와 화이트워터 부동산 개발사 사이의 관계에 대한 정치 스캔들.

웰도 칼럼을 기고했는데, 그는 복지 정책이 빈곤율이나 범죄율을 낮추지도 못했고 건강을 증진시키지도 못했으며, 오히려 애초에 의도한 것과 반대되는 결과만 초래했다고 주장했다. 머독의 참모 어윈 스텔저도『뉴욕 포스트』경제 분야 논평자였고, 스텔저와 함께 미국 기업 연구소에서 활동한 벤 워튼버그 역시 필자 진영에 합류했다.

　『뉴욕 포스트』의 주요 필자들은 자유주의 미디어에 대항하는 전사를 자처했다. 저서『할리우드 대 아메리카』에서 할리우드의 자유주의자들은 영화 산업을 통해 폭력과 범죄, 섹스와 저속함을 의도적으로 유포해 보통 사람들이 가진 가치를 약화시킨 반종교적인 사람들이라고 주장한 마이클 메드베드는 1993년에『뉴욕 포스트』의 영화비평가가 되었다. 그는 스토리와 배우뿐 아니라 영화 등급제에도 비평적 관심을 쏟아, 뉴스 코퍼레이션의 전폭적인 지지를 받으며 미국뿐 아니라 영국에서도 영화 등급제를 옹호하기 위한 노력을 계속했다. 가령『선데이 타임스』는 메드베드의 저서를 연재하고 메드베드와 그의 비판자들 사이의 공적 토론을 지원하기도 했다.『타임스』도 메드베드가 제기한 이슈에 동조하는 사설을 내보냈다.[24]

　1993년, 전직『뉴욕 타임스』예술평론가 힐턴 크레이머도『뉴욕 포스트』의 필자가 되었다. 자신이 몸담았던 회사에 앙심을 품고 있던 그는 보수주의 잡지『내셔널 리뷰』를 통해『뉴욕 타임스』의 예술면이 "팝 음악과 쓰레기 같은 TV 프로그램 그리고 할리우드 가십거리"를 다룬 기사들로 채워지고 있다며 그들은 "진지한 화가와 조각가"를 무시한다고 비난했다.[25]『뉴욕 포스트』에 게재된 그의 칼럼도 오직『뉴욕 타임스』에 대한 비난 일색이었다. 그 칼럼의 로고 자체가 '보고있나, 타임스Times Watch'라는 문구를 디자인한 것이었다. 여러 주 동안 그는 『뉴욕 타임스』의 보도 형식과 내부 가십거리 및 자유주의적 죄악을 꼼꼼히 비판하면서, 그 신문이 "인종, 게이, 다양성, 여성주의 정치학 등 특정 주제"와 관련해서 빈번히 객관성을 잃고 선동적 태도를 보였다고 결론 내렸다.[26]

특이하게도 당시 『뉴욕 포스트』는 (메드베드 말고도) 한 명의 미디어 비평가를 더 보유하고 있었다. 두 번째 미디어 비평가 브렌트 보젤은 보수주의 단체와 회사로부터 연간 200만 달러의 예산을 지원받는 미디어 리서치 센터Media Research Center의 운영자였다. 이 센터 역시 섹스와 폭력을 묘사하는 할리우드를 공격해왔지만, 주된 표적은 우익이 줄기차게 편향적이라고 주장해온 주류 매체들이었다.[27] 따라서 보젤은 중립적 입장을 취하지 않고 한 명의 보수주의 사회운동가로서 주류 매체를 맹렬히 공격했다. 『뉴욕 포스트』에 칼럼을 게재하기 1년 전, 그는 공화당 대선 후보 경선에 나선 팻 뷰캐넌의 모금 활동을 책임졌다. (뷰캐넌은 경선에서 패배했다.) 주류 매체는 "보수 진영에 흠집을 낼 수 있는 기사라면 무엇이든 내보내고, 자유주의 진영에 피해가 가는 것이라면 무엇이든 막는" 방침에 따라 운영된다고 주장한 보젤의 칼럼은 우익의 클린턴 반대 캠페인에 불을 지폈다.[28] 그는 주류 매체들이 "보수 진영 개인들에 관해 쏟아낸 모든 쓰레기 같은 기사에 관해 사과"해야 한다고 말했다. 또한 그런 매체들의 "기자들은 자신들이 공화당원이 아니"라는 이유만으로 "특정 계층의 일방적 지불을 요구하는 사회주의적 (의료보험) 시스템"을 지지했으며, 빌 클린턴에게 비난이 돌아갈 수 있는 비관적인 경제 뉴스는 배제했다고 주

장했다.[29]

폭스 뉴스의 진짜 기원

『뉴욕 포스트』는 미국의 가장 중요한 도시에서 영향력을 행사했지만, 파급력에는 한계가 있었다. 루퍼트 머독이 1990년대에 『뉴욕 포스트』의 전미全美 영향력을 위한 새로운 프로젝트에 착수한 것도 바로 그 때문이었다. 그 결과 케이블 채널 폭스 뉴스가 탄생했고, 그 매체는 늘 논란의 중심에 있었으나 2000년 대선에서 조지 W. 부시의 당선을 견인했다. 또한 2003년 부시의 이라크 침공에 대한 지지를 이끌어냈으며 2004년 대선에서 부시의 재선에 기여했다. 2009년 대선 기간과 버락 오바마 당선 이후까지 오바마에 대한 경멸을 부추기기도 했다. 폭스 뉴스는 머독의 가장 영향력 있는 미디어로 부상했으며, "공정하고 균형 잡힌" 보도라는 슬로건에도 불구하고 보수의 정치적 목소리를 압도적으로 반영하는 언론으로 자리매김했다.[30] 한 연구는 머독의 끈질긴 부인과 달리 폭스 뉴스는 개국 당시부터 미국 보수주의 정치권의 수단이었다고 주장했다.

폭스 뉴스에 대한 대부분의 논평은 이 채널의 상업적 정치적 성공을 이끈 교활한 최고경영자 로저 에일스의 등용에 관한 이야기에서 시작된다. 로널드 레이건과 조지 H. W. 부시의 언론 보좌관이었던 에일스는 1995년 후반 머독에 의해 임용되었다. 하지만 진짜 중요한 이야기는 이보다 최소 6년은 앞선 시점에서 시작되어야 한다. 머독은 에일스를 처음 만났을 때 자신이 "뉴스 채널에 손을 대려" 하고 있으며 이미 "이를 위한 많은 인재를 보유"하고 있다고 말했다.[31] 1990년과 1995년 사이 머독은 자신이 설립한 TV 네트워크 폭스 브로드캐스팅의 뉴스 프로그램 운영 방안을 기획했다. 이 기획은 폭스 뉴스와는 별개였지만, 자유주의 미디어에 대한 균형이라는 허울 아래 보수적 뉴스 해석을 유포하려 했다는 점에서 폭스 뉴스 개국 당시의 시도와 유사했다고 볼 수 있다.

이미 서술한 바대로 머독은 1990년 훨씬 이전부터 미국의 주류 신문사와 방송국이 자유주의 편향을 보이고 있다고 주장한 인물이었고, 1984년에는 미국 기업 연구소의 한 포럼에서 언론이 미국의 정치적 의제와 "전통적 가치"를 바꾸려 한다고 말한 적도 있었다.[32] 1980년대 후반에 그는 미국에서 네 번째로 큰 TV 네트워크인 폭스 네트워크를 만들었지만, 그것은 ABC나 CBS나 NBC와 같은 여타의 거대 네트워크와 달리 독자적 뉴스 채널은 보유할 수 없었다. 초창기 폭스 네트워크가 송출한 뉴스들은 개별 방송국의 지역 뉴스와 테드 터너의 케이블 뉴스 네트워크Cable News Network, 즉 CNN의 뉴스였다.

1990년 CNN의 걸프전 보도는 많은 보수주의자의 분노를 샀는데, 그들의 눈에 전쟁 발발 이후 바그다드로부터 송출된 CNN의 보도는 매우 비애국적으로 보였기 때문이다. 매일 아침 CNN을 시청해온 머독은 이 매체에 강한 애증을 느끼고 있었다. 머독은 주류 언론의 편향성에 대항할 새로운 뉴스 서비스를 개설하기로 마음먹었다. 그를 위해 가장 먼저 전직 레이건 연설문 작성자이자 기자인 피터 로빈슨을 고용했지만 로빈슨은 별다른 성과도 없이 후버 연구소로 떠났다. 1992년, 머독은 폭스 브로드캐스팅에서 폭스 뉴스라는 뉴스 네트워크를 론칭할 것임을 공표했다. 머독은 이 뉴스 네트워크의 운영을 스티브 차오에게 맡길 생각이었지만, 애스펀 스트립쇼로 인해 차오를 해임하고 만다. 머독은 계획을 바꿔 폭스가 소유한 지역 방송국의 소규모 뉴스 부서를 이용하기로 했다. 그는 지역 방송국들과 회의를 열어 문제가 많은 현재의 주류 뉴스 네트워크와는 차별화되는 새로운 뉴스 네트워크를 구축하고 싶다면서 다음과 같이 말했다. "솔직히 말해 수많은 뉴스 프로그램 가운데 어느 하나 독특한 것을 골라내는 것이 불가능한 지경입니다. (…) 뉴스 담당자 전부가 멍청한 언론 수업을 받은 것 같습니다."[33]

　　폭스 방송국이 새로 시작한 뉴스 사업에서 핵심적인 역할을 맡은 것은 워싱턴의 지역 방송국 WTTG였다. 얼마 안 돼 WTTG 기자들은 자신들의 뉴스가 얻은 새로운 평판 때문에 부담을 느끼게 되었다. WTTG의 기자 데이비드 버넷은 머독이 요구하는 정치화된 보도 스타일을 처음 접했을 때를 다음과 같이 회고했다. "회사는 보다 보수적인 뉴스를 원했다. 보수적인 TV 뉴스가 어떤 효과를 가져올지 일종의 실험을 했던 것 같다."[34] WTTG의 뉴스 책임자는 대법관으로 클래런스 토머스를 원하는 공화당 캠페인을 지지하는 보도를 내보내라고 지시하기도 했다. 뉴스 PD 다이애나 윈스럽은 "게이, 에이즈, 인종, 소수집단 우대 정책" 관련 모든 보도에 불만을 표했던 경영진을 언급하면서, 당시 기자들은 아무런 뉴스 가치도 없는 민주당 상원의원 테드 케네디에 대한 비방성 보도를 하라는 압력을 받았다고 말했다.[35] 그 압력을 수용했던 뉴스 PD 프랭크 오도닐은 훗날 다음과 같이 회고했다.

그때까지 우리는 호주 매체와 『뉴욕 포스트』에서 일어난 일을 목격했다. 즉 주위 사람들이 독감에 걸려 쓰러지는 것을 바라볼 수밖에 없었다. 하지만 우리는 비타민을 충분히 섭취하면 독감을 피할 수 있으리라 생각했다. 현실은 그와 달랐고, 우리는 충격에 휩싸였다.[36]

1993년 중반, 새로운 유형의 보수주의적 TV 뉴스를 내보내라는 WTTG 기자들에 대한 압박은 한층 더 심해졌다. WTTG의 뉴스 책임자 조 로비노위츠는 폭스 텔레비전 회장 레스 힌턴에 전할 다음의 메모를 작성했다.

지난번에 논의한 대로 서투르고 정치적으로 올바르며 피상적인, 따라서 우리 보도국에서 일하기에 적합하지 않은 직원들을 몇 개월 내에 새로운 인력으로 대체하려 합니다. 제가 언론계에 들어온 지 얼마 되지 않기에 이 일과 관련하여 다음 인물들에게 도움을 요청하고자 합니다.[37]

인사 교체를 도와줄 인물의 목록에는 브렌트 보젤과 우익 언론 감시 기구 애큐러시 인 미디어의 대표 리드 어바인, 전직 조지 H. W. 부시 연설문 작성자이자 후일 폭스 뉴스에 합류하는 토니 스노, 헤리티지 재단의 임원 허브 베르코위츠가 포함되어 있었다. 그 메모가 『워싱턴 포스트』의 기사를 통해 공개된 1993년 9월, 보젤은 같은 신문과의 인터뷰에서 자신이 전부터 로비노위츠의 저녁 뉴스가 "자유주의적 편향"을 보인다고 비판했다면서, 지난 몇 년간 폭스 네트워크의 인사들과 자주 대화를 나누면서 폭스 네트워크가 더 많은 보수적 목소리와 뉴스를 내보내야 한다고 주장했다고 말했다. 또한『워싱턴 포스트』가 그 메모 앞부분에 언급된 사람들에 대해 질문하자, 보젤은 총 40여 명의 사람들 중 "앞에 등장한 여섯 명이 우익 인사인 것은 우연의 일치일 뿐"이라면서 로비노위츠는 다만 "균형 잡힌 언론"을 원한다고 말했다. 후에 이 '균형 잡힌 언론'이라는 말은 로저 에일스의 폭스 뉴스 슬로건이 된다. WTTG의 주말 앵커 데이비드 버넷은 로비노위츠가 항상 "자신이 내뱉은 말을 실행에 옮겨왔다"며 이 메모에 유감을 표했고, 그로 인해 로비노위츠는 희생양의 형식으로 사임하게 되었다.[38] 하지만 로비노위츠가 폭스 브로드캐스팅 대표와 '정치적으로 올바른' 기자들에 대해 논의했다는 의혹은, 머독 미디어 제국 내에서 뉴스 보도의 정치화가 진행되었고 이 정치화가 (후일 폭스 뉴스로 발전한) 폭스 브로드캐스팅의 뉴스 사업에서 어떠한 역할을 했는지를 시사한다.

이듬해 머독은 자신의 새로운 TV 뉴스 사업을 위해『선데이 타임스』의 전직 편집장 앤드루 닐을 미국으로 부른다. 머독이 처음에 닐에게 원했던 것은 유명한 CBS 뉴스 프로그램「60분Sixty Minutes」의 라이벌이 될 프로그램이었다. 그러나 마음을 바꿔 새로운 주말 뉴스 쇼를 원하더니 얼마 후에는 일간 심야 뉴스를 만들어보라고 했다. 머독의 이런 변덕이 마침내 앤드루 닐과의 의견 대립을 초래하자, 닐은 1년이 지나 사임한다. 하지만 둘은 여전히 보수적인 성향의 새로운 뉴스 프로그램이 필요하다는 뜻을 공유하고 있었다. 닐은 주류 TV 네트워크와는 다른 의미에서 "정치적으로 올바른" 프로그램 제작을 원했다. 한 기자와의 대화에서 닐은 "세 개의 거대한 TV 네트워크 사이에는 질척질척하고 거대한 자유주의적 합의가 자리 잡고 있으며 우리는 이에 도전하는 새로운 뉴스를 제시하고자 한다"고 말했다. 그 새로운 뉴스 중 하나는, "우리를 제외한 미국의 어느 누구도 감히 건드리려 하지 않는 에이즈 신화를 폭로"하는 것이었다.[39] 닐은 성공한 한 보수적인 라디오 토론 프로그램을 언급하며 다음과 같이 말했다. "나는 '우익' 뉴스 방송을 만들고 싶은 것이 아니었다. 다만 정치적 스펙트럼의 오른편에서 미국 전역으로 뻗어가고 있던 새로운 발상들에 무턱대고 적대감을 보이지는 않는, 무언가 다른 뉴스 방송을 원했을 뿐이다."[40]

닐의 또 다른 새로운 뉴스는 멸종 위기 동물 보호법과 관련된 것이었다. "우리는 수십억 달러의 지출을 발생시킨 이 법이 아무 동물도 구하지 못했고 개인의 사적 소유권만 침해했음을 보여주려 했다." 닐에게 이는 매우 중요한 뉴스였는데, "미국의 영향력 있는 환경 로비스트를 화나게" 할 것이 분명했기 때문이다.[41]

닐과의 마지막 회의에서, 머독은 NBC의 명 앵커 브라이언트 검벨에게 새 뉴스 프로그램을 맡길지를 논의했다. 닐은 그가 "너무 좌익적"이라는 이유로 반대했다. 그 프로그램은 "꼭 우익적이거나 보수적일 필요는 없었지만 '정치적으로 올바른' 것이어서는 안 되었다."[42]

1995년 머독은 마침내 로저 에일스를 만났다. 에일스의 24시간 케이블 뉴스 채널 폭스 뉴스는 1996년 후반에 방송을 시작했다. 폭스 뉴스의 개국과 거의 동시에 머독은 미국 기업 연구소의 기관지와 인터뷰를 가졌다. 머독에게 호의적인 인터뷰였음에도 불구하고, 처음부터 미국 언론인이 좌익 편향적이라는 머독의 평소 지론을 검증하려 했다. 그 첫 번째 질문은 폭스 뉴스가 기존의 TV 네트워크 출신 인재를 고용한다면 피하기로 계획했던 문제들을 어떻게 피할 수 있느냐는 것이었다. 이에 머독은 다음과 같이 대답했다. "우리가 그쪽 사람들을 채용하리라 생각하지 않습니다. 로저 에일스가 그렇게 되지 않도록 할 것입니다."**43**

　자신의 이름이 폭스 뉴스의 호전적이고 보수적인 스타일을 뜻하는 대명사가 되기 전, 로저 에일스는 가장 유명한 공화당 정책가 중 하나였다. 그는 방송국에서 일하다가 1968년에 리처드 닉슨의 대선 캠페인 미디어 자문팀에 합류하여 정치 경력을 시작했다. 1984년에는 로널드 레이건 대선 캠페인의 홍보 책임자를 맡았고, 1988년에는 (가장 지저분한 선거 캠페인으로 평가받은) 조지 H. W. 부시의 대선 캠페인을 주도하는 등 수많은 공화당 선거에 참여했다. 부시의 대선 캠페인 이후, 『워싱턴 포스트』는 에일스를 "매우 공격적인 이미지"를 가지고 있으며 "무자비한 네거티브 전략의 대가"라고 평가했다.**44** 공화당의 전설적 고문 리 애트워터는 에일스가 매우 신속하게 공격과 파괴 업무를 수행한다고 말했다. 1986년에 뉴욕 상원의원 알폰소 다마토의 선거운동 자문으로 일했을 때, 에일스는 다마토에게 "당신 날 수 있어요?"라고 물은 적이 있다. 당황한 다마토가 왜 그런 질문을 하느냐고 하자, 에일스는 "왜냐하면 우리는 지금 42층에 올라와 있고, 당신이 한마디만 더 내뱉으면 내가 당신을 저 창문 밖으로 밀어버릴 것이기 때문"이라고 말했다.**45** 에일스는 이렇게 같은 편에게도 공격적이었다. 에일스는 정치인들에게 다음과 같이 조언하기도 했다. "미디어는 실체에 관심이 없다는 사실을 이해해야 합니다. (…) 방송을 타기 위한 세 가지 방법이 있습니다. 사진, 공격 그리고 실수."**46** 『월스트리트 저널』은 에일스를 "가장 거친 공화당 정치 자문" 중 하나라고 묘사했다.**47** 정치권에서 수년을 보내고 다시 방송국으로 돌아온 에일스는 유명 라디오 진행자인 보수주의자 러시 림보의 TV 프로그램을 제작한 이후 NBC의 케이블 채널 개설에 참여했다. 1995년 후반, 에일스는 머독과 일하기 위해 그의 사무실로 전화를 걸었고, 곧바로 대답을 들을 수 있었다. "비서가 말하기를, 머독이 오후에 뉴욕에 도착할 것이며 5시경에 에일스를 만날 수 있을 것이라고 했다."**48** 정말로 두 사람은 바로 그날 만나서 CNN을 포함한 주류 매체들이 "너무 자유주의적"이라는 공통된 견해에 관해 이야기를 나누었다. 한 시간도 못 돼, 에일스는 새로운 뉴스 채널을 론칭하기로 머독과 합의했다.

마침내 머독은 수년간 손아귀에 거머쥘 수 없었던 자신의 꿈을 기획하고 수행할 인물을 찾아낸 것이다. 1996년 1월, 머독은 에일스 옆에 서서 자신의 꿈을 세계에 공표했다. 새로운 뉴스 사업은 TV 네트워크에 포함된 하나의 부서가 아니라 오직 뉴스만을 다루는 케이블 채널이었다. 이는 CNN과의 직접적인 경쟁을 의미했다. 폭스 뉴스 개국 직전, 머독은 CNN이 "점점 더 왼쪽"으로 기울고 있다며 경쟁사를 공격했다. 머독은 다음과 같이 말했다. "내 친구 테드 터너에게 무슨 일이 벌어졌는지, 그가 제인 폰다와 결혼했는지, 리튬을 끊었는지 알지 못하지만, 이런저런 일들로 지난 몇 년간 CNN은 너무 많이 변했다."**49** 머독이 CNN과 경쟁할 것이며 "정말 객관적인" 보도를 내보낼 것이라고 하자, 터너는 "머독을 벌레처럼 짓뭉개버리고 싶다"고 말했다. 머독은 자유주의적 '미디어 엘리트'에 대한 대중의 혐오에 호소하며 CNN을 쳐부수겠다고 대응했다.

처음에 에일스는 그 신생 케이블 채널 내에서 보수주의적 관점을 가진 임원들 중 한 명일 뿐이었다. "공정하고 균형 잡힌" "우리는 보도하고, 당신은 결정한다"라는 마케팅 슬로건에도 불구하고, 고액 연봉을 받는 폭스 뉴스의 임원들은 초기부터 보수 진영과 공화당에 매우 편향된 태도를 보였다. 폭스 뉴스의 초대 대표였던 조 페이로닌은 에일스의 첫 업무가 회사를 깔끔하게 정리하는 것이었다고 했다.

> 에일스는 나에게 내 직속 부하 40여 명 중 누가 자유주의적인지 물어왔다. 일종의 리트머스 테스트였다. 그는 이렇게 누가 자유주의적이며 누가 보수주의적인지 골라내 자유주의자들을 제거해나갔다.[50]

페이로닌은 그의 방침에 반대해 곧 사임했고, 그 이후로 에일스가 폭스 뉴스의 대표가 되었다.

폭스 뉴스 보도국 책임자 존 무디는 수년간 『타임』지에서 일한 인물이었다. 그는 그 존경할 만한 잡지가 무의식적으로 자유주의에 굴복해왔다고 생각하는 사람이었다.[51] 무디의 임용 면접이 시작되자 에일스는 다음과 같이 말했다. "우리는 대다수의 언론인이 자유주의자라는 사실이 문제라고 생각합니다. (…) 우리는 이 문제와 싸워왔습니다."[52] 후에 무디는 이라크전 시기에 직원들에게 매일 보도 방침을 적은 메모를 전달한 것(제8장을 보라)으로 유명해졌다.

워싱턴에서 활동해온 브릿 흄은 1996년에 폭스 뉴스의 방송기자로 채용되었다. ABC 뉴스의 베테랑 기자였던 흄은 보수주의 잡지『내셔널 리뷰』와『아메리칸 스펙테이터American Spectator』, 머독의『위클리 스탠더드』등에 기고하기도 했다. 흄은 워싱턴의 기자들은 "언제나" 자신의 정치적 태도와 판단이 반영된 보도를 내놓는다고 말한 바 있다.[53] 본인은 부인했지만 분명한 공화당 당원인 빌 오라일리도 폭스 뉴스에 채용되었다.[54] 텍사스의 공화당 판사로 활동한 적 있는 카트린 크라이어와『위클리 스탠더드』의 필자였던 프레드 반스도 폭스 뉴스 초기에 임용된 사람들이다.

폭스 뉴스는 비교적 알려지지 않은 기자를 채용하고 싶을 때는 그의 정치적인 입장을 채용 기준으로 사용했다. 뉴욕에서 활동하는 에너지 넘치는 시청 담당 기자 앤드루 컬츠만에 대해서도 그런 태도를 보였다. 이와 관련해『빌리지 보이스Village Voice』는 다음과 같이 보도했다.

폭스 뉴스는 컬츠만의 테이프들을 검토한 뒤 그를 채용하고 싶어 했지만, 그의 정치적 성향을 확인하고자 했다. 컬츠만은 다음과 같이 말했다. "그들은 내가 민주당 지지자일까봐 두려워했지만 나는 그런 정보를 제공하는 것은 부적절하다고 생각했다. 그래서 그들과의 면담을 끝냈다."[55]

2년 뒤 폭스 뉴스의 정치적 성격이 보다 분명해지자『컬럼비아 저널리즘 리뷰Columbia Journalism Review』는 폭스 뉴스에 근무할 당시 "극심한 비판"에 시달렸던 전직 직원들과의 인터뷰를 실었다. 그들은 기사를 작성할 때나 영상을 편집할 때 잦은 간섭을 받았다고 불평했다. 그중 한 명은 다음과 같이 말했다. "나는 다수의 보도 기구에서 일해왔지만, 그 정도 수준의 조작은 경험한 바 없다." 또 다른 사람은 폭스 뉴스가 "압제적이고 공포스러운" 곳이었다며 "때려치우고 싶었다"고 말했다.**56** "주류 매체가 무시해온 기사"를 재조명하는 주말 뉴스 「폭스 뉴스 와치Fox News Watch」는 이 채널에서 자유주의 인사가 정기적으로 출연하는 몇 안 되는 프로그램 중 하나였다. 『뉴욕 포스트』의 에릭 브라인덜이 진행한 이 프로그램은 다른 뉴스 매체들이 체계적인 정치적 편향을 보인다는 가정을 바탕으로 기획되었다.

정치적인 방송 프로그램이 매우 드물었던 그 시기에, 폭스 뉴스의 야간 편성표에서 가장 중요했던 프로그램은 보수주의와 자유주의를 대표하는 두 명의 사회자를 두고 있었다. 그 프로그램 방영을 앞두고, 폭스 뉴스는 "보수주의자 해너티와 추후 결정될 자유주의자"라는 선전 문구를 사용했다. 숀 해너티는 이미 TV를 통해 잘 알려진 위압적인 보수 인사였다. 해너티와 공동 진행자로 선택된 자유주의자는 매우 중도적인 인물 앨런 콤스로, 해너티의 직설적이고 공격적인 태도를 말리기만 하는 소극적인 역할을 맡았다.

폭스 뉴스 초기에 러시 림보는 자신이 진행하는 보수적인 라디오 프로그램에서 자주 폭스 뉴스를 소개했다. 림보는 다음과 같이 소리치곤 했다. "어떠한 여론조사를 살펴봐도, 미국인들이 현재의 주류 언론들이 편향되어 있다고 생각한다는 것을 알 수 있습니다. 하지만 이제 하나의 대안이 등장했습니다. 폭스 뉴스는 공정합니다."**57** 브릿 흄도 시청자에게 주류 TV 네트워크의 편향성을 경고했다. 머독이 CNN에 대해 공개적으로 비판하자 에일스는 맞장구를 치며 폭스 뉴스는 "객관적 뉴스"임을 강조했다. 개국 직전, 에일스는 폭스 뉴스가 "사실에 기반한 딱딱한 뉴스를 미국인에게 제공할 것"이고, 따라서 시청자들은 앵커의 견해를 배제한 채 스스로 뉴스의 내용을 판단할 수 있을" 것이라 말했다.**58** 하지만 1996년 10월 폭스 뉴스가 개국하자 머독의 경쟁자와 비평가들은 폭스 뉴스가 뉴스 채널이라고 말하기조차 민망하다고 비난했다. 그 채널은 정치적으로 중립적인 뉴스를 내보내기도 했지만 그런 뉴스가 차지하는 시간은 적었다. 라이벌 언론들과의 경쟁을 위해서는 다른 방법을 썼다. 구변 좋고 분노에 찬 우익 인사가 진행하는 전화 토론 프로그램을 제작한 것이다. 그 프로그램을 통해 진행자들은 보수적 시청자들의 환심을 사려 노력했다.

　루퍼트 머독은 폭스 뉴스의 편향성을 지적하는 발언에 항상 똑같은 방식으로 응수함으로써 비평가들의 분노를 샀다. 루퍼트의 대답은 이런 식이었다. "폭스 뉴스는 편향적이지 않다. 폭스 뉴스가 민주당원, 자유주의자, 심지어 폭스 뉴스를 비판하는 비평가들까지 꾸준히 게스트로 초대했다는 것이 그 증거다." 이는 일부 사실이었다. 게다가 이런 폭스 뉴스의 전략으로 인해 시청자들이 진정한 우익은 '균형'을 추구한다는 생각을 갖게 되었다.

　편향적인 언론 매체가 윤리적 논쟁의 기본인 '균형'이라는 규범을 사용한다는 사실은 매우 모순적으로 보인다. 하지만 특정한 이슈와 관련해 균형이라는 장치를 구축하는 것은 보수주의 관점을 강화시키는 효과를 유발할 수 있다. 균형이라는 개념은 논쟁거리가 될 수 없는 사실을 논쟁거리로 만들기 때문이다. 양측 모두가 동일하게 정당하다는 가정을 전제한 균형이라는 개념은, 한쪽 편에 이전에는 없었던 어떤 정당성을 부여하기 때문이다. 매우 극단적인 우익이 균형이라는 개념을 활용하면 토론의 중심을 보다 오른쪽으로 끌고 갈 수 있다. 중립성과는 거리가 먼 이런 균형을 구축하면 과학적 사실도 정치적 의제로 뒤바뀐다. 폭스 뉴스는 기후변화와 관련해 바로 이런 방법을 사용했다. 기후변화라는 과학적 발견을 인정하는 사람을 초대하면서 균형을 맞춘다는 명분으로 그것을 부인하는 회의론자도 초대한 것이다. 이 '균형'의 틀 안에서, 과학적 발견은 논쟁거리로 이해되기 시작한다. 토론의 전제가 되는 내용들은 과학적이기보다 정치적이기 때문에, 기후변화를 과학적 사실로 인정하는 입장과 부인하는 입장 모두가 특정한 정치적 신념을 주장하는 것으로 보이게 된다. 뿐만 아니라 폭스의 슬로건 "공정하고 균형 잡힌" "우리는 보도하고, 당신은 결정한다"는 보수주의적 시청자들에게 매우 중요한 신호로 작용한다. 스콧 콜린스는 "이른바 객관성을 홍보함으로써 폭스 뉴스는 경쟁 뉴스 기구들의 편향성을 공격하고 있다"고 평가했다.[59]

첫 2년간, 폭스 뉴스는 1억5000만 달러에 달하는 적자를 봤다. CNN이라는 왕이 군림하고 있는 TV 뉴스 시장은 수많은 뉴스 제공자로 이미 포화 상태에 이른 것처럼 보였다. 하지만 폭스 뉴스는 보수주의 편향적인 전략으로 그 시장에서 성공을 거두었다. 폭스 뉴스 초기에 로저 에일스는 "이 케이블 채널을 일방적 보도에 지쳐 있는 시청자를 위한 안식처"로 만들겠다는 메모를 작성했다.[60] 에일스는 폭스 뉴스의 성공을

1990년대 보수 진영이 경험한 공화당 혁명에 비견했다. 폭스 뉴스는 언론과 대학, 정치권 그리고 정부 고위층이 자유주의에 빠져 있는 것처럼 묘사함으로써 그들에 대한 포퓰리즘적 승리를 거둘 수 있었던 것이다.

　머독을 비판하는 비평가들은 대다수 미국인이 기존 뉴스 매체를 신뢰하지 않는다는 폭스 뉴스의 가정을 부인했지만 그들보다 머독의 생각이 더 정확했다. 탈냉전으로 접어든 1990년대 미국 사회에는 회의적인 여러 집단이 등장했으며, 그들 중 극단적 보수주의 집단도 있었다. 이미 포화 상태에 이른 뉴스 시장에서 머독과 에일스는 그런 보수주의 집단에게 꼭 들어맞는 매우 양극화된 뉴스를 제공했다. 머독과 에일스는 뉴스 코퍼레이션의 경제적 이익은 물론 정치적 영향력에도 기여한 정치적인 사업 모델을 창출한 것이다. 이 모델은 지금도 엄청난 성공을 거두고 있다.

제7장
태양왕의 통치

당신이 루퍼트 머독을 위해 일한다면, 회사의 회장이나 최고경영자를 위해 일하는 것이 아니다. 당신은 태양왕을 위해 일하는 것이다. (…) 모든 업무는 태양왕을 중심으로 돌아간다. 모든 권위는 그로부터 나온다. (…) 태양왕은 심지어 부재 시에도 어디에나 영향을 미친다. 그는 권위와 충성, 본보기와 공포를 이용해 매우 먼 거리에 있는 곳까지 통치한다. 그는 자신의 기분과 제국의 요구에 따라 온화할 수도 무자비할 수도 있다.[1]

『선데이 타임스』 전직 편집장 앤드루 닐, 1996

다우닝 가에서 일할 당시 나는 머독 씨를 한 번도 만나본 적 없지만 그는 마치 내각의 스물네 번째 멤버처럼 느껴졌다. 그의 목소리를 듣는 것은 매우 드문 일이었지만 그의 존재는 언제나 느껴졌다.[2]

토니 블레어의 미디어 보좌관 랜스 프라이스, 2006

노동당의 떠오르는 스타 토니 블레어의 미디어 보좌관으로 12개월을 헌신한 앨러스테어 캠벨은 1995년 7월 프랑스 남부에서 휴가를 보내고 있었다. 캠벨과 그의 아내 피오나는 어느 포근한 저녁, 그들이 임대한 프로방스 지방의 별장에 닐 키넉과 그의 아내 글레니스 키넉을 초대했다. 바비큐용 그릴 위에 얹힌 야채 케밥이 지글거리며 익어갈 즈음, 한 프랑스 단어의 의미에 대한 사소한 논쟁이 시작되었다. 하지만 캠벨은 키넉이 마음속으로 다른 생각을 하고 있음을 느낄 수 있었다. "그의 뺨 주변 근육이 미세하게 움직이고 있었다. (…) 그는 목소리를 가다듬으려 노력했지만 예닐곱 마디 뒤에는 채 말을 잇지 못했다. 손은 길을 잃고 이리저리

움직이고 있었다."³ 키넉이 다음과 같이 비아냥댔을 때, 그를 불안하게 만든 것이 논쟁의 주제인 프랑스어 단어가 아님이 분명해졌다. "아! 마거릿 대처라, 그리 나쁜 사람은 아닐지도 모르죠. 꽤나 급진적이기도 하고요. 물론 당신도 그녀의 확고함과 리더십을 존중하겠지요. (…) (대처의) 급진성이라, 우스운 이야기입니다. 그 여자는 많은 사람을 죽였습니다." 하지만 정작 키넉이 분노하고 있는 대상은 대처가 아니었다. 그는 당시에 토니 블레어가 "우리가 승리할 수만 있다면 은행가와 증권 중개인의 허튼소리와 박장대소를 듣는 것 따위는 아무런 문제도 아닙니다. 그 전에 그에게 다가가 30냥의 은화●를 받기만 하면 됩니다"라고 말한 연설에 화가 나 있었다. 캠벨이 "누구에게 돈을 받기만 하면 된다는 걸까요?"라고 되묻자 키넉은 "머독"이라 내뱉고는 다음과 같이 말했다. "당신이 지구 반대편으로 날아가서 머독에게 아첨하는 꼴을 봤다면 내 기분이 어땠을까요?"

2주 전 토니 블레어가 뉴스 코퍼레이션 편집회의에서 연설하기 위해 머독의 모국인 호주의 한 호화로운 섬으로 떠날 당시 캠벨이 그와 동행했었다. 키넉을 포함한 많은 사람이 토니 블레어가 그 미디어 재벌에게 후원을 간청하고 있다는 인상을 가질 수밖에 없었다. 하지만 1979년 이래한 번도 집권에 성공한 적 없던 노동당의 일부 지지층에게, 노동당에 대한 머독의 온화한 태도는 환영할 만한 것이었다. 정작 온화해진 것은 머독의 정치적 자세가 아니라 블레어와 새로운 노동당이었지만 말이다.

● 유다가 예수를 배신한 대가로 받은 돈.

토니 블레어가 영국 노동당 정부의 총리로 재직한 세 차례 임기 동안, 루퍼트 머독은 정부에 은밀한 영향력을 행사했다. 머독의 영향력은 블레어와 재무부 장관 고든 브라운과의 사적인 관계 그리고 『선』을 통해 행사되었다. 머독이 블레어, 브라운과 유지한 사적 관계는 양측 모두가 대중에 공개하기를 꺼린 것이었다. 우드로 와이엇의 수기가 공개되기 전까지 머독이 대처 정부에 행사한 영향력과 대처가 머독에게 보인 호의가 비밀에 부쳐졌던 것처럼, 머독과 노동당 정부의 은밀한 거래도 정권 교체 뒤 공개된 내부자의 수기와 대중의 정보 열람의 자유에 대한 요구로 진실이 드러나기 전까지 철저히 은폐되었다.

블레어의 전직 보좌관 랜스 프라이스는 머독을 다음과 같이 묘사했다.

내각의 스물네 번째 멤버. 그의 목소리는 거의 들리지 않았지만, (…) 그의 존재는 어디에서나 느껴졌다. 다우닝 가 내부의 어떠한 큰 결정도 고든 브라운과 (부총리) 존 프레스콧 그리고 루퍼트 머독, 이 세 명과의 논의 없이는 결정될 수 없었다.[4]

프라이스는 2005년 자신의 저서 『공보 비서관의 수기The Spin Doctor's Diary』를 출판하기 앞서 원고를 내각에 제출할 의무가 있었다. 내각이 최초에 권유한 수정 사항의 3분의 1가량이 블레어 정부와 머독의 관계에 관한 것이었다. "그들은 총리가 그를 만난 횟수에 관해 매우 민감하게 반응했다."[5]

다른 언론 소유주들 역시 "총리와 좋은 관계를 유지"했지만 "머독은 손가락만 까딱해도 언제든지 토니 블레어를 만날 수 있었다"고 프라이스는 회고한다. 머독과 노동당 지도부와의 관계는 심지어 대처와의 관계보다 긴밀했다. 머독은 『뉴요커』의 존 캐시디와의 인터뷰에서, 보수당 총리는 자신과의 개인적 관계를 발전시키려 굳이 노력하지 않았던 반면 블레어와 브라운은 자신이 런던에 체류할 때면 친히 다우닝 가로 초대하는 등 친교를 위해 노력했음을 인정했다.[6] 정부의 이러한 태도를 반대 진영이 간과할 리 없었다. 뉴스 인터내셔널의 한 임원은 『파이낸셜 타임스』와의 인터뷰에서 "루퍼트와 총리의 관계는 굉장"했으며 "나 역시 이에 매우 놀랐다"고 말한 바 있다.[7]

태양에 불타다

머독을 예의 주시해온 사람들은 1997년과 2001년, 2005년의 영국 선거에서 머독이 블레어를 지지한 것을 예로 들면서 그의 정치적 성향이 항상 승자에게 호의를 보였다고 판단한다. 하지만 이는 머독의 진정한 정치적 열정을 간과한 피상적 관점일 뿐이다. 빌 클린턴은 1992년과 1996년 미국 대선에서 승리를 거두었지만 머독은 항상 그의 반대편을 지지했다. 1992년 영국 선거에서도 머독은 당선이 유력한 후보를 지지하지 않았다. 당시 실시했던 여론조사 자료는 노동당의 닐 키넉이 대중으로부터 높은 지지를 받고 있었음을 보여주며, 마침 국제적 경기 침체의 영향으로 영국은 극심한 실업난을 겪고 있었다. 즉 노동당이 승리하기에 완벽한 조건이었다. 정말로 머독이 승자만 선호하는 단순한 기회주의자였다면, 1992년 『선』이 닐 키넉과 노동당에 대해 공격적인 기사를 쏟아낸 것을 내버려두지 않았을 것이다. 그 기사들은 키넉의 기억 속에 강렬하게 남게 되었고, 이는 프랑스 남부의 바비큐 그릴 앞에서 그가 보인 분노를 잘 설명해준다. 1992년의 선거는 토니 블레어에게도 강렬한 인상을 남겼지만, 블레어는 키넉과는 아주 다른 결론에 도달했다.

1992년 선거 직전 결정적 7일간, 이전까지 어떠한 승기도 잡지 못했던 『선』은 노동당의 잭 스트로에 대한 비난으로 포문을 열었다. '나는 괜찮아요 잭'이라는 헤드라인을 담은 『선』의 1면은 스트로가 "세 채의 호화 주택에서 사회주의를 설파하는" 위선적 인물이라 비난했다. 주택 융자 금리가 "노동당 집권으로 치솟을" 것이라 주장하는 기사도 실렸다. 매우 치밀하게 작성된 또 다른 기사는 두 여론조사에서 노동당이 7퍼센트의 우위를 점하고 있다고 보도했다. 다음 날, 1면의 사설은 보수당의 존 메이저를 지지했으며 메이저에게 우호적인 다섯 개의 기사가 2면에 게재되었다. 그중 하나는 한 점쟁이의 선거 결과 예측에 관한 것이었다.

선거 5일 전, 『선』은 한 초등학교에서 벌어진 모의 선거에서 괴물 미치광이 당Monster Raving Loony Party이 노동당을 앞섰다는 기사를 내보냈다. 경마 순번표가 실린 면 뒤에는 "만일 노동당이 선거에서 승리한다면 수만 명에 이르는 이민자가 영국에 유입될 것이다"라는 문장으로 시작되는 두 페이지의 기사가 실렸다. 이 기사에 첨부된 지도에는 "가상의 이민자"가 유입될 경로가 화살표로 표시되어 있었다.

선거 3일 전에는 노동당원들을 일곱 난쟁이로 비유하며 "사회주의자의 악몽에 이끌리지 마라"는 글이 실렸다. 사설은 BBC의 민영화를 촉구하고 나섰다. 다음 날 『선』은 "닐 키넉의 것처럼 들리는" 누군가의 음성이 증세와 함께 "오이 재배 면적에 대한 유럽 공동체의 규제 적용" "군대 해산" 등을 약속하고 있는 "수다쟁이의 테이프windbag tapes"를 다루었다. 이 기사가 나가자 "그 음성"을 실제로 듣고 싶다는 독자들의 전화가 빗발쳤다.

선거 하루 전, 매우 비상한 창작물이 『선』에 실렸다. 무려 네 페이지에 달하는 이 기사의 제목은 공포영화 「엘름 가의 악몽A Nightmare on Elm Street」을 『선』 스타일로 패러디한 '키넉 가의 악몽'이었다. 앞의 두 페이지에는 노동당이 승리할 시 정부 관료의 대규모 축출, 금리 폭등, 주택 가격 혼란이 초래될 것이라는, 극우 단체 애덤 스미스 연구소의 한 임원의 예상이 실려 있었다. 수도, 가스, 전기 요금 인상 가능성을 친절하게 정리한 도표도 첨부되어 있었다. 다음 두 페이지는 노동당의 최저임금 정책을 공격하고 있었다. 한 매력적인 여성 노동자의 사진 아래에는 "의류 산업에 종사 중인 노동자 켈리 심스는 노동당의 임금 정책에 고통받고 있다"라는 설명이 쓰여 있었다. "좌익 의회loony councils"●에 관한 한 기사는 머지않아 도시 계획자들이 법에 의해 동성애자 의견을 수용해야 할 것이라고 경고했다. 또 다른 기사는 노동당의 의료 서비스 개혁이 자신의 아이들을 사망에 이르게 할 것이라고 미숙아를 낳은 부모들이 믿고 있다고 보도했다. 또 다른 페이지는 이 신문이 1987년 선거에서 써먹었던 방식을

●　1987년 보수당 선거 캠페인에서 loony left라는 말이 사용된 이후부터 loony는 영국 우익이 좌익을 경멸적으로 지칭하는 단어가 되었다.

그대로 따르고 있었다. 1987년에는 노동당이 마오쩌둥과 카를 마르크스, 이오시프 스탈린, 레온 트로츠키의 지원을 받고 있는 것을 발견한 한 '심령술사'에 관한 기사를 실었다면, 이번에는 존 메이저의 보수당이 빅토리아 여왕과 엘비스 프레슬리, 윈스턴 처칠의 지원을 받고 있는 것을 발견한 심령술사에 관한 기사를 실은 것이다.

선거 당일, 『선』은 백열등 안에 들어 있는 닐 키넉의 얼굴을 1면에 싣고 그 옆에 다음과 같은 헤드라인을 달았다. '만일 오늘 키넉이 승리한다면, 마지막으로 영국을 뜨는 사람이 이 전등을 꺼주십시오.' 3면에는 음탕하게 자신의 어깨끈을 내리고 있는 심술궂게 생긴 뚱뚱한 여인의 사진과 '키넉이 집권한다면 (이 신문의) 3면은 이렇게 변할 것'이라는 조롱성 헤드라인 아래 "클레어 쇼트(노동당 의원) 같은 좌익은 예쁜 여성의 사진이 이 신문에 등장하는 것을 금하려 한다"고 주장했다.

그야말로 대중 언론이 모든 수단을 사용해 펼친 무자비한 선거 캠페인이었다. 『선』의 공격적인 기사들은 겉에는 풍자가 입혀져 있었으나 안에는 증오에 찬 메시지를 숨기고 있는 독창적이고 효과적인 것이었다. 그리고 늘 그랬듯이 『선』은 자신들이 보통 사람을 괴롭히고 기만하려는 무리에 저항한다고 주장했다. 몇 년 뒤 머독의 한 편집장은 다음과 같이 말했다.

(당시) 기사들은 대처리즘적 관점에서 작성되었고, 특집 기사는 대처리즘적 아이디어들의 확산에 초점을 맞추고 있었다. (…) 선거기간 동안 보수 쪽 타블로이드지들은 보수당의 홍보 기구로 변모했다. 그 신문들은 보수적 이상에 한결같이 헌신하는 막강하고 솜씨 좋은 선전기구였다.[8]

보수당의 승리 이틀 뒤, 『선』의 1면은 '승리를 이끈 『선』'이라는 헤드라인 아래 보수당 하원의원들이 지난 10일간의 『선』의 보도에 감사를 표했다고 전했다. 학계 출신의 한 칼럼니스트는 "우리가 사회주의를 물리쳤다"고 선언했다. 혀를 길게 내밀고 교수대에 매달려 있는 닐 키넉을 묘사한 카툰은 제2차 세계대전 이후 처형된 나치 전범을 상기시켰다.

머독은 노동당 패배에 기여한 『선』의 역할을 매우 흡족해했다. 그는 친구들에게 보수당의 선거운동은 "형편없는" 수준이었기에 "그들은 『선』의 도움을 받은 것이 얼마나 행운"인지를 알아야 할 것이라고 강조했다.[9] 며칠 뒤 머독은 마거릿 대처 퇴진에 대한 아쉬움과 그녀의 "확고한 신념"을 다룬 『월스트리트 저널』 기사를 친구들에게 전했다. 머독과 『선』이 그 선거에서 쏟아낸 승리주의적 주장들은, 한 신문이 특정 정당을 상대로 펼친 가장 흉포하고 효과적인 공격이었다.

『선』의 선거 캠페인은 노동당의 승리를 막기 위해서라면 머독이 어떠한 수단과 방법도 가리지 않고 자신의 신문을 이용할 각오를 했음을 보여주었다. 이 신문의 무자비함과 '승리를 이끈 『선』'이라는 헤드라인은 영국 정치학계에 신문 매체 권력에 대한 논쟁을 촉발시켰다. 후에 『선』이 아니었으면 노동당을 찍을 수도 있었던 유권자들에 대한 이 신문의 영향력을 과소평가하는 몇몇 논문이 나왔는데, 그 논문들이 간과한 것은 선거기간 마지막 몇 주 동안 『선』이 내보낸 히스테리적인 보도들이 지난 몇 년간 계속된 노동당에 대한 비방의 정점이었다는 사실이다. 『선』의 전직 부편집장 로이 그린슬레이드는 『선』이 일종의 '물방울 효과drip-drip effect'를 유발해왔다고 말했다.(학계에서는 이를 '의제 설정 역할'이라 칭한다.)[10]

노동당을 폐퇴시키는 데 『선』이 어떤 역할을 했느냐와 무관하게, '승리를 이끈 『선』'이라는 악명 높은 헤드라인에는 자신들이 해낸 일에 대한 흥분과 의기양양한 만족감이 드러나 있었다.

노동당을 껴안다

존 메이저와 보수당을 다우닝 가로 복귀시키려고 혼신을 다했던 루퍼트 머독과 『선』은 정부의 실패가 계속되자 재빨리 그들을 공격하기 시작했다. 1992년 9월에 영국 정부가 파운드화 가치 급락을 맞아 유럽통화제도 내 환율 조정 기구에서 탈퇴하자, 『선』은 이 사건을 정치적 경제적 위기라고 보도했다. 총리인 메이저는 『선』의 편집장 켈빈 매켄지에게 전화를 걸어, 어떻게 『선』이 그런 보도를 할 수 있느냐고 따졌다. 매켄지는 다음과 같이 대답했다. "제 책상 위에는 오물로 가득한 양동이가 있습니다. 내일이면 제가 이것을 당신 머리 위에 부을지도 몰라요."[11]

메이저는 머독이 관심을 가져온 한 문제와 관련해 머독과 다른 입장을 보여 그에게 실망감을 안겨주었다. 바로 유럽연합 문제였다. 『선』은 메이저 총리를 "유럽연합의 권력 다툼"에 뛰어든 "유럽의 야수"라고 표현했다.[12] 머독은 유럽연합을 증오하며 대처의 복귀를 바라는 비정상적인 희망을 품기도 했다. 1993년 보수당 회의를 앞두고 『선』은 '메이저, 지금 당장 떠나라. 그리고 매기를 돌려보내라'라는 제목의 머리기사를 실었다.[13] 메이저 정부를 비난하는 데 있어 『선』은 혼자가 아니었다. 『데일리

익스프레스Daily Express』를 제외한 모든 영국 신문이 사실이건 아니건 상관없이 수많은 정부 관련 스캔들을 유포했다. 머독의 『뉴스 오브 더 월드』 또한 보수당 장관들의 애정 행각과 그 애인들의 임신 소식, 보수당 하원의원의 '동성애'에 관한 보도를 쏟아냈다.[14]

　머독의 신문들은 이렇듯 "보수당 인사들의 부정행위"와 메이저 총리의 유럽 정책을 비판했지만, 머독을 더욱 분노케 한 것은 언론업계에 대한 총리의 태도였다. 많은 1980년대 정치인이 그러했던 것처럼, 메이저 또한 『선』과 『뉴스 오브 더 월드』 등의 타블로이드지가 쏟아내는 터무니없는 기사들을 두려워했다. 그런 이유로 언론 고충 처리 위원회Press Complaints Commission를 창설했다. 사생활법 위반이라는 더 큰 문제를 모면하기 위해 머독은 이 위원회의 조사를 받아들일 수밖에 없었다. 그 와중에 메이저가 외국인의 신문사와 TV 방송사 겸영을 금하는, 미국과 유사한 법률 도입을 고려하고 있다는 소문이 머독 참모의 귀에 들어갔고, 그는 총리의 계획이 "머독에게 전적으로 불리하다"고 결론지었다.[15] 1995년 메이저 정부는 신문사의 방송사 겸영을 허용하는 완화된 법안을 발표한다. 그러나 그 법안의 수혜를 받기에 머독의 회사는 너무 거대해져 있었다. 메이저 정부가 입안한 방송법에 따르면 시장 점유율 20퍼센트 미만의 신문사만 지상파와 위성 TV 업계에 진출할 수 있었다. 이는 머독의 뉴스 인터내셔널은 물론 노동당을 지지해온 미러 그룹도 배제하는 조치였다.

　보수당 인사들의 각종 부정행위와 보수당 정부의 적대적 미디어 정책은 머독을 정치적 딜레마에 빠지게 했다. 머독은 메이저와 그의 부도덕한 보수당 정부를 경멸했지만, 보수당에 대한 지지를 멈춘 것은 아니었다. 때문에 1997년 선거에서 머독이 노동당을 지지한 것은 매우 놀랄 만한 변화였다. 자신의 정치적 영향력과 자기 제국의 번영이 정부의 미디어 정책에 달려 있음을 잘 알고 이런 변화를 감수한 것이었다. 한 측근은 머독이 당시 "자신이 총리를 직접 선택할 수 있다는 과대망상"에 빠져 있었다고 표현했다.[16]

머독의 전략은 두 가지 노선을 띠고 있었는데 하나는 메이저 정부를 향한 것이고 하나는 노동당을 향한 것이었다. 머독은 이미 배신자라 판단한 보수당을 향해서는 사적인 비난과 함께 『선』의 지면을 활용해서 공적인 공격도 퍼부었다. 머독과 메이저 정부 둘 다 서로에게 적대적이었기에, 1995년 2월 머독의 신문들이 존 메이저의 아들과 연상의 여인 사이의 스캔들을 보도하자 메이저는 "150명 이상의 의원이 나를 지지해준다면 루퍼트 머독을 무너뜨리고 그가 어떠한 신문도 갖지 못하게 만들겠다"고 으름장을 놓았다.[17] 그 몇 달 뒤 발표된 것이 바로 미디어 법안이었다. 다른 규제들은 느슨하게 풀어주는 반면 거대 신문사들의 TV 진출은 제한하는 이 법안에 머독은 그야말로 "격노"했다.[18]

1997년 선거가 있기 1년 전, 머독은 메이저를 개인적으로 만나 뉴스 인터내셔널의 지상파 TV 진출을 허용하도록 압력을 가했으나 뜻을 이루지 못했다. 보수당은 "자신의 무기를 놓으려 하지 않았다".[19] 메이저는 선거에서 불리하게 작용할 것임을 알면서도 확고한 의지로 거대 신문사와 언론사에 대한 규제를 강화하는 법안을 통과시켰다.

한편 머독은 몇 해 전부터 노동당이 새로운 리더 토니 블레어 아래에서 변화를 모색하고 있다는 사실에 기뻐하고 있었다. 1994년 8월, 머독은 『슈피겔Spiegel』과의 인터뷰에서 자신의 신문이 호주 선거에서 노동당 정부의 당선을 지원한 바 있으며 "토니 블레어에 대한 지지 역시 불가능한 것은 아니"라고 말했다.[20] 토니 블레어와 개인적으로 식사를 한 뒤, 머독은 "그가 말한 것들이 확실히 옳긴 하지만 아직 순순히 넘어갈 수는 없는 일"이라고 털어놓았다.[21] 머독이 신중했던 데는 이유가 있다. 블레어가 노동당 대표로 선출된 1995년 초, 전직 미디어 정책 대변인을 포함한 일군의 노동당 하원의원들이 신문 출판인의 신문 소유를 일간지 하나 주간지 하나로 제한하는 취지의 미디어 법안을 건의한 바 있었기 때문이다. 그 법안에는 머독이 위성 TV 네트워크 BSkyB의 지분을 팔 수밖에 없는 변화를 일으키는 내용도 담겨 있었다.[22] 비록 소수에 의해 건의된 것이었지만, 그 법안은 블레어 뒤에 머독을 혐오하는 노동당 의원들이 존재한다는 사실을 머독에 상기시켰다.

때문에 머독의 언론들은 노동당을 끌어안으려 달려들지 않았다. 심지어 블레어와 머독이 우호적인 만남을 가진 뒤에도 『선』은 노동당 대표를 계속해서 비난했다. 1995년 3월의 한 사설은 블레어가 "보수당원보다 더 보수적인 것처럼 보이려" 한다면서 독자들에게 "속지 말라"고 경고했다.[23] 한편으로 머독 언론들은 존 메이저가 보수당 대표 선거를 앞두고 자신에게 비판적인 당원들과 대립하고 있을 당시, 메이저를 패배시키라고 보수당원들을 독려했다. 보수당원들은 정말로 그렇게 했고, 그 이유는 1995년 7월 초 『선』이 주장했듯 "메이저에 투표하는 것은 노동당의 의회 진출을 용인하는" 것이라 생각했기 때문이다. 『선』은 이렇듯 노동당에게 결코 먼저 넘어가지 않았다.

그럼에도 불구하고 머독은 노동당 대표의 속내를 계속해서 타진했다. 그는 블레어를 메이페어의 호화 주택에 초대해 아침 식사 자리에서 도덕성과 가족적 가치에 대한 열띤 토론을 벌이기도 했다.[24] 토니 블레어와 그의 아내 셰리 블레어는 뉴스 인터내셔널의 영국 대표이자 머독 마피아의 일원인 레스 힌턴과도 사교적인 관계를 유지했다. 매우 실용주의적인 노동당의 새 대표 블레어와의 교류는 머독에게 매우 즐거운 일인 한편 정치적 보험과도 같았다. 존 메이저가 적극적으로 머독의 사업 확장에 제동을 걸었던 1995년 초, 블레어는 다음과 같이 말했다. "머독이 너무 많은 권력을 가지고 있다는 것은 문제가 아닙니다." 몇 달 뒤 공개된 노동당 언론 정책에, 신문과 TV 방송국 소유권 제한에 대한 언급은 한마디도 없었다. 한 산업 논평가는 이 정책이 "놀랍게도 머독과 같은 미디어 재벌에게 아무런 위협도 가하지 않는다"고 평가했다.[25]

1995년 7월, 블레어는 호주에서 열린 머독 매체의 편집회의에 초청되어 닐 키녁의 분노를 샀다. 이런 블레어의 행보에 다른 노동당 사람들도 부정적 반응을 터뜨리자, 앨러스테어 캠벨은 노동당원들은 "당에게 우호적인 언론보다 지난 몇 년간 당에 심각한 피해를 입힌 언론에게 더욱 신경 써야 할 것"이라고 응수했다. 블레어와 캠벨이 호주행 비행기에 올라타기 직전, 앞으로 벌어질 변화들을 예견하는 하나의 징후가 드러났다. 전직 노동당 대표 마이클 풋에 대한 중상모략 혐의(『선데이 타임스』는 풋이 소련의 KGB와 관계있다는 악의적 기사들을 낸 바 있다)로 지루한 법적 공방에 시달리고 있던 머독이 갑작스레 풋에 대한 피해 보상을 결정한 것이다.

편집회의에 참석한 블레어를 자신의 고위 직원들에게 소개하며 머독은 다음과 같이 말했다. "영국 언론의 말이 맞는다면, 현재 블레어와 머독은 서로에게 추파를 던지는 중입니다. 이 추파가 정점에 이른다면, 나와 블레어는 마치 두 마리의 고슴도치처럼 매우 신중하게 사랑하게 될 것입니다."[26] 그 자리에서 블레어는 우익이 대체로 바람직한 경제정책을 제시했다 할지라도, 그것을 시작하기 위한 사회질서와 안정성 확립에 실패했다고 말했다. 또한 대처와 레이건은 "산업을 강조하고, 성공에 규제가 아닌 보상을 제공하고, 기득권을 깨부수었다는 점에서 옳은 일을 했고, 이 점에서 대처는 보수주의자가 아니라 한 명의 급진주의자였다"고 말하면서 보수당을 지지해온 많은 사람이 실은 보수주의자가 아니라 "반기득권층"이라고 주장했다. 머독이 『선데이 타임스』를 통해 줄기차게 해온 주장과 상응하는 것이었다. 블레어는 보수당의 민족주의적 성향을 비판하면서 친유럽적 자세를 대담하게 드러내며 이렇게 말하기도 했다. "나는 노동당 정부가 시대착오적이고 잘못된 민족주의에서 벗어나 외향적이고 국제주의적인 자세로 자유롭고 규제 없는 무역에 헌신하기를 희망합니다."[27] 머독은 이 편집회의에 참석한 블레어의 "용기"를 칭찬했고 그를 "훌륭한 연설을 선보인 총명한 젊은이"라고 높이 평가했다.

블레어와 그의 보좌관 앨러스테어 캠벨은 그 편집회의에서 목격한 머독의 영향력에 깊은 인상을 받았다. 그들은 머독이 연설하는 동안 "성인 남녀들이 모두 머독을 주시하는 장면이 놀랍기도 하고 조금 오싹하기도 했는데, 그 남녀들이 받아 적는 단어 하나하나가 기사로 어떻게 옮겨지느냐에 따라 매우 상이한 결과가 생길 수 있음을 알고 있었기 때문이다.”**28** 머독은 “실명을 거론하지 않고 몇몇 편집장의 실책을 언급함으로써 편집장들의 간담을 서늘하게 하기도 했다”. 캠벨은 당시에 대해 이런 말을 하기도 했다. 머독이 블레어의 연설이 갖는 중요성에 대해 강조하자 “어디론가 사라졌다 돌아온”『선』과『타임스』편집장들은 블레어의 “아주 멋진 연설을 보도하라고 런던에 지시했다고 내게 자랑스럽게 말했다”.**29** 하지만『타임스』에 게재된 블레어 연설에 대한 기사에는 비판적인 말도 섞여 있었다.

　몇몇 사람의 눈에는 편집회의에 참석한 블레어에 대한 머독의 발언이 새로운 노동당과 은밀한 관계를 유지하겠다는 머독의 뜻으로 보일지 모르지만, 그것은 머독의 권력 행사 방식과 타인을 다루는 방식을 보여주는 사례일 뿐이다. 블레어의 회의 참석이 차기 총리를 위한 행보였던 것과 마찬가지로, 블레어를 초대하기로 한 머독의 결정은 존 메이저에게 압력을 가하기 위한 수단일 뿐이었다. 그러나 1995년과 1996년을 거치면서 상호 간에 일종의 ‘이해관계’가 형성되기 시작했다. 그 시기에 머독이 메이저보다 블레어가 신문과 TV 방송을 겸영하고 싶어 하는 자신에게 협조할 것임을 깨달은 것으로 보인다. 1995년 말, 노동당 그림자 내각에서 장관으로 내정된 한 사람이 케이블과 위성 TV 시장에서 머독의 우위에 대해 독점과 합병 위원회가 조사해야 한다고 주장하자, 블레어는 즉시 그 주장을 철회하라고 지시했다.**30** 이듬해 메이저 총리가 뉴스 인터내셔널의 TV 진출을 제한하는 법률안을 제시하자 노동당은 그에 반대했다. 노동당이 보수당 법안을 반대하는 일은 대수롭지 않은 것이지만, 이 경우에는 보수당이 아니라 노동당이 언론업계를 지배하고 있던 뉴스 인터내셔널에 유리한 '자유롭고 경쟁적인 시장'을 지지했다는 점에서 특별한 사건이었다.

1997년 선거를 앞두고, 머독이 노동당과 보수당 중 어느 쪽을 지지할 것이냐에 대한 의문이 커져갔다. 신문 사설의 기본 방침을 직접 하달하는 머독의 영향력을 매우 잘 알고 있었던 블레어와 캠벨은, 1996년 3월에 『선』의 고위 직원들과 점심 식사를 함께했다. 그들은 그 우익 언론인들이 노동당에 적대적이라 할지라도 결국은 머독의 뜻에 따를 것임을 그 자리에서 확인할 수 있었다. 머독의 초상화가 내려다보고 있는 그 점심 식사 자리에서, 캠벨은 『선』의 언론인들이 마치 광신적인 통일교 신자 같다고 생각했다.[31]

선거기간 막바지에 이르기까지 머독의 결정은 불명확했다. 1997년 1월 말, 『선』은 여전히 블레어에 적대적이었으며 "너무 쉽게 확신을 바꾸는" 블레어를 "자신의 확신에 집착하는" 메이저와 대조했다. 블레어와 캠벨은 머독의 특사 어윈 스텔저에게 "도대체 일이 어떻게 진행되고 있는지"를 묻기도 했다.[32]

2월이 되어서야 머독은 블레어 쪽으로 결정을 내렸다. 그의 지지에 대한 보답으로 블레어는 즉시 친유럽적인 태도에서 거리를 두겠다는 의사를 공개적으로 밝혔다. 이에 『선』은 "영국 제일의 신문이 보도하는 역사적 발표"라는 표현과 함께 "『선』은 블레어를 지지한다"는 문구를 1면에 실었다. 보수당은 "지쳤고 분열되고 지휘자를 잃은" 반면, 블레어는 비전과 목적 그리고 용기를 가졌다는 이유였다. 『선』의 감정은 며칠 뒤 보다 시각적으로 드러났다. 1992년에 노동당은 "3면에 예쁜이들"의 사진이 실리는 것을 금지할 것이라고 독자에게 경고하며 뚱뚱한 반라의 여성 사진을 게재했던 이 신문은, 그 사진을 기억하는 사람들을 겨냥한 한 장의 사진을 실었다. 전형적인 『선』 스타일의 헐벗은 핀업 걸이 해변에 누워 있는 그 사진에는 '멜린다는 전적으로 블레어를 지지한다'라는 헤드라인이 달려 있었다. 『뉴스 오브 더 월드』는 노동당 그림자 내각에서 외무부 장관으로 내정돼 있던 로빈 쿡에 대한 스캔들 기사를 선거 전에는 내지 않기로 결정했다.[33]

하지만 1997년 블레어를 지지한 머독의 방식은 1992년 보수당을 지지했던 방식과는 달랐다. 가령 『선』은 '메이저 가의 악몽' 같은 흑색선전은 하지 않았고, 선거 당일에는 보수당을 지지하는 노먼 태빗의 칼럼을 게재하기도 했다. 하지만 1면에 신의 신성한 손길이 토니 블레어의 머리로 내려와 성유를 바르는 그림을 싣고 '그대여야만 한다'라는 헤드라인을 달았다. 유럽과 관련한 블레어의 맹세를 강조한 감상적인 사설은, 블레어가 자신이 승리한다면 유럽에 더욱 통합되는 문제를 국민투표에 붙여 "유럽이라는 용을 무찌를 것이라 약속했다"면서 영국은 "다우닝 가 10번지에 있는 잘못된 사람 대신 강력한 사나이"를 필요로 한다고 강조했다.[34]

선거에서 노동당이 압도적으로 승리한 다음 날, 『선』은 1992년 선거 직후에도 그랬던 것처럼 "『선』이 해냈다"고 자축하며 "우리에게 의지해온" 블레어가 매우 신속하게 "당내 거물들에게 우리의 지지가 선거에서 한 역할의 중요성을 강조"했다고 말했다.[35] 『선』이 블레어를 지지하고 나서기 전에도 각종 여론조사에서 노동당이 우세하는 것으로 나타났기에, 이런 『선』의 주장은 이치에 맞지 않는 것이었다. 그렇지만 머독에게 빛을

졌다는 점을 블레어에게 상기시키는 효과로는 충분했다. 『선』은 이날 과장된 자화자찬만큼이나 확고부동한 이데올로기적 성격을 드러내기도 했다. 한 사설은 블레어가 "노동당을 국민들이 선택한 자유시장을 지지하는 정치권력으로 변모시켰다"고 주장했다.**36** 며칠 뒤, 자유시장 싱크탱크 애덤 스미스 연구소의 한 임원은 복지 정책을 칠레와 유사한 방식으로 개혁하려는 블레어의 계획을 칭찬했다. 당시 민영 연금에 대한 칠레의 실험은 정부가 주도하는 연금 정책에 대한 자유시장의 대답으로 각광받고 있었다.

　　루퍼트 머독과 토니 블레어 정부 사이 같은, 권력가와 정부 간 관계를 생각하다보면 만화책에 등장하는 세계관에 빠지기 십상이다. 은밀한 거래, 동의라는 대가, 영혼을 파는 약속, 그 모두가 만화 같기 때문이다. 자신의 정부를 바라보는 그 같은 관점을 의식하고 있었던 블레어는 회고록에서, 자신이 머독의 편집회의에 참석할 것임을 전통적 노동당원들에게 알렸을 때의 광경을 파우스트가 악마와 거래하는 장면에 비교했다. 그러나 머독 입장에서는 1997년에 노동당을 지지한 것이 영혼을 판 행위가 아니었다. 머독의 정치적 관점은 전혀 변하지 않았기 때문이다. 블레어를 지지하는 방식도, 1992년 『선』을 이용해 노동당을 중상모략하거나 조롱하며 보수당을 지지했던 방식과는 사뭇 달랐다. 1997년 이후 머독의 노동당 지지는 조건적인 것이었다. 머독은 당연한 것은 아무것도 없다는 가정하에 계속 블레어에게 영향력을 행사했다. 블레어와 머독 사이의 '거래'에는 지속적인 지지는 포함되어 있지 않았다. 때문에 머독의 지지를 얻기 위해 노동당은 자신들의 유용성을 머독에게 계속 증명해 보여야 했다.

득점

블레어 총리 임기 동안 머독은 그와 정기적이고 사적인 관계를 형성하고, 자신의 신문과 TV 제국을 보호했으며, 영국 외교정책에 입김을 넣었다는 점에서 세 골을 득점했다.

1998년 머독은 BSkyB를 확장할 계획으로 실비오 베를루스코니의 거대 TV 네트워크 미디어셋의 인수를 시도했다. 하지만 외국인이 이탈리아 방송국 주식을 사들이는 일은 정치적으로 민감한 사안이었다. 그래서 머독은—후에 한 동료가 『파이낸셜 타임스』와의 인터뷰에서 밝혔듯이— 블레어에게 전화를 걸어 이탈리아 정부가 그의 인수 계획을 반대하는지 로마노 프로디 총리에게 물어봐달라고 요청했다. 얼마 안 있어 프로디가 다우닝 가에 전화를 걸어오자 블레어는 머독의 질문을 전했고, 어떠한 반대도 없을 것이라고 프로디는 대답했다. 이 통화 내용이 대중에게 알려지자 앨러스테어 캠벨은 그런 일은 없었다고 부인하다가 결국 사임할 수밖에 없었다. 블레어는 "나는 머독 씨를 다른 사람들과 똑같이 대해왔다"고 변명했고, 뉴스 인터내셔널은 "이런 종류의 사안과 관련해 정부 인사의 협조를 구하는 것은 거대 기업들에게는 매우 일상적인 일"이라고 주장했다. 그러나 뉴스 인터내셔널의 임원들도 비공식적으로는 머독이 그런

일로 블레어와 접촉했다는 사실에 매우 놀라워했다.[37]

이 사건 이후 캠벨은 자신에게 쏟아진 비난이 노동당 정부에게 피해를 입힐까봐 염려했다. 캠벨은 자신의 수기에서 다음과 같이 밝혔다. "블레어는 자신이 나 때문에 비난받는 것은 두렵지 않지만, 머독과의 관계 때문에 비난받는 것은 두렵다고 말했다. 그는 머독이 로비를 해왔는지를 묻는 끈질긴 질문 공세를 피하고 싶어 했다."[38] 이후 노동당과 머독의 접촉은 보다 조심스러워졌다. 몇 년 뒤, 영국 내각은 1998년에서 2005년까지 블레어와 머독이 직접 만나거나 통화를 나눈 날짜들의 기록을 공개했다. 그 기록상으로 보면 두 사람의 공식적인 만남은 열다섯 번이었지만, 캠벨의 수기에 따르면 세 차례의 만남이 더 있었다. 공식적 만남 외에도, 블레어가 캠벨과 함께 『선』 사무실에서 머독과 점심 식사를 한 것을 포함해 많은 접촉이 있었던 것이다. 한번은 캠벨과 랜스 프라이스가 한 저녁 만찬을 취소한 적이 있었다. 블레어가 머독도 함께해야 한다고 했기 때문이다. "우리는 당황한 채 머독에게 이용당하게 될까봐" 두려웠다고 후에 랜스 프라이스는 말했다.[39]

프로디 사건은 머독의 힘이 다른 세력에게도 미치고 있음을 보여주었다. 이 사건이 폭로되어도 야당인 보수당이 매우 이례적으로 블레어에 대한 비판을 주저한 것이다. 보수당의 한 고위 당원의 비공식적 발언에 따르면, 보수당은 머독 신문들과의 관계 개선을 위한 노력이 수포로 돌아가는 것을 원치 않았다 한다.[40] 머독은 보수당이 다시 집권할 경우를 대비한 보험도 되고 노동당이 자신의 지지를 더 이상 원치 않을 때를 대비한 위협도 되는 전략을 사용했다. 가령 2001년 선거를 앞둔 2년 동안

『선』은 보수당 대표 윌리엄 헤이그를 지지했지만, 그것은 전략적 선택일 뿐이었다. 2000년 10월, 머독은 블레어와 사적으로 만나서 "보수당은 당선 가능성이 없었다. 더 이상의 말은 하지 말자"라고 말했다.[41]

노동당은 거대 신문사의 지상파 TV 진출을 규제하는 메이저의 방송법을 계승하고 있었다.(당시 머독은 이미 위성 TV BSkyB를 소유하고 있었다.) 하지만 머독의 환심을 사야 했던 노동당 정부는 2001년 선거가 끝나자 기술적 환경 변화를 들먹이며 미디어 소유권에 대한 연구 보고서를 발표하는 등 법률 개정 작업에 착수했다. 2002년 5월에 정부가 제출한 통신 법안 초안은 소유권 규제가 무효화되기를 희망하는 뉴스 인터내셔널의 기대에 정확히 부응했다. 말하자면 정부가 신문 시장의 20퍼센트 이상을 점유하고 있는 언론사 소유주에게 채널5를 인수해 사업을 확장하라고 제안하고 있었다. 이 법안은 "머독 조항"이라는 오명을 얻으며 대중의 비판을 받았다. 상원 회의실에서 결정된 이 법안을 주도적으로 비판한 유명 영화제작자 데이비드 퍼트넘은 다음과 같은 경멸적 발언을 남겼다. "정부가 머독 신문의 지지를 필요로 하고 있으니 정부가 머독과 싸울 것이라고 기대하지 맙시다."[42]

법안 반대에 직면해, 정부는 "공익"에 부합하지 않으면 총리가 신문사와 방송사의 경영을 막을 수 있다는 새로운 조항을 끼워넣을 수밖에 없었다. 하지만 1년 뒤 유출된 문건으로 인해 그 조항이 별 의미 없는 회유책이었음을 증명되었다. 새로운 법안이 의회의 검토를 받고 있을 당시, 뉴스 인터내셔널은 정부와 무려 여섯 차례나 비밀스러운 접촉을 가졌다.

머독은 새로 생긴 언론 규제 기구인 정보 통신 위원회Ofcom, Office of Communications가 새 조항을 이용해 뉴스 인터내셔널의 TV 진출을 막지 않을까 염려했다. 이에 문화언론체육부 장관 테사 조웰은 레스 힌턴에게 뉴스 인터내셔널이 원하기만 한다면 채널5를 인수할 수 있을 것이며 법안의 작은 변화들은 대수롭지 않은 것이니 "너무 심각하게" 받아들일 필요가 없다고 말해주었다.**43**

반면 보수당이 제안한 법안은 언론 독점 방지를 위한 것이었다. 정부 규제가 완화된 환경에서 경쟁의 법칙에 의해 시장을 발전시키려면 독점 방지는 필수적인 조건이었다. 사실 머독의 로비는 자신이 공개적으로 표명해온 시장과 경쟁에 대한 신념에 전적으로 반하는 것이었다. 앤드루 닐의 다음과 같은 언급은 이 일련의 사건을 잘 요약하고 있다. "블레어의 태도는 매우 분명했다. (…) 블레어 정부에 귀 기울여주기만 한다면 머독 매체는 아무런 탈도 없을 것이다."**44** 실제로는 탈이 없는 정도가 아니라 그보다 더한 이익을 얻었다. 즉 머독은 보다 많은 언론 매체를 차지하기 위해 정부로부터 특혜를 이끌어냈다.

노동당 정부하에서 자신의 미디어 제국을 지켜낸 것은 대단한 성과임에 분명하지만, 이 시기 머독이 행사한 가장 큰 영향력은 영국의 외교정책과 관련된 것이었다. 머독이 신문과 TV의 거물로 부상하면서 언론이 보다 타블로이드화 혹은 "단순화"되었다는 견해는 대중적 (그리고 학문적) 신화에 불과하다. 사실 이러한 경향은 머독과 무관하게 발생했다고 보아야 한다. 영국 외교정책에 대한 머독의 영향력은 (언론에 대한 그의 입김과 비교했을 때) 보다 확고하고 지속적인 것이었으며, 이 호주 출신의 미국인에게 가장 눈부신 성과였다. 『타임스』와 『선데이 타임스』를 인수한 1980년대 이후, 영국 외교에 대한 머독의 주장은 줄곧 분명했다. 바로 영국과 미국의 연대 강화였다. 실상 미국에 대한 영국의 종속을 의미하는 이 주장은 머독의 정치적 신념 중 가장 눈에 띄는 것이었다. 로널드 레이건의 외교정책을 응원해온 친미적 매체 『타임스』를 통해 그의 신념이 가장 명백하게 드러났다. 영국의 독자적 외교정책 수립에 대한 머독의 반대는 노동당 정부하에서 두 방향으로 발전했다. 먼저 머독은 영국과 유럽의 관계가 깊어지는 것을 반대했다. 동시에 그는 2003년 초에 발발한 미국의 이라크 침공에 영국 정부의 지지를 촉구했다. 첫 번째 방향과 관련해 총리의 반대에 직면하기도 했으나, 당시 영국과 유럽 관계에서 머독의 영향력이 막대했음은 부인하기 어렵다. 머독은 노동당의 친유럽적 행보에 거부권을 행사했다. 두 번째 방향에서 머독과 블레어는 의견 일치를 보았다. 하지만 문제는 대부분의 영국인이 이라크전 지지에 냉담한 반응을 보인다는 것이었다. 이에 『선』은 결점투성이인 노동당 정책을 옹호함으로써 미국의 이라크 침공에 대한 영국 대중의 지지를 이끌어냈다. 하지만 블레어는 이라크전 지지로 인해 지워지지 않는 오점을 남겼다.

블레어를 지지하기 시작한 1997년 이래, 머독은 노동당 정부가 유럽 통합에 반대해야 한다고 분명히 밝혔다. 그 결과 블레어는 『선』과의 인터뷰에서 다음과 같은 두서없는 말을 남겼다. "유럽에 대한 내 입장은 다음과 같습니다. 나는 유럽이라는 거대 국가를 고려하지 않을 겁니다. 만일 그와 같은 거대한 용이 만들어진다면, 내가 그 용을 베어버릴 겁니다."[45]

퇴임 후 블레어는 "유럽 통합에 회의적인 언론들" "특히 머독 신문들"의 "매우 히스테리적인 행동"을 불평하기도 했지만, 총리 재임 기간 동안에는 그 언론들이 자신을 괴롭히도록 내버려두었다.[46] 실제로 블레어와 그의 내각은 대체로 친유럽적이었으며 대륙의 나머지 국가와 긴밀히 통합되기를 원했다. 하지만 블레어가 총리직에 앉아 있던 10년간 그런 일은 일어나지 않았다.

『선』의 요란한 사설과 1면은 유럽통화동맹European Monetary Union 가입이라는 유럽 통합의 첫 단추에 끊임없이 반대했다. 머독은 블레어와의 사적인 만남에서 동일한 입장을 계속 전하기도 했다. 캠벨은 다음과 같이 말했다. "우리가 그들이 어떻게 생각하는지까지 신경 쓰는 것은 터무니없는 일이다. 우리는 단지 유럽과 관련된 보다 유용한 대화를 위해 노력해야 한다."[47] 얼마 지나지 않아 블레어와 캠벨은 『선』 건물에서 머독과 점심 식사를 가졌고, 캠벨은 그 자리가 마치 극우 반유럽 정당인 영국 국민당과의 만남 같았다고 묘사했다.[48] 유럽에 대한 머독의 적대는 미국 기업 연구소의 뉴 애틀랜틱 기구에 대한 재정 지원을 통해 비공식적으로 드러났다. 1996년 5월, 이 기구는 300여 명의 보수 인사들을 끌어모았다. "서구 문명의 성과들"을 기념한다는 대외적 목적과 달리 유럽 정치계에 친미국적 보수주의를 전파하는 것이 그 기구의 실질적 업무였다. (2002년에서 2005년까지 뉴 애틀랜틱 기구는 한때 뉴스 코퍼레이션에서 근무했고 폴란드에서 2005년 국방부 장관으로, 2007년에는 외교부 장관으로 임명된 라덱 시코르스키에 의해 운영되었다.)

유럽을 향한 영국의 행보를 막아내기 위해 머독은 유럽통화동맹 가

입과 관련된 국민투표를 블레어에 요청했다. 이는 막대한 영향력을 행사하는 자신의 시끄러운 신문들을 동원해 그 사안을 논쟁화시키겠다는 의미였다. 머독뿐만 아니라 보수당원 대부분도 영국이 유럽통화동맹에 가입하는 것을 반대하고 있었다. 언론계에서도 머독의 신문뿐 아니라 『데일리 메일』과 콘래드 블랙의 『데일리 텔레그래프』 또한 유럽 통합에 회의적이었다. 하지만 이 두 신문의 경영인들은 선거에서 노동당을 지지하지 않았다. 따라서 1997년 선거에서 노동당을 지지했다는 카드는 머독만 쓸 수 있었다.

　여러 차례에 걸쳐 머독은 블레어로부터 유럽 통합과 관련된 국민투표 실시를 약속받았다. 여론조사에서 블레어의 재선이 점쳐지고 있던 2000년 후반, 블레어는 다시 한 번 국민투표를 약속했다. 이러한 총리의 노력에도 불구하고, 『선』은 2000년 11월에 유럽연합 신속 대응군European rapid reaction force에 동참하기로 한 정부의 사소한 결정이 영미 동맹을 위태롭게 만들 것이라고 주장하면서 물고 늘어졌다. 하지만 그 일과는 별도로, 『선』은 다가오는 선거에서 노동당을 지지하라는 머독의 지시를 성실히 받아들였다. "새로운 노동당은 완벽하지 않습니다. 그들에게는 아직 할 일이 많이 남아 있습니다. 토니, 우리는 결과물을 원합니다. 우리는 그것을 요구하는 바입니다."**49**

　2002년에 블레어가 유럽과의 긴밀한 관계를 원하고 있다는 태도를 드러내기 시작하자, 머독은 자신의 신문들이 유럽 통합에 '반대'하는 국민투표 캠페인을 벌일 것이라고 다시 한 번 주장했다. 또한 『선』의 편집장은 다음 선거에 앞서 유럽 통합이라는 사안이 국민투표에 부쳐지면 "토니 블레어의 경력에 가장 큰 실수로 기록될 것이며" "『선』이 유럽 통합을 찬성하는 캠페인을 벌이는 것을 보는 일은 결코 없을 것"이라 말했다. 덧붙여 "머지않아 우리가 그저 유럽 통합에 반대하지 않기를 기대하는 것 이외에 블레어가 품을 수 있는 희망은 없을 것이다"라고 말했다.[50] 당시까지만 해도 머독은 미국의 이라크 침공을 지원한 블레어에게 지지를 보냈다.(이라크 침공 지원을 관철시키기 위해 블레어는 자신의 모든 평판을 포기해야 했다.) 하지만 블레어는 그 일만으로는 머독의 장기적 지지를 보장받지 못했다. 얼마 후 머독은 유럽이라는 사안이 블레어에 대한 자신의 기존 입장을 뒤집을 수 있을 만큼 중요한 것임을 분명히 했다.

2004년 4월, 블레어는 유럽 통합에 대한 기존의 긍정적 입장을 뒤집고 유럽연합헌법European Union constitution과 관련된 사안을 국민투표에 부치고자 했다. 이 결정은 머독의 특사 어윈 스텔저가 블레어 총리를 방문하고 한 달 뒤 내려진 것이었다. 블레어의 이런 입장 후퇴는 머독에게 2005년 선거 지원을 약속받고 내린 결정이었다. 마침내 블레어는 영국을 유럽 통합으로 향하게 하려는 계획을 철회했다. 후에 블레어는 자신의 회고록에서, 반유럽적 히스테리는 유럽 통합이라는 문제를 미국의 우방이 될 것인가 유럽의 파트너가 될 것인가의 양자택일 문제로 생각한 영미 우익 인사들의 착각에서 비롯된 것이라고 평했다.[51] 비록 머독이 직접적으로 언급되지는 않았지만, 회고록의 이 부분은 머독이 친미국적 반유럽적 정책들을 주장하기 시작한 1980년대 초에 해당되는 내용이다.

블레어의 외교정책에서 유럽 통합만큼이나 중요한 의미를 가졌던 이라크전과 관련해서, 머독은 직접 블레어를 위협하거나 회유할 필요가 없었다. 블레어는 조지 W. 부시의 파괴적 행보에 대해 처음부터 우호적이었기 때문이다. 2003년 3월의 침공이 있기 한 달 전, 머독은 블레어가 "매우 용감하고 강인하다"며 이라크전에 대한 그의 지지를 칭찬했다. "미국에 반사적인 적대심을 가지고 있는 소위 반전주의자들 사이에 있는 사람이 그러한 결정을 내리는 것은 매우 어려운 일이다. 하지만 그는 엄청난 용기를 보여줬다."[52]

미국의 이라크 침공이 가까워지자 『선』은 블레어의 팬클럽 회장을 자처하고 나서 그에게 쏟아진 비판에 사나운 사냥개처럼 맞섰다. 사설들은 총리에 대한 역겨운 칭송을 매일같이 쏟아냈다. 가령 2002년 7월의 사설은 블레어가 "매우 확고부동하다"고 언급했다. 9월에는 그를 "자기 원칙에 충실한 신뢰감을 주는 정치인"이자 "국제적 리더로서의 위상이 나날이 증가하고 있는" 인물이라고 표현했다. 블레어가 노동당 내부의 비판들을 공격하고 나선 10월, 『선』은 총리의 "극도로 자신감 넘치는 행보"를 칭송하며 그가 "최상의 컨디션"에 있다고 전했다. 2003년 1월에는 당내 비판가들에 대항한 블레어의 완고한 방침이 "정확히 올바른 논조"를 형성하고 있다고 평가했다. 2월에는 "흠잡을 데 없는 행보를 보인 총리를 중심으로 영국이 결집해야 한다"고 촉구했다. 침공 직전인 3월, 『선』은 블레어가 "처칠, 대처와 동등한 역사적 위치에 올라섰다"고 칭송했다.

침공이 점점 더 가까워지자 노동당은 쓰라린 분열을 겪었다. 『선』은 블레어에게 반대하는 내각 사람들을 겨냥해 "다투기 좋아하고 의심 많은" 자들은 입을 다물라고 말했다. 이라크 침공의 정당성에 의문을 제기한 BBC의 일부 인사들과 신문들을 겨냥해서는 "잘못된 푸념만 늘어놓으며 부시와 블레어를 악당으로 묘사하는 이들"에게는 공격을 가해야 한다고 주장했다. 블레어에게는 "9. 11 이후 이 나라에 불명예만 안겨온 시끄러운 자유주의 미디어들을 무시하라"고 충고했다. 『선』은 또한 전쟁에 반대하는 입장에 충격을 받았다는 듯이 "영국의 방송과 활자 매체는 수많은 사안에 대해 소름 끼치는 주장을 해왔지만 이번에도 그러고 있다. 게다가 영국의 외무부 장관마저 이라크에 대한 공격에 반대하고 있다"고 말했다. 당시 외무부 장관이던 로빈 쿡은 결국 이라크전이 임박하자 명예로운 사임을 선택했으며, 글렌다 잭슨 등 노동당 하원의원들은 반전 시위에 동참하기도 했다. 『선』은 잭슨을 포함한 노동당 하원의원들이 "이라크와 관련해 반미국적 독극물을 뿜어내고 있다"고 비판했다. 뿐만 아니라 수백만의 인파가 '전쟁을 중단하라' 시위에 참가한 2월에는 "5800만의 나머지 영국인은 런던 행진에 참여하지 않았다"고 지적했다.

　『선』이 쏟아낸 토니 블레어에 대한 칭송과 후원은 그에게 황금으로 만든 감옥과 같았다. 『선』의 목소리는 조지 W. 부시에 대한 루퍼트 머독의 절대적인 헌신을 반영하는 것이었지 블레어를 위한 것이 아니었기 때문이다. 만일 블레어가 부시에 대한 자신의 지지에 일말의 망설임이라도 표시했다면, 머독은 눈 깜짝할 사이에 전쟁에 우호적인 보수당과 보수당 대표 마이클 하워드에게로 돌아섰을 것이다. 이라크 침공 8개월 뒤인 2003년 11월, 이러한 사실은 매우 분명해졌다. 머독은 BBC 10시 뉴스와의 인터뷰에서 여전히 블레어를 지지하느냐는 질문에 다음과 같이 대답했다. "우선 우리가 우호적인 관계를 가져왔다고 말해두지요. 저와 하워드 씨가 그런 것처럼요. 이제 배심원들은 퇴장했습니다." 머독은 여전히 블레어를 칭찬했지만, 이라크전을 지지한 그에 대한 고마움은 더 이상 내비치지 않았다.

> 지금까지는 그러지 못했지만, 우리는 이제부터 야당인 보수당 간부들이 현 정부의 대안으로 적절한지도 살펴보아야 할 것입니다. (…) 토니 블레어가 지난 몇 달간 국제 무대에서 보여준 용기 역시 잊지 말아야겠지요. 그래서 우리는 아직 망설이고 있습니다. 조금 더 기다려보지요.[53]

블레어는 머독이 최소한 자신과 상대방 사이에서 "망설이고" 있다는 사실에 만족해야 했다.

루퍼트 머독은 매우 독특한 방식으로 블레어의 노동당 정부에 지속적인 영향력을 행사할 수 있었다. 1997년의 노동당 승리에 기여한 자신의 영향력을 강조하면서 2001년과 2005년의 선거를 앞두고는 노동당 지지를 철회하겠다고 협박하는 방식을 쓴 것이다. 머독이 이렇게 대범할 수 있었던 이유는, 블레어가 『선』의 대중 캠페인에 대항할 만큼 강하지 못하다는 사실을 잘 알고 있었기 때문이다. 회고록에서 블레어는 자신이 사임한 뒤 노동당에서 실시된 새로운 당 대표와 총리 투표에 대해 언급하며, 머독의 결정적인 영향력과 자신의 나약함을 우회적으로 시인했다. 그는 그 투표에서 자신이 싫어하는 고든 브라운 대신 하원의원 존 리드를 지원했지만, 리드가 노동당 대표가 되는 것은 애초부터 불가능했다고 말했다. "머독의 신문들이 그를 깎아내렸고 나는 루퍼트의 선동이 두려웠다."[54]

제8장

바그다드로 가는 길

우리는 사담 후세인에게 넘어간 중동 전체를 아직 포기할 수 없다. 나는 부시가 도덕적으로 매우 올바르게 처신하고 있다고 생각한다. (…) 세계 경제를 위한 최선은, 이렇게 말해도 좋을지 모르겠지만 석유 값을 배럴당 20달러로 떨어뜨리는 것이다.[1]

루퍼트 머독, 2003

몇몇 사람은 '과도한 무력' 사용을 비난해왔다. 우리는 그들과 다르다. (…) 아부 그라이브 수용소의 상황을 주시하라. (…) 민주당에 의해 통제될 미국 의회를 기뻐할 것이 틀림없는 이라크 폭도들이 어떤 성명서를 낼지 지켜보라.

이라크 보도 관련 폭스 뉴스 내부 메모, 2005

2003년 3월 20일, 토마호크 미사일과 '벙커 버스터' 폭탄이 바그다드의 밤하늘을 수놓음으로써 장기간 예상되었던 이라크 침공이 비로소 시작되었다. 루퍼트 머독은 LA 사무실에 설치된 일곱 개의 TV 화면을 통해 이 공격 장면을 접했다. 그 뒤 일주일 동안 머독은 이른 아침부터 뉴욕의 폭스 뉴스 프로듀서들과 몇 차례 미팅을 가졌다. 기자들도 불러 모아 꼿꼿한 등받이가 달린 의자에 앉아 신문들을 훑어본 다음 그들에게 전쟁 경과에 대한 질문을 퍼부었다. 폭스 뉴스의 한 고위 관계자는 이일주일을 다음과 같이 인상적으로 회고했다. "그는 열광해 있었고, 마음으로는 한 명의 기자였다."[2]

그 1년 전부터 폭스 뉴스는 이라크를 침공해야 한다는 정부의 주장을 지지하면서 '이라크인에게 자유를'이라는 정부의 슬로건을 자신의 슬로건으로 차용하기도 했다. 마침내 전쟁이 발발하자 『위클리 스탠더드』의 책임 편집장 프레드 반스는 폭스 뉴스의 간판 프로그램 「브릿 흄의 스페셜 리포트Special Report with Brit Hume」에 출연해 이라크전을 "(조지 스미스) 패튼과 그의 탱크가 프랑스 남부를 가로질렀던 스릴 넘치는" 1944년 노르망디 전투에 비교했다.[3] 그 이틀 뒤『선』은 "거대한 화학무기 공장이 발견"되었으며 이는 조지 W. 부시와 토니 블레어의 "위대한 성취"가 될 것이라는 보도를 흥분해서 내보냈다.[4] 전쟁에 대한 흥분은『뉴욕 포스트』의 지면을 통해서도 분출되었다. '바그다드를 불태워라'라는 제목의 칼럼에서『뉴욕 포스트』의 편집장 애덤 브로드스키는 폭격에 대한 TV 보도들을 언급했다. "나는 바그다드의 어떤 건물들이 (폭격에 의해) 붕괴되고 있는지 알지 못한다. 하지만 대수롭지 않은 일이다. 당신이 뭐라 하든, 그날은 매우 유쾌한 날이었다."[5]

2001년 9. 11 테러의 주범으로 이라크가 지목된 이래 머독의 글로벌 뉴스 매체는 이라크전의 치어리더를 자처해왔다. 이라크 침공에서 군사 동맹을 형성한 핵심적인 세 국가 미국, 영국, 호주 모두에서 뉴스 코퍼레이션의 언론은 지도자에 대한 지지를 촉구했고 이는 조지 W. 부시, 토니 블레어, 존 하워드에게 매우 반가운 일이었다. 뉴스 코퍼레이션 언론들이 이렇게 일관된 움직임을 보인 것은 우연이 아니었다. 이라크전은 머독이 끊임없이 주장해온 것이었기 때문이다. 머독 언론들이 내세운 전쟁의 명분은 몇 달도 안 되어 무너졌지만, 머독은 이라크와 관련해 자신이 틀렸을 수도 있다는 내색을 단 한 번도 드러내지 않았다.

2003년 3월의 공격이 있기 6주 전, 전쟁에 대한 머독의 태도는 매우 분명했다. 전쟁 불가피론에 대한 국제적 비판이 고조되었던 이 시기 머독은 다음과 같이 말했다. "우리는 사담 후세인에게 넘어간 중동 전체를 아직 포기할 수 없다. 나는 부시가 도덕적으로 매우 올바르게 처신하고 있으며 계속 잘해나갈 것이라 생각한다." 머독은 이라크에 민주적 체제가 확립되고 나면 "미국이 가능한 한 빨리 그곳을 뜰 것"이라 확신했다. 그는 경솔하게 다음과 같이 덧붙였다. "세계 경제를 위한 최선은, 이렇게 말해도 좋을지 모르겠지만 석유 값을 배럴당 20달러로 떨어뜨리는 것이다."[6] 이라크 침공 몇 주 뒤, 미국의 행위에 대한 비난이 광범위하게 퍼지자 머독은 한 명의 미국 시민으로서 다음과 같이 말했다. "우리는 사람들이 우리에 대해 어떻게 생각하는지를 너무 많이 염려합니다. 우리에게 어떤 열등의식이 존재하는 것 같습니다. 세계가 우리를 사랑하고 있는지 여부보다 더 중요한 것은 세계가 우리를 존경하고 있다는 사실입니다." 그는 머지않아 미군이 해방군으로 환영받을 것이라고 덧붙였다.[7]

공화당의 미래에 대한 지원

사담 후세인을 몰아내려는 부시 행정부의 계획을 머독이 지지한 것은, 그가 소위 신보수주의자들로 알려진 영향력 있는 미국 지식인들과 자신을 동일시했기 때문이다. 워싱턴 주재 영국 대사 크리스토퍼 마이어는 자신의 솔직한 회고록에서 2001년 2월의 한 흥미로운 사건을 묘사하고 있다. 마이어와 그의 부인은 머독의 참모이자 토니 블레어와의 연락책이었던 어윈 스텔저의 초대로 한 저녁 식사 자리에 참석했다. 마이어는 머독이 "저명한 미국 공화당 우익 인사들"과 함께 있다는 사실에 놀랐다. '어둠의 왕자'로 악명 높은 리처드 펄*과 부시의 연설문 작가 데이비드 프럼도 동석해 있었다. 마이어는 영국과 유럽의 관계에 대한 자신의 발언이 다음과 같은 결과를 초래했다고 서술한다. "나는 영국이 프랑스와 거래하기 위해 신념을 버렸다고 주장하는 그들의 전면적인 공격을 견뎌야 했다. 머독은 '회유책appeasement'이라고 낮게 투덜거렸다."**8** 마치 과거 영국이 히틀러에게 보인 저자세를 불평하듯 머독이 쓴 '회유책'이라는 단어는, 이후 머독 언론들이 전쟁을 선동할 때 반복적으로 등장했다. 또한 신보수주의자들이 이라크 침공의 시급함과 비타협성을 주장할 때 사용한 단어들 중 하나이기도 했다.

　　루퍼트 머독과 신보수주의의 커넥션은 머독의 자금이 공화당을 보다 보수적인 방향으로 이끄는 이데올로기적 캠페인들에 조달되었던 1990년대에 시작되었다. 그 캠페인 중 하나가 머독이 100만 달러를 기부한 캘리포니아의 소수집단 우대 정책 반대 운동이다. 또한 1992년 대선에서 빌 클린턴에게 패배한 이후 공화당이 결성한 한 단체에도 그의 자금이 지원되었다.**9**

● 미국의 전직 국방 정책 위원회 위원장으로, 미국 상원의 배후에서 막대한 군사 통제력을 행사했던 인물이다.

그 단체의 이름은 '공화당의 미래를 위한 프로젝트Project for a Republi-can Future'로 미국 부통령 댄 퀘일의 보좌관이었던 전도유망한 젊은이 빌 크리스톨의 머리에서 나온 것이었다. 1993년 머독은 이 단체에 막대한 자금을 쏟아부었고, 그 결과 이 단체는 미국 정치권에서 가장 강력한 영향력(머독을 포함한 그 누구도 능가하는)을 행사하게 되었다. 궁극적으로 그들의 영향력은 미국의 이라크 침공에 결정적 역할을 했다.

빌 크리스톨의 부친이자 머독의 두 번째 부인 안나의 뉴욕대 시절 교수였던 어빙 크리스톨은 머독의 오랜 친구였다. 부친과 마찬가지로 빌 크리스톨은 이데올로기적 집착을 실천적 정치와 결합시킬 줄 아는 지식인이었다. 레이건 시대, 빌 크리스톨은 교육부 장관 윌리엄 버넷의 수석 보좌관으로 일했다. 이후 조지 H. W. 부시 행정부의 불운한 부통령이었던 댄 퀘일의 수석 보좌관으로 일하면서 공화당의 핵심적 전략가로 성장했다. 위트 있고 사교적인 그는 "댄 퀘일의 브레인"이라 불렸으며, 퀘일이 둔감한 만큼 그의 예민한 지성이 부각되었다. 빌 클린턴은 그를 "공화당원들이 무엇을 생각해야 하는지 알려주는 사람"이라 언급하기도 했다. 크리스톨 자신이 밝혔듯, 그의 일은 "은밀하게 음모를 꾸미는 것이 아니라 세계를 바꾸는 것"이었다.

크리스톨은 TV 드라마 「머피 브라운Murphy Brown」에 대한 퀘일의 비난을 지지한 바 있다. 퀘일은 이 드라마가 독신임에도 불구하고 아이를 낳은 미혼모 여성 저널리스트를 주인공으로 택한 것은 잘못이라며 이러한 "가치관의 빈곤"이 1992년 LA 폭동을 일으켰다고 주장했다. 이러한 주장은 크리스톨이 "주류의 가치를 경멸하고 자신들만의 가치관을 타인

에게 강요하는 사람"이라고 묘사한 문화 엘리트에 대한 공격이었다.[10]

1992년 대통령 선거에서 조지 H. W. 부시가 패배하자, 크리스톨은 '공화당의 미래를 위한 프로젝트'를 통해 미국 정치에 관여하기 시작했다. 그가 보기에 당시 공화당의 가장 큰 문제는, "소수 엘리트의 통념에 대항해 국익을 위한 포퓰리즘적 캠페인을 이끌겠다"고 각오했던 레이건 같은 강력한 지도자가 없다는 사실이었다.[11] 크리스톨은 빌 클린턴의 의료보험안을 반대하는 공화당의 투쟁에서 핵심적 역할을 맡음으로써 공화당 내에서 입지가 급상승했다. 동시에 낙태에 대해서는 신중한 자세를 취함으로써, 종교적 우익과는 거리를 두었다.

1994년 11월 선거에서 공화당은 40년 만에 의석의 과반수를 확보함으로써 상원과 하원 모두를 통제할 수 있게 되었다. 이 '공화당 혁명'의 여운 속에서 크리스톨은『뉴욕 포스트』기자 존 포드호레츠,『뉴 리퍼블리컨New Republican』의 프레드 반스와 함께 워싱턴에서 새로운 보수주의 잡지를 창간하기로 결정한다. 포드호레츠는 이 잡지(『위클리 스탠더드』)가 "(미국 정치의) 통역사, 비평가, 해설자 역할을 할 것이며 공화당의 승리로 시작된 새로운 시대의 정치적 양심"이 될 것이라 말했다.[12]

자신들이 창간할 잡지가 비영리적이기를 원했던 그들은 어윈 스텔저를 통해 머독에게 기부를 요청했다. 머독은 기꺼이 그러겠노라 했고 게다가 그 잡지를 뉴스 코퍼레이션에서 출간하자는 제안을 함으로써 그들을 놀라게 했다. 이후 스텔저는 다음과 같이 말했다. "사람들은 이해하지 못했지만 그는 매우 지적인 사람이다. 그는 공화당 혁명이 미국을 보다 올바른 방향으로 이끌 것이라 강하게 믿고 있었다. (…) 그는 우리의 계획에

동참하기를 원했다."¹³ 정말로 머독은 그들의 계획에 동참해 그들과 함께
『위클리 스탠더드』를 창간했다. 그는 또한 미국 보수주의 운동을 주도해
온 (윌리엄 버클리가 창간한)『내셔널 리뷰』를 인수한 상태였다.¹⁴

　　빌 크리스톨이『위클리 스탠더드』의 편집장을 맡음으로써 머독의 후
원은 한 프로젝트에서 또 다른 프로젝트로 자연스럽게 옮겨가게 되었다.
워싱턴 17번가 미국 기업 연구소 건물의 '공화당의 미래를 위한 프로젝트'
사무실에서 근무하던 사람들이 1995년 중반에『위클리 스탠더드』에서 일
하게 되었기 때문이다.

　　『위클리 스탠더드』의 창간에 머독은 300만 달러를 쏟아부었지만, 이
후 15년간 이 매체는 뉴스 코퍼레이션에 3000만 달러가량의 손실을 입혔
다. 이 시기 동안『뉴욕 포스트』와 폭스 뉴스 역시 적자였지만, 그 두 회
사들은 이론적으로 이익을 산출할 가능성이 있었다. 반면『위클리 스탠
더드』는 단 한 번도 이윤의 가능성을 보여주지 않았으며, 이는 이 매체가
순전히 워싱턴과 공화당 내부에 영향력을 행사하기 위해 만들어진 것임
을 보여준다.『위클리 스탠더드』의 책임 편집장 프레드 반스는 "머독이 이
매체가 계속 존재하기를 원한다"고 말했다.

　　새로 승자의 위치에 오른 공화당의 지원자이자 조언가 역할을 할
『위클리 스탠더드』가 창간된다고 하자, 경쟁지가 될『뉴 리퍼블릭New Re-
public』의 편집장이자 같은 보수주의자인 앤드루 설리번은 회의적인 평을
내놓았다.

　　그들은 새로운 사람도, 새로운 목소리도 아니다. (…) 나는 잡지들이 항

상 권력에 위치한 인물들과 언쟁을 벌여야 한다고 생각한다. 그런데 이제 막 권력에 오른 이들을 축하하기 위해 한 잡지가 창간된다니 다소 이상하다.[15]

그러나 드디어 모습을 드러낸『위클리 스탠더드』창간호는 설리번과 다른 많은 이의 예상을 깨고 우상파괴적인 면모를 선보였다. 이 잡지의 창간호에는 새로 선출된 하원 의장 뉴트 깅리치가 쓴『미국 다시 세우기To Renew America』에 대한 비평문, 온건한 군부 인사 콜린 파월 장군을 1996년 대선의 공화당 후보로 지지하는 기사가 실려 있었다. 이후 이 잡지는 공화당 대선 후보가 된 로버트 돌이 시시하고 시대에 뒤떨어진 사람이라고 불평했다.

『위클리 스탠더드』가 일반적인 잡지가 아님은 곧바로 드러났다. 억만장자의 후원을 등에 업은 이 잡지는 웹사이트를 통해 "미국 정부와 정계 그리고 언론의 가장 영향력 있는 인사들의 요청으로 매 호가 일요일마다 그들에게 전해지고 있다"고 뽐냈다. 루퍼트 머독의 호의로 상당 부수가 무료로 배포되기도 했다. 보수 진영의 라이벌 스콧 매코널은『위클리 스탠더드』가 사용하는 연간 300만 달러의 지원금에 관해 다음과 같이 말했다. "워싱턴과 세계에 변화를 발생시키는 것이 루퍼트 머독의 목표라면, 이보다 더 훌륭한 방법은 없을 것이다. 다른 정치 단체에 그 열 배의 돈을 지원해도 지금과 같은 성과는 얻을 수 없을 것이다."[16]『위클리 스탠더드』는 자유주의자와 좌익에 무차별 공격을 퍼부었지만, 이 잡지의 진짜 목표는 우익에게 영향을 미치는 것이었다. 크리스톨은 "자유주의자를 향

한 클레이 사격보다 보수주의 내부의 논쟁을 발전시키는 것이 우리에게 중요하다"라고 말했다.**17**

　발전시켜야 할 논쟁의 주제 중에는 외교정책도 있었다. 창간 얼마 후부터 이라크는 『위클리 스탠더드』의 주요 주제가 되었다. 1997년 말, '후세인은 반드시 사라져야 한다'라는 헤드라인으로 발간된 특별호는 이라크를 공중 타격하려는 클린턴 행정부의 계획을 비판했다. 크리스톨과 『위클리 스탠더드』는 이라크에 지상군을 투입해야 한다고, "체제 변화"를 가져오려면 단순한 견제가 아닌 선제공격이 필요하다고 주장했다. '그를 타도하라'라는 제목의 기고문은, 훗날 2003년 이라크 침공에서 중요 인사로 부상하게 될 미래의 국방부 장관 폴 울포위츠와 미래의 이라크 대사 잘메이 할릴자드가 공동 저술한 것이었다. 조지 W. 부시 행정부에서 군비 통제 및 국제 안보 차관으로 임명될 존 볼튼 역시 『위클리 스탠더드』의 이라크 관련 기고자 중 한 명이었다.

　머독에게 『위클리 스탠더드』는 워싱턴의 정치판을 들여다보는 창문 이상을 의미했다. 정력적인 편집장 크리스톨 그리고 그와 뜻을 함께하는 기고자들이 만들어나가는 이 엘리트적 잡지는 국방과 외교에 대한 극단적인 견해를 전파하는 플랫폼 역할을 했다. 『워싱턴 포스트』의 하워드 커츠는 크리스톨 자체를 '공격적인 1인 미디어'라고 평가했다. 『뉴욕 타임스』와 『워싱턴 포스트』의 오피니언 면을 통해서도 크리스톨은 사담 후세인을 몰아내기 위해 지상군을 투입해야 한다고 주장했다. 단 2주 동안 그는 CNN의 「캐피털 갱」과 「래리 킹 라이브」, 폭스 뉴스의 「스페셜 리포트」, NBC의 「투데이」와 「밋 더 프레스Meet the Press」(2회)에 출연했다.**18** 『포린

어페어스Foreign Affairs』를 통해서도 보다 공격적인 외교적 군사적 자세가 필요함을 호소했다. 그는 이 모든 활동을 통해 미국의 국제경찰로서의 지위와 위대함이 회복되어야 한다고 생각하는 기고자, 사회운동가, 외교 전문가들의 네트워크를 조직했다. 이 신보수주의자들이 모여든 곳이 다름 아닌 루퍼트 머독의 잡지였다.

1997년, 빌 크리스톨은 "군사력과 도덕적 투명함을 위한 레이거니즘적 정책"을 주장하는 신보수주의 강경파와 함께, '미국의 새로운 세기를 위한 프로젝트PNAC, Project for a New American Century'라는 로비 단체를 창립했다. PNAC의 '원칙 선언'에 서명한 많은 인사가 훗날 부시 행정부에서 일하게 된다(부통령 딕 체니, 국방부 장관 도널드 럼즈펠드, 국방부 차관 폴 울포위츠, 체니의 보좌관 '스쿠터' 리비 등). 부시 대통령의 동생 젭 부시 역시 서명인 중 하나였다. 클린턴 행정부의 군비 감축을 강하게 비판한 PNAC와 『위클리 스탠더드』의 주된 목적은 미국 보수 진영 내부의 이데올로기 투쟁에서 승리하는 것이었다. PNAC 창립 성명서는 우익 내부의 '고립주의적 충동'을 비판하고 "세계에서의 미국의 역할과 전략적 비전을 발전시키지 못한 보수주의자들"을 꾸짖었다.[19] 이러한 원칙에 기반해 PNAC는 훗날 공화당의 반대에도 불구하고, 세르비아에 대한 클린턴의 공습에 지지를 보냈다.

이라크에 대한 머독의 태도가 빌 크리스톨과 신보수주의자들에 의해 정교화되었다는 사실을 이해하는 것은, 머독의 전반적인 정치적 위치를 이해하는 데 필수적이다. 9. 11 이후, 우익뿐 아니라 미국 전체가 테러 대응에 대한 논의를 시작했다. 부시 행정부의 이라크 침공 계획이 분명해지자 우익의 입장은 양분되었다. 조지 H. W. 부시(아버지 부시) 행정부에서 실권을 휘둘렀던 몇몇 '현실주의자'들과 전통적 보수주의자들이 침공의 명분에 회의적인 입장을 보였다면, 머독은 전쟁을 주장하는 신보수주의자들에게 확고한 지지를 보냈다. 9. 11 직후, 『위클리 스탠더드』는 드디어 고대해온 기회를 잡았다. "현상 수배"라는 단어가 새겨진 표지에는 오사마 빈라덴과 사담 후세인의 사진이 게재돼 있었다. 이후 1년 반 동안 이 잡지는 이라크 공격을 매우 분노에 찬 어조로 요구했다. 이라크 지도자들이 머지않아 미국의 주요 도시를 겨냥할 핵무기를 보유하게 될 것이고, 이라크 독재자가 알카에다와 연결되어 있다고 주장하면서 말이다. 이러한 잘못된 주장들은 뉴스 코퍼레이션의 언론을 통해 전 세계로 퍼져나갔다.

『뉴욕 포스트』에서 일한 바 있는 스콧 매코널 등의 보수주의 기고자들은 『위클리 스탠더드』가 우익 내부의 의제 설정자를 자처하고 있음을 잘 알고 있었다. 2005년 스콧 매코널은 이 잡지가 미국 보수주의 운동을 호도하고 있으며 9. 11사태가 불러온 미국인의 충격과 분노를 이용하고 있다고 말했다.

『위클리 스탠더드』가 없었다면 이라크 침공이 발발할 수 있었을까? 알 수 없는 일이다. 하지만 『위클리 스탠더드』가 없었다면 기득권층의 현실주의적 외교정책을 포함한 다른 목소리들이 (…) 신보수주의자들 사이에서 보다 강력한 지지를 얻을 수 있었을 것이다. 그랬더라면 분명 달라졌을 것이다.[20]

뉴스 언론을 학문적으로 다루는 전문적 관찰자들은 언론 소유주가 하나의 정치적 방침을 강화시킬 수 있다는 전통적 이론에 대부분 회의적이다. 현재는 언론 소유주들보다 언론 수용자들의 역할에 큰 관심이 모이고 있는데, 오늘날의 언론 소유주는 독재자이기보다 투자자에 더 가깝기 때문이다. 하지만 이는 뉴스 코퍼레이션에는 해당되지 않는 이야기다. 머독이 이라크전 지지를 결정하자, 그의 강력한 글로벌 미디어 네트워크는 행동을 개시했다. 머독 언론의 사설들은 전쟁에 대한 확고한 지지를 표했다. 『타임스』와 『오스트레일리안』 같은 정론지는 오피니언 면에서만 이라크전에 대한 지지를 밝혔지만, 『선』과 『뉴욕 포스트』 같은 주요 타블로이드지는 폭스 뉴스처럼 오직 이라크전에 대해서만 요란하게 떠들었다. 9. 11과 이라크 침공 사이의 18개월 동안 머독의 타블로이드지들이 거의 광란에 가까운 태도를 보였다고 말하는 것은 결코 과장이 아니다. 이 기간 동안 머독 매체에서는 미국, 영국, 호주 정부의 공식 발표에 대한 언론으로서의 비판적 태도가 증발해버렸다. 이라크는 대량 살상 무기를 보유하고 있고, 알카에다와 밀접한 관계를 맺고 있으며, 무시무시한 인권 침해를 범하고 있다는 부시, 블레어, 하워드의 주장을 어떠한 비판적 접근도 없이 밍설이지 않고 보도한 것이다. 이라크의 대량 살상 무기 보유설과 알카에다와의 관계설은 전혀 근거가 없는 것이었지만, 사담 후세인이 인권을 탄압하는 잔인한 폭군이었던 것은 사실이다. 하지만 레이건 시대의 강경파 도널드 럼즈펠드가 대통령 특사 자격으로 사담 후세인 체제에 개입하여 후세인에게 무기를 지원하기 시작한 1980년대 이후로도, 이라크의 인권 탄압은 여전했다. 당시 언론이 조금이라도 비판적이었더라면 그에 대한 의문을 제기했을 것이다. 그 시절 이란을 견제하기 위해 이라크를 지원한 미국을 지지했던 머독의 언론은, 이라크가 전략적인 이유로 화학무기를 사용한다는 사실을 은폐하기가 거의 불가능했던 시점에서도 그 나라를 호의적으로 묘사했었다.[21]

라클런 머독의 성전

『뉴욕 포스트』는 루퍼트 머독의 솔직한 목소리가 가장 많이 반영되는 매체로 알려져 있다. 수년간 머독은 '편집주간'으로 사설면 상단의 스태프 목록에 이름을 올렸다. 하지만 이라크 침공 준비기간에 그의 아들 라클런이 『뉴욕 포스트』의 발행인이 되어 호주인 콜 앨런을 편집장으로 임명했다.

『뉴욕 포스트』는 9월 11일 직후 이라크를 범인으로 지목한 첫 신문이다. 테러 9일 뒤, '사담의 지문'이라는 제목의 사설은 "사담 후세인이 최근의 잔학 행위에 연루되어 있다는 증거는 무시할 수 없을 만큼 강력하다"고 주장했다. 사설에 따르면 이 증거는 헤즈볼라와 알카에다가 "지난 2년간 이라크 정보 요원과 접선해왔다"고 주장하는 "이스라엘 정보통"으로부터 제기된 것이었다.[22] 며칠 뒤 『뉴욕 포스트』는 "사담 후세인이 9. 11 테러에서 중요한 역할을 했다는 증거들이 늘어나고 있다"고 주장했다.[23] 그 다음 주에는 오사마 빈라덴과 이라크의 관계에 대한 "몇몇 보고들"이 존재한다고 했으며,[24] 이후 몇 주간 9. 11 테러와 미국 내 탄저균 테러가

이라크와 관계있다는 "결정적 증거들"이 존재한다고 보도했다. 『뉴욕 포스트』는 이러한 주장들이 "이라크를 탈출한 고위 인사"와 "알카에다에 납치되었던 요원들"로부터 나왔다고 언급했다.[25]

이후 18개월간 『뉴욕 포스트』는 이라크에 대한 공격을 줄기차게 주장했고, 사설들은 두 차례에 걸쳐 팔레스타인의 지도자 야세르 아라파트 또한 표적에 포함되어야 한다고 강조했다.[26] 동시에 테러리즘과의 전쟁에서 납치와 고문은 불가피하다고 암시함으로써 부시 행정부의 가장 불명예스러운 조치를 예고했다. 한 사설은 "인권 지상주의자"들은 이에 반대할 것이라고 하면서 "애석하게도 그들은 결코 (그 불가피성을) 이해하지 못할 것"이라 말했다.[27] 『뉴욕 포스트』에게 전쟁을 반대하는 이들은 모두 공격 대상이었다. 이 신문은 민주당 상원 원내 대표 톰 대슐의 온건한 비판에 다음과 같이 응수했다. "그는 입을 열기 전 두 번은 더 심사숙고해야 할 것이다. (…) 전시에는 당파적 정치 공작이 있을 수 없다는 사실을 기억해야 한다."

라클런 머독과 『뉴욕 포스트』의 입장에 따르면 미국은 2001년 9월 11일 이후 이미 전시 상황에 돌입해 있었다. 2002년 4월, 『뉴욕 포스트』는 "대부분의 미국인이 완전히 이해하고 있지 못한다 하더라도, 9. 11 이후 미국은 거의 전쟁에 가까운 상황에 처해 있다"고 주장했다.[28] 『뉴욕 포스트』가 말한 전쟁은 계몽적 가치를 가진 서구와 전근대적 이슬람의 대결로 표현되는 신보수주의적 의미의 '문화 전쟁'이었다. 『뉴욕 포스트』는 아프리카와 중동, 필리핀에서 자행된 테러리스트들의 공격이 "미국이 전파하는 서구 전통의 자유주의적 가치를 겨냥하고" 있다면서 "세계의 가장 어두운 곳에서 서구 계몽주의의 신호등을 자처하고 있는" 이스라엘에도 이와 유사한 공격이 행해지고 있다고 주장했다. 이 신문은 이 공격들은 "서구의 가치와 영향력으로부터 탈출하려는 보다 광범위하고 전략적인 목적"을 위한 것이라고 말했다. 이라크에 대한 공격을 서구 가치의 방어라는 프레임으로 설명하는 것은 터무니없는 일이다. 이라크는 중동에서 "서구적 가치"를 대변하는 나라이기 때문이다. 이라크는 (다른 중동 국가들과는 달리) 비종교 국가다. 이라크 침공의 진짜 이유는 신보수주의자들이 잘 알고 있듯이 이스라엘과 미국을 향한 강력한 위협을 제거하기 위해서였다. 2002년 4월, 전직 이스라엘 총리 베냐민 네타냐후가『뉴욕 포스트』의 편집위원이 되었다.『뉴욕 포스트』는 이스라엘의 군사력을 규제하려는 미국의 일부 세력에 저항해온 이 이스라엘 지도자를 지지하고 있었다.

『뉴욕 포스트』는 부시 행정부 내부의 분쟁에서도 중요한 역할을 했다. 이 신문은 국방부 관료들이 "항복을 종용"한다고 묘사함으로써 그들에게 대항해온 국방부 장관 럼즈펠드에게 지지를 보냈다.[29] 동일한 노선에서『뉴욕 포스트』의 사설들은 CIA의 "근본적 개혁"을 촉구하며 CIA 책임자 조지 테닛의 해임을 촉구했다. 현재 CIA의 상황이 "테러와의 전쟁을 떠맡기에는 적합하지 않다"는 평가도 덧붙였다.[30] 논쟁이 진행됨에 따라『뉴욕 포스트』는 "안 봐도 뻔한 국무부의 패배주의자들과『뉴욕 타임스』를 대놓고 무시했고, 체제 변화에 반대하는 공화당 인사들을 공격했다. 하원의 다수당 대표 딕 아미와 같은 완고한 공화당 인사들이 "정당한 이유 없는" 이라크 공격에 반대하자,『뉴욕 포스트』는 이를 백악관과 의

회 사이의 단순한 오해로 묘사했다.[31]

　『뉴욕 포스트』의 히스테리적 이라크 캠페인이 한창이던 2002년 말, 라클런 머독은 자신과 아버지의 관점이 반영된 사설들을 공개적으로 지지했다.[32]

균형이라는 환상

　이라크전 준비 기간 동안 대부분의 미국 언론이 부시 행정부의 계획에 무비판적이었음을 감안하더라도, 폭스 뉴스의 과격한 애국주의는 유독 두드러졌다. 폭스 뉴스는 늘상 "우리 군대"에 대해 논했으며, 보도 화면 한편에는 (성조기를 연상시키는) 별들과 줄무늬가 수놓아져 있었다. 이러한 과도한 애국주의에 대한 비판이 불거지자, 폭스 뉴스의 진행자 셰퍼드 스미스는 다음과 같이 분개하며 외쳤다. "빌어먹을 자식들. (…) 그들은 우리 군대입니다. (…) 우리에게는 국민을 결집시킬 무언가가 필요합니다. 나는 결코 사과하지 않을 것입니다. (…) 이 전쟁에 발을 들여놓은 이상 우리는 그들과 대적해야만 하고, 우리는 결국 승리할 것입니다."[33] 폭스 뉴스는 전쟁 보도 해설을 위해 이란-콘트라 사건에서 유명해진 신보수주의의 영웅 올리버 노스를 군사 전문 토론자로 고용했다. 이를 통해 폭스 뉴스는 오후 황금 시간대 시청자 수를 기존의 두 배에 달하는 350만 명으로 늘릴 수 있었다. 폭스 뉴스가 경쟁사 CNN을 앞질렀다는 사실은 루퍼트 머독에게 더할 나위 없이 흡족한 일이었다.

머독은 폭스 뉴스가 이라크 관련 보도에 편파적이라는 비판을 끊임 없이 부인했다. "우리는 조금도 편향적이지 않습니다. 우리는 공정하고 균형 잡힌 회사입니다. (…) (폭스 뉴스에는) 다수의 민주당원과 다수의 공화 당원이 공존합니다. (반면) 다른 방송국에는 오직 민주당원만 존재합니다. 우리는 어떠한 입장도 취하지 않습니다."³⁴ 하지만 전쟁 발발 이전에 폭스 뉴스의 주력 프로그램 「해너티 & 콤스Hannity & Colmes」와 「오라일리 팩터O'Reilly Factor」에 6주에 걸쳐 출연한 총 108명의 게스트 중 70명이 전쟁에 찬성했고 38명만 반대했다.³⁵ 대략 2 대 1인 이 수치만 보더라도 폭스 뉴스는 결코 균형적이지 못했다. 보다 충격적인 사실은 게스트들의 특징이었다. 임박한 전쟁에 지지를 보낸 게스트들은 대부분 매우 잘 알려진 인물들이었다. 반면 전쟁 반대자들은 매우 생소한 사람들이었으며 거의 무명에 가까운 운동가도 포함되어 있었다. 이라크 침공 직전 2주 동안 「해너티 & 콤스」에 출연한 19명의 전쟁 찬성자들 중에는 전직 국방부 차관보 리처드 펄, 전직 교육부 장관 윌리엄 베넷, 전직 국무부 장관 로런스 이글버거와 알 헤이그, 전직 법무부 장관 에드 미즈 등 레이건 행정부의 고위 관료들이 포함되어 있었다. 이와 대조적으로 전쟁 반대 입장을 피력한 아홉 명의 게스트는 거의 알려지지 않은 인물들이었다. 아홉 명 중 두 명은 반전 운동가였는데, 그중 한 명은 최근에 체포된 경력이 있었다. 두 명의 젊은 민주당 의원들 또한 이 반대 측에 포함되어 있었다.

이 2주간 「오라일리 팩터」에는 총 15명의 전쟁 찬성자와 여덟 명의 반대자가 초대되었다. 사회자 빌 오라일리는 '대화 주제에 대한 메모'라는 짧은 사회자 논평을 서두로 프로그램을 시작했다. 2003년 3월 5일 오라일리는 사담 후세인의 강제 축출에 반대하는 37명의 미국인에게 다음과 같이 경고했다. "우리는 미국 역사상 가장 위태로운 시기에 진입했습니다. 테러리스트들이 당신과 당신의 가족을 살해할 수도 있습니다. 이라크, 북한과 같은 국가들은 이 테러리스트들에게 인류를 파괴할 만한 무기들을 제공할 수 있습니다." 진행자는 종종 찬성하는 이들에게는 존경을 반대하는 이들에게는 경멸을 드러내곤 했다. 3월 11일, 해너티는 자신의 프로그램에 초대된 반전 운동가 메디아 벤저민을 향해 "날조되고 잘못된 우스꽝스러운 반미적 비난"을 일삼는다고 비판했다. 그러고는 다음 게스트인 빌 크리스톨을 소개하더니 "당신에겐 친절하게 굴겠다"는 아부 섞인 말을 했다.

이 모든 것은 대수롭게 넘길 문제가 아니다. 당시 여론에 대한 한 연구는 다수의 미국인이 이라크에 대한 잘못된 믿음을 가지고 있었고 이 믿음이 전쟁 지지 쪽으로 상당히 기울어져 있었음을 보여준다. 이 연구에 따르면, 오해에 빠져 있던 많은 네트워크 TV 시청자 가운데 "폭스 뉴스를 시청한 사람들이 가장 많은 오해를 안고 있었다". "폭스를 통해 대부분의 뉴스를 접하는 시청자들 상당수는" 이라크와 알카에다가 긴밀한 관계라는 주장과 미국이 이라크에서 대량 살상 무기를 발견했다는 주장을 사실로 믿고 있었다.[36]

세계 도처의 위선적 목소리

뉴스 코퍼레이션은 세계적인 이라크 침공 지지 캠페인을 벌였다. 프랑스와 독일이 침공에 반대하자 『뉴욕 포스트』는 그들을 "족제비weasel 떼"•로 묘사했고, 이 표현은 폭스 뉴스와 런던 『선』에 인용되었다. 즉 그들에 따르면 프랑스와 독일은 "분쟁으로부터 가능한 한 많은 정치적 경제적 이득을 쥐어짜내려는 족제비"였다. 『뉴욕 포스트』는 미국 내의 전쟁 비판 의견은 "우유부단한 이들의 위선적 목소리weasel voices"라고 묘사했다. 한편 『선』은 "이라크에게 유순한" 태도를 보이는 UN 사람들을 "UN 족제비"라 비꼬았으며, 반전 비평가들을 "배신자"나 "미국을 공격하려는 무리의 앞잡이"로 매도했다.[37] 또한 『선』은 이라크가 핵무기를 보유하고 있으며 최소한 네 차례에 걸쳐 핵무기 개발을 시도했다는 거짓 주장을 내놓았다.[38] 『뉴욕 포스트』와 마찬가지로 『선』은 이 전쟁을 처칠(토니 블레어) 대 히틀러(사담 후세인)라는 신보수주의 프레임으로 묘사했으며 반전주의자를 "아첨꾼"으로 몰아갔다. 『오스트레일리안』 역시 유사한 언어로 전쟁을 다루었다. 노동당을 포함한 반전주의자들에게 비난을 쏟아내는 『뉴욕 포스트』와 『위클리 스탠더드』의 기사들을 실었던 것이다. 미국에 있던 『오스트레일리안』의 외신부장 그레그 셰리든은 사담 후세인이 "2~3년 내에" 핵무기를 보유하게 될 것이라며 워싱턴에서의 "아찔했던 일주일"을 과장되게 기술했다. 그는 기사에서 워싱턴을 "어떠한 거북함도

• 족제비는 위선적으로 행동하는 사람들을 비꼬는 미국 속어.

느껴지지 않는 로마제국의 수도"와 어깨를 나란히 하며 "대영제국 최전성기 때의 런던보다 위대"하다고 묘사했다. 조지 W. 부시는 "오늘날의 윈스턴 처칠"이었다. 그는 또한 이라크가 알카에다에 협력하고 있고 이라크 외교관들이 알카에다 공작원과 접선한다고 주장하기도 했다.[39]

하지만 머독 제국 내에도 윗선의 지시를 거부하는 용감한 반대자들이 존재했다. 그중 한 명은 『선』이 "오른쪽을 향해 급선회하기 시작했으며, 공격적인 망명 반대 캠페인을 벌이고 있다"고 비판한 적이 있는 『선』의 특집 기사 담당 케이티 웨이츠 기자였다. 몇 달에 걸쳐 임박한 전쟁에 반대했던 웨이츠는 첫 번째 폭탄이 바그다드에 떨어지자 더 이상 전쟁에 대해 생각하지 않으려 했다. "하지만 내가 『선』의 초판을 집어들었을 때 다음과 같은 헤드라인이 눈에 들어왔다. '어떠한 자비도 보이지 마라. 그들의 영혼은 얼룩져 있다.' 매우 역겨웠다. (…) 나는 부끄러움을 감출 수 없었다."[40]

회사에 계속 머무르기로 결정한 반대자들에게는 기본 방침과 규율이 하달되었다. 그럼에도 불구하고 머독이 소유한 호주 호바트 지방의 지역신문 『머큐리』는 2002년 9월 다음과 같이 주장했다. "미국은 이라크를 선제공격하는 잘못을 저질렀다. 호주는 사담 후세인 정권을 혐오하여 일방적인 공격을 퍼붓는 미국의 조수석에 앉는 잘못을 저질렀다." 회사 수뇌부가 이 기사를 질책하며 서면 지시를 떨어뜨리자 한 논설위원은 그에 따르기를 거부했고, 그러자 그는 다른 자리로 쫓겨났다.[41] 2003년 1월, 『머큐리』는 순종적으로 다음과 같이 읊조렸다. "국가가 특단의 조치를 취해야 할 시점이 있다. 지금이 바로 그때다."

현실의 폭스 뉴스화化

바그다드 폭격이 시작된 2003년 3월 이후의 첫 몇 달은 부시 행정부와 그 지지자들에게 신성한 승리의 시기로 기억되었다. 사담 후세인은 물러났고 많은 이라크인이 기뻐했다. 중동의 '체제 변화'가 남은 과제였다. 민주주의가 시리아 혹은 이란으로 전파될 수 있을 것인가?

머독의 고위 편집위원들 사이에 멍청한 승리주의가 퍼져나갔다. 『선』의 칼럼니스트 리처드 리틀존은 "자기 이름을 더럽히고 싶어 하지 않는 군중들과 스타벅스의 경영전략가들●은 이 침공을 절망적으로 받아들일 것"이지만 그것은 "터무니없는" 태도라며 고소해했다.⁴² 침공 일주일 뒤, 폭스 뉴스 진행자 칼 토머스와 숀 해너티는 언론의 "자유주의적 편향"을 표적으로 삼은 한 보수주의 단체의 모금 행사를 도우러나섰다. 토머스는 이 행사의 목적이 "자유주의 언론에게 우리의 충격과 두려움을 전하는 것"이라고 설명했다.⁴³ 그 행사에서 『뉴욕 포스트』의 전직 칼럼니스트가 "그들이 저항군의 편에 섰다면, 우리는 미군의 편에 섰습니다"라고 외치자 800명의 사람들이 박수를 쳤다. 『위클리 스탠더드』는 "전쟁에 반대해온 재앙 예언자들의 멍청함"에 고소해했고, 『오스트레일리안』은 전쟁 비판자들을 "투덜대는 무리"라고 조롱했다. "(반전주의자들이 예견한) 빠져나오기 힘든 수렁을 기억하는가?"라며 조소를 보내기도 했다.

● 이라크전에 파견된 한 미군이 스타벅스에게 군 장병들을 위한 무료 커피 제공을 요청했으나 스타벅스가 이를 거부하자, 스타벅스가 이라크전에 반대한다는 소문과 함께 스타벅스에 대한 보이콧이 일어났다. 이후 스타벅스는 문제의 무료 커피 제공은 기부 정책상의 이유로 거부되었을 뿐 이라크전에 반대하는 것은 아니라고 공개적으로 밝혔다.

하지만 예견되었던 '빠져나오기 힘든 수렁'은 이라크에서 몇 차례의 자동차 폭발, 약탈, 상대방의 종교와 인종에 대한 노골적인 적대의 형태로 드러났다. 그보다 사소한 문제들도 발생했고, 전기 보수와 수도 공급이 지체되기도 했다. 침공 12개월이 지나자 이라크는 완전한 혼란의 나락으로 떨어졌다. 머독은 한 라디오 인터뷰에서 부시 행정부의 이라크 치안 유지 활동에 지지를 천명하면서, 호주에게는 "사태 경과를 바라보는 것" 외에 다른 선택은 없다고 말했다. 또한 침공 이후 이라크 상황에 대한 보도들은 "오보"이며 "이라크에 상당한 진보"가 발생했다고 말했다. "사담 후세인 지배 아래 있을 때보다 10퍼센트나 많은 아이"가 학교로 돌아갔으며 "수도 공급은 100퍼센트 증가"하는 등 "이라크 전역이 매우 잘 돌아가고 있다"고 목소리를 높였다. 그에게는 "상당한 진보"를 이룬 면은 빼고 부정적 측면만 조명하는 자유주의 미디어의 존재가 진짜 심각한 문제였으며, 미국의 이라크에 대한 무자비한 치안 유지 활동은 대수롭지 않은 일이었다.⁴⁴ 머독이 "오보"에 대한 불평을 털어놓기 며칠 전, 폭스 뉴스의 보도국 부국장 존 무디는 이라크의 상황이 호전되고 있음에도 미디어들이 이를 은폐하고 있다는 메모를 보도국에 전했다. 거기에는 "늘 그렇듯 이라크의 진짜 뉴스거리들이 일시적인 비극에 가려지고 있다"고 쓰여 있었다.

하지만 이라크의 비극은 일시적인 것과 거리가 멀었다. 10일 뒤 팔루자 시에서 벌어진 미군의 잔인한 군사작전과 관련해 무디는 다음과 같은 메모를 남겼다. "우리는 이 사건이 왜 발생했는지에 대해 하루 종일 반복해서 다루어야 한다. 조금 있으면 누군가가 '과도한 무력' 사용을 비난하고 나설 것이다. 우리는 그들처럼 행동하지 말아야 한다." 미국이 당황하기 시작하자 이라크 보도에 대한 무디의 명령은 보다 엄중해졌다. 그는 "미군의 희생을 애도하거나 우리가 왜 그곳으로 갔느냐는 투의 질문에 빠지지 않도록 주의"하라면서, 미국은 이라크가 민주주의의 길을 걷도록 돕고 있는데 "몇몇 이라크인이 그러한 일이 벌어지는 것을 원치 않기에 미군들이 죽어나가고 있다. 이것이 우리가 독자들에게 상기시켜야 할 사실이다"라고 지시했다. 몇 주 뒤 무디는 보도국 직원들에게 "부정적 인상을 주는 '저격수'"라는 호칭 대신 '명사수'라는 단어로 미 해병대를 지칭할 것을 지시했다. 미군의 공격과 아부 그라이브 수용소 죄수들의 굴욕적 사진들이 처음으로 공개되자 무디는 "우리가 아부 그라이브의 상황을 똑바로 주시하고 있다"고 주장했다.

폭스 뉴스의 보도국 내부에서 일상적으로 돌아다녔던 이 메모들의 중요성에 대해 폭스 뉴스의 전직 프로듀서 찰스 레이나는 다음과 같이 말했다. (그는 이 회사에서 6년간 일하다가 2003년 4월에 사임했다.)

폭스 뉴스의 CEO 로저 에일스는 매우 뚜렷한 정치적 입장과 신념을 지니고 있었기에 어떻게 그의 신념에 부응해야 하는지 보도국 직원 모두가 잘 알고 있었다. 나는 그 전에는 단 한 번도 그런 분위기의 보도국을 경험하지 못했다. ABC에서는 경영진이나 상사의 정치적 견해에 신경써본 적이 없었고, 특정한 방향으로 기사를 작성하라는 압력을 느껴본 적도 없었다.[45]

고위 경영진이 하달한 그날그날의 메모 중에서 주요 사항들을 선별하는 것이 레이나의 업무 중 하나였다. 그는 "그 메모들이 성경과도 같았다"고 말했다.

미국이 이라크를 침공한 지난 봄 어느 날의 한 메모는, 반전 운동가들이 미국의 폭격이 이라크 시민들을 살해한다며 "투덜댈"것이고, 이라크에서 죽은 미군의 가족에게도 그런 이야기를 떠벌릴 것이라 경고했다. 그날 조간신문 편집에서 단지 이라크 병원에 수용된 어린아이에 대해 간략히 언급했다는 이유로 한 특파원의 보도가 젊은 편집장에 의해 삭제되었을 때, 나는 놀라지 않았다.[46]

폭스 뉴스의 대변인은 레이나의 이런 폭로를 "불만을 품은 전직 직원이 억울함에 고함치는 것"에 불과하다고 일축했다.

2004년 7월, 네 명의 전직 폭스 뉴스 기자들이 공공연히 폭스를 비판하고 나섰고, 다큐멘터리 「아웃폭스드Outfoxed」를 통해 더 많은 메모가 공개됐다.[47] 이라크 침공 석 달 뒤, 무디는 부시 대통령과 한 아랍 평화 단체 대표의 대담에 관해 다음과 같은 메모를 썼다. "부시의 정치적 용기와 전략적 기발함은 오늘 보도에서 중요하게 다루어질 만하다." 2004년에 이르러 이라크에 많은 내란이 발생했다. 미국 입장에서도 이라크 침공은 별다른 진전이 없었다. 워싱턴에서는 9. 11 이전 정보 당국의 실책에 대한 상원의 심도 있는 조사가 진행 중이었다. 2004년 3월, 무디는 직원들에게 메모로 다음과 같이 지시했다. "이 상황을 워터게이트와 유사한 방식으로 몰아가지 말 것. (9월 11일의) 비극을 맞아 국민적 통합에 대한 열망이 발생했음을 기억할 것. 그것을 훼손하지 말 것." 다음 날, 그는 다음과 같은 메모를 썼다. "부시 대통령의 정치적 영향력이 확실하다 하더라도, (조사) 위원회가 클린턴 행정부의 8년과 (9. 11 이전 부시의 재임 기간인) 8개월을 대조하고 있다는 사실을 잊지 말 것." 그는 또 다른 메모에서 대선을 앞둔 지금 민주당 존 케리의 라이벌 부시가 자신에 대한 "오락가락하는 지지율 때문에 화가 나 있다"고 썼다. 그리고 2006년 선거에서 민주당이 의회의 다수를 차지하자 폭스 뉴스 안에서 다음과 같은 메모가 돌았다. "민주당에 의해 통제될 미국 의회를 기뻐할 것이 틀림없는 이라크 폭도들이 어떤 성명서를 낼지 지켜보라."[48]

대통령을 향한 지지

2004년 4월, 루퍼트 머독은 그해 말 실시될 대선에서 조지 W. 부시가 연임에 성공할 것이라 확신했다. 그는 미국이 테러리즘에 대항한 부시의 노력뿐만 아니라 이라크 침공 자체를 지지한다면서 "국민들은 확실히 그의 편에 서 있으며 그는 잘해낼 것"이라 주장했다. 미국의 경제도 "매우 잘 돌아가고 있다"고 덧붙였다. 그리고 현재 이라크에서 문제가 되는 것은 "사담 후세인을 지지해온 수니파"일 뿐이라고 말했다.[49] 머독의 이런 의기양양함은 침착함을 가장하려는 노력일 뿐이었다. 미국의 정보 요원들은 사담 후세인의 화학, 생물학 무기 보유의 증거를 확보하려 분투했지만 아무것도 건지지 못했다. 2003년 5월에 미 해군 전함 에이브러햄 링컨 호에서 있었던 그 유명한 '임무 완수' 연설에서 부시는 미국이 "알카에다 의 모든 협력자를 제거"했다고 주장했지만, 알카에다가 이라크와 관계있 다는 어떠한 증거도 제시되지 못했다.

이라크 침공 후에 잇따른 재앙들을 정당화할 수 있는 한 가지 방법 이 남아 있었고, 거기에는 머독의 도움이 필요했다. 이라크에서 미국으로 망명한 자들과 기타 사람들에게서 얻은 정보에 따르면, 이라크와 알카에 다가 지난 13년간 수차례 접촉했음은 분명하다. 그렇다고 이러한 '접촉'이 곧 이라크가 알카에다의 테러에 관여했다는 증거가 될 수는 없다. 하지만 9월 11일 미국을 공격한 것이 확실한 알카에다가 이라크와 연결되어 있 음을 신중하게 암시하는 방법으로 부시를 구할 수는 있었다. 머독의『위 클리 스탠더드』가 바로 그 일을 했다. 2003년 11월,『위클리 스탠더드』의 기자 스테판 헤이스는 국방부 차관 더글러스 페이스가 이라크와 알카에 다의 군사 동맹이 존재함을 주장하기 위해 상원 정보위원회에 제출한 메 모를 바탕으로 기사를 작성했다. 헤이스의 기사는 정론지와 TV 토크쇼 에서 반향을 일으켰고,『오스트레일리안』등 머독의 다른 매체들에도 게 재되었다. 이 기사는 특히 미국에서 정치적 효용을 드러냈다. 부통령 딕 체니는 이 기사를 사담 후세인과 알카에다의 관계에 관한 "최고의 정보" 라고 추천했다.[50] (이후 헤이스는 체니의 공식 전기 작가가 되었다.) 하지만 얼마 안 있어 헤이스의 기사는 신빙성을 잃었다.『뉴스 위크News Week』는 이 기사의 바탕인 페이스의 메모에 대해 다음과 같이 보도했다.

(이 메모는) 부시 행정부의 몇몇 고위 관료가 1년도 더 전에 제기한 신빙성 없는 주장들, 전현직 미국 정보 요원들에 따르면 미국 정보 기관조차 무시했던 주장들에 전적으로 의존해 있다.[51]

한 전직 CIA 분석가는 이 기사가 자포자기의 신호라고 평가했다. "그들은 이런 종류의 정보라도 유출시켜야 했을 것이다. 신보수주의는 더 이상 어떠한 확신도 가질 수 없기 때문이다."[52] 국가안전보장회의의 테러 부서 전직 책임자는, 이 기사의 숨은 의도는 "바그다드와 알카에다 사이에 어떠한 확실한 연대도 존재하지 않는다는 언론인과 전문가들 사이의 공공연한 합의"를 비판하고 "바스당• 집권 당시의 이라크가 미국 안보에 심각한 위협을 가했다는 허술한 주장을 지지하려는 것"이라 평가했다.[53]

하지만 뉴스 코퍼레이션은 헤이스의 신빙성 없는 주장을 매우 진지하게 받아들였다. 그의 주장은 머독의 출판사 하퍼콜린스가 출간한 『커넥션: 알카에다와 사담 후세인의 협력이 어떻게 미국을 위험에 빠뜨렸는가The Connection: How al Qaeda's Collaboration with Saddam Hussein Has Endangered America』라는 책으로 소개되기도 했다. 이 책의 양장본 표지에는 헤이스의 기사가 이라크와 알카에다의 관계에 대한 "최고의 정보"라는 딕 체니의 말이 인용되어 있다. 이 책은 헤이스가 미국의 TV와 라디오에 출연하는 발판이 되었고, 많은 신문이 이 책의 리뷰를 실었다. 『커넥션』 출간 직후, 헤이스는 다섯 번이나 폭스 뉴스의 게스트로 초대되었다.

• 아랍의 민족주의 정당으로 정식 명칭은 아랍 사회주의 부흥당이다.

헤이스의 책은 판매 저조와는 무관하게, 2004년 대통령 선거에서 조지 W. 부시의 지지율을 상승시키고 민주당 후보의 기반을 약화시키는 정치적 효과를 발생시켰다. 헤이스는 몇몇 민주당원이 "(이라크라는) 사안을 정치화했다"고 비난했다. 그는 이라크 공격이 테러와의 전쟁에서 잠깐 숨을 돌리려는 기분 전환에 불과하며 결코 근본적인 문제 해결에 기여하지 않는다는 민주당 대통령 후보 존 케리의 견해도 비판했다.[54] 이 책은 잘못된 주장들에 대한 논쟁을 끊임없이 불러일으킴으로써 이라크전 정당화에 마지막 생명을 불어넣었다. 이는 2004년 부시의 재선에 결정적인 역할을 했다.

더글러스 페이스의 메모를 조사한 미 국방부 감찰관의 2007년 보고서 마지막에, 『위클리 스탠더드』의 기사와 『커넥션』을 통해 제기된 헤이스의 주장이 언급되었다. 이 보고서에 따르면 헤이스 기사의 근거가 된 페이스의 메모는 정보 당국조차 부정하는 정보들을 '대안적' 의견으로 발전시킨 것이었으며 결과적으로 "어떠한 유용한 정보의 지지도 받지 못했다". 페이스의 주장은 백악관에서 있었던 전쟁 준비 브리핑에서 CIA가 이미 배제시킨 이라크와 알카에다의 연대설을 다시 들먹였을 뿐이었다. 이러한 비판적인 보고서가 등장하자 『뉴욕 타임스』는 "낡고 불철저하고 실체 없고 거짓인 정보에 기반한 메모가 어떻게 새롭고 믿을 만하며 확실한 기사로 둔갑할 수 있었는지 그리고 부시와 고위 관료들이 미국을 처참하고 불필요한 전쟁으로 이끌기 위해 그 메모를 어떻게 사용했는지 밝히는 것"이 전쟁이 남긴 과제라고 말했다.[55] 『뉴욕 타임스』는 다음과 같은 질문도 덧붙일 수 있었을 것이다. 이라크 공격이 처음으로 제기된 1990년대 후반부터 실제로 이라크를 공격한 2003년까지, 루퍼트 머독의 언론들은 "낡고 불철저하고 실체 없고 거짓인 정보"를 매 순간 어떻게 사용했을까?

전쟁이 발발하고 3년이 지나기까지, 머독은 이라크전에 대한 자신의 지지에 일말의 후회도 보이지 않았다. 2006년 11월, 그는 "이라크전에서 사망한 미국인의 수는 이전의 전쟁과 비교했을 때 매우 적다"면서 이렇게 말했다. "물론 누구도 사망자 통계를 좋아할 리 없다. 하지만 지금은 전시다. 지금은 내전을 방지하고 이라크인이 서로를 살해하는 것을 막는 데 최선을 다해야 한다."[56] 당시 이라크전에서 사망한 미군 수는 2832명 이었고 이라크인 사망자 수는 6만5000명 정도로 추산되고 있었다.[57]

제9장
기후변화에 대한 헛된 선언

과학자는 아니지만 나는 어떻게 하나의 위험을 판단해야 하는지 잘 알고 있습니다. 기후변화는 분명 매우 심각한 위협입니다. (…) 기후 문제는 일반 대중의 대대적 참여가 없으면 해결될 수 없을 것입니다. (…) 우리는 보다 지속적인 방식으로 독자들에게 접근할 필요가 있습니다. 보다 극적이고, 생생하고, 재미있는 방식으로 이 문제를 우리의 콘텐츠에 담아낼 필요가 있습니다. 우리는 사람들의 행동에 변화를 가져다줄 영감을 제공해야 합니다. (…) 이 이야기를 보다 새로운 방식으로 전달해야 합니다.[1]

루퍼트 머독, 2007

2006년 7월 말에 캘리포니아 페블 비치에 위치한 고가의 리조트에 루퍼트 머독과 그의 편집장들, 임원들이 모였다. 뉴미디어와 올드미디어 사이의 시너지 효과를 주제로 한 그 회의는 1980년대 이래 뉴스 코퍼레이션이 정기적으로 개최해온 국제 편집회의였다. 그 회의의 연사는 공화당 극우 인사 등 주로 우익 쪽에서 선정되었지만 그때는 달랐다. 기후변화에 대한 다큐멘터리 「불편한 진실」을 제작·상영한 전직 민주당 대통령 후보 앨 고어가 연사로 초청된 것이다. 기후변화를 경고해온 영국의 수상 토니 블레어와 캘리포니아 주지사 아널드 슈워제네거 역시 이 회의에 참석했다. 공화당의 저명인사 존 매케인과 뉴트 깅리치도 연사로 초청됐지

만, 놀랍게도 부시 행정부 사람은 한 명도 참석하지 않았다.[2]

페블 비치에서 열린 이 회의의 연사를 선정한 사람은 아버지에게서 뉴스 코퍼레이션을 물려받을 것으로 보이는 제임스 머독이다. 회의 직전, 제임스는 한 인터뷰에서 자신이 경영하는 위성 TV 회사 BSkyB가 얼마 전부터 탄소 배출 제로carbon neutrality를 위해 노력하고 있다는 말을 했고 이는 하나의 새로운 흐름을 암시하는 것이었다.[3] 이 젊은 머독은 고객에게 에너지 절약의 중요성을 강조하기에 앞서 자기 회사가 모범을 보여야 한다고 말했다. BSkyB는 「위기에서 벗어날 마지막 기회Final Chance to Save」라는 멸종동물에 관한 연작 다큐멘터리를 제작하기도 했다. 페블 비치 연설에서 앨 고어는 제임스 머독의 노력에 찬사를 보냈다.

친환경적 변화를 선포한 이 회의의 분위기가 부드럽고 유쾌했던 것만은 아니다. 고어의 연설에 대한 질의응답 시간에 호주 『헤럴드 선』의 칼럼니스트이자 열성적인 기후변화 회의론자인 앤드루 볼트는 (형식적 찬사 몇 마디를 앞세운 뒤) 다큐멘터리에 담겨 있는 고어의 주장을 비판하기 시작했다. 한 구경꾼의 회고에 의하면 "둘은 '격렬한 언쟁'에 빠졌고, 고어는 마침내 볼트를 향해 고함을 질렀다." 어떤 구경꾼은 이 언쟁이 꽤나 "멋졌다"고 말한 반면 다른 구경꾼은 "당황스러웠다"고 했다.[4]

페블 비치 회의가 있기 전까지 볼트는 기후변화를 부인하는 칼럼을 쓰면서 과학적 보고를 있는 그대로 받아들이는 사람들을 모욕적인 어조로 공격했다. 볼트는 그런 사람들을 "환경에 관한 유언비어를 퍼뜨리는 사람green scaremongers" "불안 조장자" "재앙 예언자" 등으로 표현했다. 2004년에는 "환경 운동가들은 유년 시절의 히틀러를 연상시키는 많은 특징을 보인다"라는 한 비평가의 말을 인용하면서, 계절에 맞지 않는 추위가 자신의 고향을 덮쳤다는 사실을 들어 지구온난화가 틀렸음을 입증하려 했다. 2005년에는 지구온난화를 걱정하는 과학자들을 비판하면서 "이성은 죽었다. 진실은 더 이상 중요하지 않고 미신이 세상을 지배하고 있다"고 주장했다. 또한 패트릭 마이클스와 리처드 린젠 등 기후변화에 회의적인 몇 안 되는 과학자들의 말을 인용하는 여러 칼럼을 썼다. 인간 활동이 기후변화를 초래했다는 주장을 경멸하고 무시하는 뉴스 코퍼레이션 소속 언론인은 볼트 외에도 폭스 뉴스의 숀 해너티와 글렌 벡, 『선』의 제러미 클라크슨과 리처드 리틀존, 『뉴욕 포스트』의 스티브 던리비, 시드니 『데일리 텔레그래프』의 피어스 아커맨, 『오스트레일리안』의 크리스토퍼 피어슨과 프랭크 디바인 등이 있다. 이들은 모두 강경한 회의론자들로, 기후변화를 과학적 문제가 아니라 이데올로기적 프레임 문제로 보았다. 그런데 페블 비치 회의 이후 『선』은 "너무 많은 이가 지구온난화의 위협을 부인하는 데 열중하고 있다"는 사설을 실었다. 이는 외부의 회의론자들뿐만 아니라 뉴스 코퍼레이션 내부의 회의론자들도 겨냥한 것이었다.[5] 그렇다면 다음과 같은 질문을 해볼 수 있다. 페블 비치 회의 이후 머독에 충성하는 우익 언론인들이 기후변화에 대한 입장을 바꾼 것일까?

　뉴스 코퍼레이션의 방침 변화는 분명한 사실이었다. 2007년 5월, 루퍼트 머독이 전 세계의 직원들에게 선포한 다음의 내용은 많은 비평가를 놀라게 했다. "과학자는 아니지만 나는 어떻게 하나의 위험을 판단해야 하는지 잘 알고 있습니다. 기후변화는 분명 매우 심각한 위협입니다." 머독은 연간 64만1150톤가량의 탄소를 배출해온 뉴스 코퍼레이션이

2010년까지 탄소 배출 제로에 도전할 것임을 알렸다. 뉴스 아메리카•의 하이브리드 자동차 사용, 폭스 계열사의 태양열 운송 수단 사용, 『뉴욕 포스트』의 전력 낭비가 심한 백열등 교체 및 재생 가능한 원료로 전력원을 대체하려는 시도 등 몇몇 조치는 이미 시행되고 있었다. 머독은 "저도 시작했습니다. 몇 달 전에 하이브리드 차를 샀습니다"라고 덧붙이기도 했다. 재생 가능한 에너지만 사용할 것이며, 나무 심기와 같은 탄소 상쇄 활동도 벌이기로 했다.[6]

　머독의 선언은 그야말로 놀라웠다. 그는 거기서 더 나아가 엄청난 독자층을 보유한 뉴스 코퍼레이션이 지구온난화의 심각성을 전파하는 데 매우 효과적일 것이라고 말했다. "우리는 보다 지속적인 방식으로 독자들에게 접근할 필요가 있습니다. 보다 극적이고, 생생하고, 재미있는 방식으로 이 문제를 우리의 콘텐츠에 담아낼 필요가 있습니다. 우리는 사람들의 행동에 변화를 가져다줄 영감을 제공해야 합니다." 머독은 뉴스 코퍼레이션이 "이 이야기를 보다 새로운 방식으로 전달"할 필요가 있다면서 설교는 피할 것을 경고했다. "우리 스스로가 진심 어린 태도를 가진다면 이 문제에 대한 대중들의 생각을 변화시킬 수 있을 것입니다." 그러고는 다음과 같이 덧붙였다. "우리 일부를 포함해 이러한 노력이 자연스럽고 건강한 것인지 회의를 품는 언론인들이 항상 존재할 것입니다. 하지만 논의의 중심은 기후변화가 정말 발생했는지의 여부가 아니라, 어떻게 기후변화를 해결할 것인지로 옮겨가고 있습니다."[7]

• 뉴스 코퍼레이션 계열의 마케팅 회사.

이런 머독의 발언이 진심이 아니었다고 믿을 이유는 없다. 이를 두고 몇몇 비평가는 머독이 단지 더 많은 사람이 동조하고 있는 친환경적 선전 활동으로 옮겨갔을 뿐이라고 비난했지만, 그의 발언이 자신과 자신의 언론이 수년간 견지해온 입장과 태도를 완전히 뒤집었다는 사실은 분명하다.

기후변화를 부인하는 목소리

2007년 머독의 '개종'이 있기 전까지, 뉴스 코퍼레이션은 10여 년간 기후변화라는 현상 자체를 부인해왔다. 뿐만 아니라 머독은 기후변화 부인에 심혈을 기울여온 워싱턴 소재 싱크탱크 케이토 연구소와 긴밀한 관계를 형성해왔다. 1997년 머독은 이 싱크탱크의 이사가 되었다. 막대한 석유 이권을 보유한 미국에서 두 번째로 큰 기업의 소유주이자 이데올로기적인 사업가 찰스 코크는 케이토 연구소의 공동 창립자 중 한 명이었다.[8] 따라서 케이토 연구소가 엑손모빌 같은 석유 회사처럼 기후변화 부인 캠페인을 진행한 것은 전혀 놀랄 일이 아니다. 머독이 케이토 연구소 이사로 있을 때 『컬럼비아 저널리즘 리뷰』는 당시 막 개국한 폭스 뉴스를 다룬 기사를 실었다. 그 기사에 뉴스 코퍼레이션의 부회장 에릭 브라인덜이 머독의 견해를 전하는 다음과 같은 대목이 있다. 대부분의 TV 뉴스가 좌익 편향적이라 "시청자들은 그런 채널들의 편향성에 지배받고 있다는 사실을 인지조차 못하고 있다. 그래서 그들은 지구온난화를 하나의 논쟁거리가 아니라 사실로 보도하는 것을 당연하다고 생각한다."[9] 지구 온난화가 사실이 아닌 논쟁거리임을 대중에게 설득시키는 것은 케이토 연구소의 숙원 사업 중 하나였다. 머독이 이사진에 포함되기 몇 해 전, 이 싱크탱크는 '선임 연구원' 중 한 명인 버지니아주립대 출신 패트릭 마이클스 박사의 책을 출간했다. 『소리와 분노Sound and Fury』라는 제목의 이 책은 "지구온난화가 인류의 종말을 불러올 것이라는 대중적 견해는 과학적으로 전혀 근거가 없는 것"이라고 주장했다.[10] 케이토 연구소는 이후 기후변화를 부인하는 마이클스의 책 두 권을 더 출간했고, 그와 유사한 주장을 담은 다른 작가들의 책도 펴냈다.[11] 후에 마이클스는 1990년대에 자신이 석유 이권 단체뿐 아니라 석탄 이권 단체의 지원도 받았음을 시인했다.[12] 그는 수년간 꾸준히 폭스 뉴스의 게스트로 초청되었다.

스티븐 밀로이는 머독이 케이토 연구소에 속해 있을 당시 그곳의 지원을 받은 또 한 명의 기후변화 부인 운동가였다. 케이토 연구소는 기후변화에 의심을 던지는 "진짜 과학"이 재정 지원을 중단당하고 사회적 압력과 위협에 의해 침묵을 강요당했다고 주장한 『사일런싱 사이언스Silencing Science』 등 밀로이의 책 세 권을 출판했다. 케이토 연구소의 비상근 연구원이기도 했던 밀로이는 엑손모빌의 후원을 받았다.[13] 경력 초기, 밀로이는 기후변화와 관련된 과학적 사실에 의구심을 부추기는 미국 석유 연구소의 홍보 계획 개발을 도왔다.[14] 또한 폭스 뉴스 논평가로 일했으며 foxnews.com의 칼럼니스트로도 활동했다. 밀로이가 담배 산업과 같은 자신의 스폰서들에 관한 글을 써왔음에도 불구하고, 이 사이트는 그를 기자이자 논평가로 당당하게 소개했다. 폭스 뉴스는 밀로이가 석유 및

담배 산업들로부터 돈을 받아왔다는 사실이 공개된 뒤에도 그의 칼럼을 계속 게재했다.[15]

머독이 폭스 뉴스에 마이클스와 밀로이를 게스트나 논평가로 친히 천거한 것은 아니었지만, 이 매체는 두 사람의 회의주의적 입장을 기꺼이 수용했다. 폭스 뉴스에서 이 두 사람만 기후변화를 부인했다면 문제는 별로 심각하지 않았을 것이다. 하지만 현실은 그렇지 않았다.

2007년 기후변화와 관련한 머독의 '전향'이 있기 전까지 10여 년간, 폭스 뉴스의 '권위 있는' 프로그램 진행자들은 일상적으로 지구온난화에 관한 주장을 경멸하고 이를 받아들이는 사람을 비판했다. 그들에게 기후변화는 단지 하나의 정치적 이슈였다. 「오라일리 팩터」의 진행자 빌 오라일리는 다음과 같이 말했다. "온난화가 오염 때문이라고 주장하는 자유주의자와 그것이 단순한 자연적 진화일 뿐이라고 말하는 우익 사이에 격렬한 논쟁이 벌어졌다."[16] 토크쇼 진행자 숀 해너티는 온난화는 상승하기도 하고 하강하기도 하는 지구 기온의 자연스러운 현상이라는 견해를 넌지시 내비쳤다. 그에게 그 문제는 "사회주의자의 의제"들 중 하나일 뿐이었다. 그는 "지구온난화에 관한 모든 주장은 히스테리적이고 세뇌적"이라고 말했다.[17]

폭스 뉴스는 '균형'의 중요성을 강조하면서 기후변화를 과학적 이슈가 아닌 정치적 이슈로 부각시켰다. 실제로 폭스 뉴스는 기후변화에 대한 토론에 상반된 견해를 가진 두 게스트를 초대해 "공정함과 균형"[18]이라는 그들의 마케팅 슬로건을 몸소 실천해 보였다. 각자의 정치적 신념에 따라 발언하는 게스트들을 통해 과학적 발견을 논쟁의 대상으로 취급한 것이다. 기후변화 문제가 정치적 논쟁으로 바뀐 이상, 어떠한 전문가도 필요하지 않았다. 서로 의견을 달리하는 두 사람이면 족했다. 폭스 뉴스는 다른 매체들이 이 문제를 과학적 지식과 연관시키려 하면 그들이 권위자의 목소리에만 집착하는 언론의 인습을 따르고 있다고 매도했다. 폭스 뉴스의 관점으로 보면 담배 회사를 등에 업은 로비스트와 의학 연구자가 흡연과 암의 관계에 대해 논쟁하는 것이 "균형 잡힌" 것이다. 기후변화를 부인해온 사람들의 전략은, 담배 회사 브라운 앤드 윌리엄슨이 작성했던 메모를 보면 알 수 있다. 그 메모에 따르면 그 회사의 목적은 담배의 무해성을 증명하는 것이 아니라 의심을 만들어내는 것이었다. "일반 대중의 마음에 '사실'로 자리 잡은 것과 싸우려면 의심을 만들어내야 한다. 그것은 논쟁을 일으킨다는 의미이기도 하다."[19]

폭스 뉴스는 기후변화 문제를 대등하게 대치하고 있는 두 과학자 집단 사이의 문제로 규정하기도 했다. 따라서 오라일리는 다음과 같이 주장할 수 있었다. "어떤 과학자들은 지구가 방출한 가스가 이 행성을 뜨겁게 만들고 있다고 이야기합니다. 다른 과학자들은 태양 흑점의 변화나 다른 자연적 변화에 의해 지구의 열기가 곧 가라앉을 것이라고 말합니다."[20] 2004년, 해너티는 기후변화에 대한 논쟁을 소개하며 다음과 같이 말했다. "지구온난화가 과학적 사실인지 허구인지에 대해 과학자들이 여전히 합의점을 찾지 못하고 있음에도 불구하고, 지난 대선에서 완패한 전 부통령 앨 고어는 부시 대통령을 굴복시킬 구실로 한 영화(「투모로우The Day After Tomorrow」)를 사용하고 있습니다."[21] 한편 균형을 유지하겠다는 폭스 뉴스의 약속이 지켜지지 않을 때도 있었다. IPCC(기후변화에 관한 정부 간 협의체)의 제4차 평가 보고서가 발표되는 기후과학자들의 회의가 2007년 1월 파리에서 열리자, 「해너티 & 콤스」는 두 명의 유명한 기후변화 회의론자만 게스트로 초청했다. 해너티가 그 회의를 소개하며 "지구 온난화에 관한 점증하는 공포가 사실에 근거한 것입니까 아니면 허구입니까?"라고 묻자, 두 명의 게스트는 탄소 연소가 기후변화를 초래한다는 주장은 사실이 아니라고 했다. 그러자 해너티는 "제가 알기로 앨 고어가 주도하는 좌익이 극지방의 만년설과 빙하가 곧 녹을 것이라 주장하고 있습니다"라고 말한 뒤, 다음과 같이 물었다. "고어가 미국인들에게 거짓말을 하고 있는 겁니까? 특정한 정치적 의제를 위해 이 문제를 정치화하고 있는 겁니까?"[22]

　미국의 다른 머독 언론들도 유사한 입장을 취해왔다. 『뉴욕 포스트』는 끊임없이 기후변화에 대한 염려들을 조롱했다. 2000년 대선 기간에 실린 한 사설은 만년설 해빙에 대한 두려움이 "과장되고 증명되지 않은" 것임을 독자들에게 재차 강조했다. 이 사설은 "분명한 (정치적) 의제에 입각해 있는 일군의 과학자가 인간 활동이 환경을 재생 불가능할 정도로 파괴하고 있다는 신빙성 없는(하지만 '정치적으로 올바른') 관념들을 유포할 기회를 엿보고 있다"고 말했다.[23] 이후 『뉴욕 포스트』의 사설들은 (이 매체가 수차례 "경솔한 교토의정서"라 묘사한 바 있는) 온실가스 배출량 규제 협약에 대한 부시의 거부를 지지했다.[24] 2001년 서유럽을 방문한 부시가 교토의정서 거부 문제로 비난받자 『뉴욕 포스트』의 주요 칼럼니스트 중 한 명인 스티브 던리비는 다음과 같은 질문을 던졌다. "지구온난화가 진짜 발생하고 있는가? 이 현상이 정말 존재하는가? 지난겨울 내 엉덩이가 얼어붙었을 때 나는 이 현상을 경험하지 못했다." 던리비는 "기후는 항상 변화 중이고 (…) 변화는 매우 정상적인 것"이라는 과학자 리처드 린젠의 기후변화 회의론을 인용하기도 했다.[25] 2004년에는 뉴욕 주가 몇몇 전력 회사를 고소한 것을 비판하는 사설을 통해 기후과학자들을 계속해서 공격하면서 다음과 같이 주장했다. "지구온난화를 둘러싼 심각한 과학적 의견 충돌이 존재한다는 사실이 충분히 고려되지 못하고 있다."[26]

폭스 뉴스와 마찬가지로 『뉴욕 포스트』의 주요 표적도 앨 고어와 그의 영화 「불편한 진실」이었다. 고어를 "위험한 복음주의자"라 묘사한 『뉴욕 포스트』의 한 칼럼니스트는 "경제와 환경 사이에서 균형을 유지해야 한다는 그의 견해는 마르크스주의 만화책에나 나올 법한 우스운 주장"이라고 비꼬았다. 몇 달 뒤, 한 사설은 다음의 열변을 토했다. "모든 사람이 지구온난화가 암을 유발하고 강아지를 죽이고 (…) 교통 체증을 발생시키고 행복한 가정을 해체한다고 알고 있다. (…) 앨 고어가 그런 주장을 내놓았다." 고어의 영화가 아카데미상을 수상하자, 『뉴욕 포스트』의 사설은 앨 고어 개인이 이미 막대한 에너지를 소비하고 있다는 기후변화 부인 운동의 익숙한 레퍼토리로 그를 공격했다.[27]

머독의 미국 매체만 기후변화를 부인한 것이 아니다. 『오스트레일리안』은 부시의 뒤를 이어 하워드 총리가 교토의정서에 서명하기를 거부하자 그에게 강한 지지를 보냈다. 하지만 이 신문은 기후변화에 대해 불규칙하고 혼란스러운 태도를 보였다. 지구온난화는 기정사실이며 이는 온실가스의 영향이라는 점을 마지못해 인정한 적도 있고, 2005년에는 "화력발전소들이 지구온난화에 막대한 영향을 미쳤다"고 분명히 밝혔다.[28]

하지만 얼마 안 있어『오스트레일리안』은 다음과 같이 주장했다.

　　화석연료가 지구온난화의 주범이라는 환경 운동가들의 주장은 사실로
　　증명될 수도, 거짓으로 드러날 수도 있다. 지구 기온이 상승 중이라는
　　사실은 확실해 보이지만 얼마나 더 이러한 경향이 유지될 것인지, 왜 이
　　러한 현상이 발생하는지에 대해 아무도 확실히 알지 못한다.

　　그러면서 "교토의정서 속에는 자본주의 성공을 가로막으려는 환경
운동의 욕망이 감추어져 있다"고 덧붙였다.[29] 이상하게도『오스트레일리
안』은 루퍼트 머독이 기후변화가 심각한 위협이라고 인정하기 시작하자,
지구온난화에 대한 기존의 소극적 인정을 철회하고 보다 회의적인 방향
으로 돌아섰다.

　　기후변화라는 과학적 사실에 대항한『오스트레일리안』의 캠페인은
매우 독선적인 전문가와 칼럼니스트들에 의해 주도되었다. 2005년 캔버
라에서 화석연료 회사와 기후변화 회의론자들이 참석한 콘퍼런스를 개
최한 APEG 연구 센터 대표 앨런 옥슬리도『오스트레일리안』칼럼니스트
들 중 한 명이었다. 옥슬리는 자신의 칼럼을 통해 캔버라 콘퍼런스에 참
석한 "저명한 과학자들이 교토의정서가 근거한 과학적 사실이라는 것이
얼마나 뒤죽박죽인지, 지구온난화라는 대재앙이 얼마나 과장된 것인지
설명"했다고 전했다.[30] 또 다른 칼럼니스트 크리스토퍼 피어슨 역시 반복
해서 기후변화 회의론에 동의를 표했다. 2006년에 하워드 정부가 탄소
배출이 기후변화와 관련 있음을 공식적으로 인정하자, 피어슨은 "결국

전적으로 무해한 것으로 밝혀질 게 분명한 가스"에 규제를 가하는 조치에 "깊은 실망"을 느낀다고 썼다.[31]

영국의 머독 신문들은 다른 접근을 시도했다. 이 신문들은 사설을 통해서는 견해를 피력하지 않았지만, 기후변화에 회의적인 다수의 칼럼니스트를 보유하고 있었다. 『선』의 칼럼니스트 제러미 클라크슨은 "휘발유를 마구 집어삼키는" 자동차를 몰고 다니면서도 기후변화를 경고해대는 모든 사람은 위선자이며 "돈을 위해" 일하고 있을 뿐이라고 비판했다. 그에 따르면 기후변화 주장은 세금 인상을 위한 핑계에 불과하며, 기후변화에 대한 널리 알려진 과학적 사실들은 대부분 틀렸다. 2000년에는 한 칼럼을 통해 "자동차가 배출한 이산화탄소가 지구온난화를 유발한다고 주장하는 다수의 과학자 덕분에 자동차세가 인상되어 우리 모두는 곤경에 처할 것"이라고 말하면서 "무서운 이야기를 유포하는 것이 과학자들이 돈을 버는 방식"이라고 덧붙였다.[32] 클라크슨이 자신의 주장을 뒷받침하기 위해 언급한 과학자는 (미국 기후변화 부인 운동가들도 자주 인용해온) 리처드 린젠과 패트릭 마이클스뿐이었다. 또한 그는 "우리가 석유와 가스 사용을 중지하고 즉시 동굴 속으로 들어가야 한다고 말하는 생태유심론자들eco-mentalists"이 있다면서 과학자들을 모욕했다.[33] 한편 『선』의 인기 칼럼니스트 리처드 리틀존은 조지 W. 부시가 "유럽 정치인들의 세금 인상 명목에 불과한 교토의정서를 지지하지 않은" 것은 "훌륭한 결정"이었다고 평가했다.[34]

헛된 선언

2007년에 루퍼트 머독은 아들 제임스 덕분에 기후변화에 대한 자신의 생각이 바뀌었으며 앞으로 자신의 회사들은 탄소 배출 제로를 위해 노력할 것이라고 선언했다. 머독의 보수적 신념을 고려하면 그것은 분명 머독 스스로의 판단에서 내려진 결론은 아니었을 것이다. 머독이 클린턴 글로벌 이니셔티브Clinton Global Initiative•에 기후변화와 관련해 50만 달러를 기부하고 주목할 만한 연설을 한 2007년 이후, 세계 도처에 새로운 희망이 움텄다. 한때 자신의 신문과 TV 방송국을 통해 이라크 침공을 요구하는 등 전 세계에 호전적인 메세지를 유포했던 국제적 미디어 소유주가 기후변화 문제를 해결하겠다고 나섰기 때문이다. 이전까지 머독을 어떻게 생각해왔는지와 무관하게, 기후변화를 염려해온 많은 사람은 그가 자신들의 편에 선 것을 기뻐했다. 하지만 머독은 기후변화 문제에 있어서는 이라크전 캠페인 때처럼 편집장들과 기자들을 결집시키지 않았다. 그의 '전향' 직후, 뉴스 코퍼레이션은 탄소 배출을 감소시키겠다는 자신들의 결정을 자축하는 소란스러운 홍보 작업에 착수했다. 하지만 머독의 연설이 있은 지 2년이 넘도록 뉴스 코퍼레이션의 뉴스 매체들은 기후변화를 부인하려는 시도를 멈춘 것 외에 별다른 변화를 보이지 않았다. 가령『뉴욕 포스트』는 사설을 통해서는 기존의 주장을 반복하지 않았지만, 다른 지면을 보면 '탄소 괴짜carbon kooks'나 '지구온난화를 주장하는 위선

• 2005년에 클린턴 재단이 만든 세계 문제 해결 기구.

자global warming hypocrites'라는 표현이 계속 등장했다.[35] 폭스 뉴스도 기후 변화 이슈를 전보다 적게 보도하고 온화하게 다루었지만, 그것이 아직 결론이 나지 않은 이슈라는 입장은 유지했으며 석유 산업의 후원을 받는 기후변화 회의론자들을 초청하기도 했다. 폭스 뉴스는 기후변화 이슈를 '인포테인먼트'의 주제로 다루기도 했다. 2008년 5월, 「해너티 & 콤스」는 화석연료 사용 증가가 산업국가 국민들의 평균 체중 증가와 관련이 있다고 주장하는 한 연구를 다루었다. 유명한 보수주의자이자 이날 방송의 게스트로 초청된 리치 로리는 "비만 인구가 지구온난화를 유발한다"고 말했다. 그는 이어 "거식증을 장려해야 한다"고 제안하기도 했다.[36] 빌 오라일리 역시 이 주제를 다루었다. 「오라일리 팩터」의 게스트로 출연한 공화당 전략가 앤드리아 탄타로스는 "이러한 논리라면, 거식증이 환경적 해답"이라 주장했다.[37]

영국의 한 기후 연구소가 발송한 수천 건의 이메일이 해킹되면서 불거진 2009년 "기후 게이트Climategate" 사건● 이후, 기후변화 회의론을 억압하던 분위기에 균열이 가기 시작했다. 이후 연구자들의 조작 혐의가 사실이 아님이 밝혀지긴 했지만, 어쨌거나 그 사건은 머독 신문 기고자들을 포함한 전 세계 회의론자들을 다시 고무시켰다. 『뉴욕 포스트』는 과학적 데이터가 "갈수록 의심을 사고 있다"면서 "탄소 배출량을 규제해야 한다는 주장은 날조된 데이터에 근거한 것"이라는 주장을 담은 사설들을 쏟아냈다.[38] 또한 버락 오바마 미국 대통령이 "일방적으로 지구 기온을

● 영국 이스트앵글리아대 기후 연구소가 발송한 이메일들이 유출되면서 인간에 의한 지구온난화가 기후학자들의 데이터 조작에 근거한 것이라는 혐의가 제기된 사건.

낮추려 했던 게 아니라면, (그는) 미국 경제를 망치려 한 것"이라고 주장했다. 『뉴욕 포스트』는 미국 석유 연구소 소장의 발언을 당당히 인용하며, 이 사건이 미국을 극한상황으로 몰고 갈 것이라고 경고했다.[39] 같은 해 12월, 『뉴욕 포스트』의 한 사설은 코펜하겐 기후변화 회의의 실패를 "마땅히 감수해야 할 불명예스러운 실패"로 묘사하며 통쾌해했다. 『뉴욕 포스트』의 워싱턴 지부 대표는 환경주의자들을 "자본주의를 붕괴시키고 미국의 돈을 쥐어짜내려는 무리"라고 비난했다.[40]

코펜하겐 기후변화 회의 전날, 폭스 뉴스의 한 간부는 코펜하겐 회의에 대한 보도와 관련해 기자와 프로듀서들에게 다음과 같은 지시를 내렸다.

우리는 지구가 따뜻해진 (혹은 차가워진) 일시적인 현상에 대한 보도는 자제해야 하며, 의심이 제기된 데이터에 근거한 이론들도 더 이상 들먹이지 말아야 한다. 기후변화 논쟁이 격렬해질수록 언론은 그런 자세를 유지해야 한다.[41]

하지만 지구온난화는 하나의 "관념"이 아니라 과학적으로 확립된 사실이며, 이는 기온 상승의 원인이 화석연료의 연소가 아니라고 주장하는 몇몇 회의론자도 인정한 바다.

그럼에도 불구하고 폭스 뉴스의 토크쇼 진행자들은 거침없이 지구온난화를 부인했다. 숀 해너티는 이스트앵글리아대 기후 연구소의 이메일 유출 사건을 고소해하며 다음과 같이 말했다. "이 연구소는 기후변화가 하나의 사기라는 사실을 영국 시민들뿐 아니라 세계 모두에게 비밀로 하려 했다. 나는 오래전부터 기후변화는 사기라고 주장했다."[42] 2010년 초 눈보라가 워싱턴을 강타하자 해너티는 "과학을 날조하고" "대중에게 거짓말을 하는" "불안 조장자"들을 공격했다.[43] 2010년 4월, 해너티는 "지구온난화는 불안을 조장하려는 세력이 날조해낸 신화"일 뿐이라며 "지구온난화와 관련된 선전들은 정확히 카를 마르크스의 원칙에 뿌리를 둔 공산주의적 주장"이라는 내용이 담긴 한 책의 저자를 옹호했다.[44] 신이 난 것은 해너티뿐만이 아니었다. foxnews.com은 '지금이 지구 역사상 가장 뜨거운 시기가 아닌 다섯 가지 이유'라는 글을 게재했다.

　기후변화에 대한 해너티의 계속된 회의론에 머독은 당황했을 것이다. 2007년 기후변화에 대한 연설을 한 이후, 머독은 해너티의 견해가 바뀔 거라고 생각하냐는 질문을 받은 적이 있었다. 그는 다음과 같이 대답했다. "아마도 숀은 기후변화가 어떤 종류의 자유주의적 주장이라 생각할 겁니다. 하지만 그는 매우 합리적이고 지적인 사람입니다. 곧 사실을 알게 될 것이고 이 문제를 이해하게 될 겁니다."[45] 해너티는 결코 자신의 입장을 바꾸지 않았다. 폭스 뉴스의 또 다른 전투적 기후변화 회의론자 글렌 벡은 해너티보다 한 걸음 더 나아갔다. 기후변화와 관련된 과학적 사실이 의도적으로 날조된 것이라고 줄기차게 주장해온 글렌 벡은 2011년 1월 객석을 향해 다음과 같이 소리쳤다. "제가 과학자들을 믿느냐고요? 아니요. 그들은 지구온난화와 관련해 우리에게 거짓말을 하고 있습니다."[46] 두 달 뒤, 루퍼트 머독은 뉴스 코퍼레이션이 공식적으로 탄소 배출 제로를 달성했다고 대중에게 선포했지만 이는 머독의 뉴스 매체가 대중의 공적 토론에 미친 막대한 영향을 고려했을 때 의미 없는 제스처에 불과했다.

머독의 호주 매체에서도 유사한 일들이 벌어졌다. 머독의 주력지 『오스트레일리안』은 "이 이야기를 보다 새로운 방식으로 전달해야 한다"고 머독이 선언하자 오히려 기후변화 회의론을 보다 강력하게 지지하기 시작했다. 2009년, 『오스트레일리안』은 호주의 기후변화 회의론을 주도해온 지질학 교수 이언 플리머의 책을 출간하면서 "지구온난화에 대한 과학적 연구들은 정당화되기 어렵고" 환경 운동가들은 "자신들의 지구 위험에 대한 예언"에 반대하는 이들을 "이단"으로 몰아세운다는 플리머의 주장에 동조하는 사설을 실었다.[47] 기후변화를 경고하는 과학 공동체를 "어두운 권력"으로 묘사하는 플리머의 주장이 "매우 지나치다"고 평가한 유명한 사회참여 지식인 로버트 맨은 플리머의 책에 대한 『오스트레일리안』의 사설을 중대한 실책이라고 꼬집었다.[48] 그러나 『오스트레일리안』은 다시 사설을 통해 맨의 비판을 묵살하며 "탄소 배출량 측정이 비교적 최근에 시작되었다는 점을 감안할 때, 이 수치의 증가가 인간 활동이 지구온난화를 유발한다는 주장을 입증하는 것은 아니"라며 플리머의 주장을 방어했다.[49] 이 사설이 나오고 몇 달 뒤, 『오스트레일리안』 편집주간 크리스 미첼은 기후변화에 대한 보도로 '우수 미디어 상'을 수상했다. 이 상을 수여하는 호주의 석유 가스 탐사 단체의 대변인은 『오스트레일리안』의 보도가 매우 사려 깊고 균형 잡혔다고 말했다.[50]

미첼의 수상에 들뜬 『오스트레일리안』은 열성적으로 회의론적 캠페인을 이어갔다. 이듬해 한 사설은 IPCC가 보다 "덜 정치적인 단체"로 변모하기 위해 일단 해산되어야 한다고 주장했다.[51] 당시 몇몇 유명 기후과학자는 이 신문과 연루되기를 거부하고 있었다. 호주 기상청의 최고 기후학자 마이클 코플랜 박사는 『오스트레일리안』이 조악한 기후변화 회의론을 지지한다는 이유로 이 신문과의 대담을 거절했다. 그는 한 기자에게 다음과 같이 말했다.

『오스트레일리안』은 매우 분명한 사설 방침을 가지고 있습니다. 과학계의 비판에도 아랑곳하지 않고, 그 신문은 더 이상 대꾸할 가치가 없는 주장들을 계속 내놓고 있습니다.[52]

『오스트레일리안』의 기후변화 부인 캠페인은 사설에 국한되지 않았다. 호화로운 주말판에서 한 기사는 다음과 같이 말했다. "극단적 환경주의자들은 우리 모두가 하나의 새로운 체제를 수용하도록 만들 것이다. 그들의 규제하에서 삶은 도대체 어떤 모습이겠는가?"[53] 셀 수 없이 많은 적대적 기사가 기후변화를 염려하는 사람들을 "재앙 예언자" 혹은 "불안 조장자"라고 비난하고 조롱했다. 이러한 사설과 기사는 탄소 배출 제로를 추구하겠다는 뉴스 코퍼레이션의 약속을 무의미하게 만들었다.

기후변화라는 통념에 대한 거부

2006년 루퍼트 머독이 아들 제임스에게 뉴스 코퍼레이션이 기후변화 문제와 관련해 리더십을 발휘할 것이라고 약속했을 때, 그는 의심할 바 없이 진지했다. 실제로 그는 자신의 회사들이 배출하는 탄소량을 줄이기 위해 막대한 비용을 지불했다. 하지만 편집장과 기자들이 기후변화를 당면한 현실로 받아들이도록 고무하지는 않았다. 침묵만 유지하는 머독의 태도가 그들에게는 그들의 입장에 대한 암묵적 동의로 비쳤다. 그래서 그들은 자신의 고용인이 겉으로 드러난 만큼 기후변화 문제에 헌신적이지 않다고 느꼈고, 인간 활동이 기후변화를 유발한다는 증거가 분명해질수록 보다 더 회의적인 반응을 보였다. 그들에게 기후변화를 부인하는 논평가들은 용감한 반체제 인사처럼 보였다. 그래서 그런 논평가들이 기후 문제와 관련한 "다른 견해"를 허용하지 않는 분위기로 인해 "자기 검열"에 시달릴지도 모른다고 주장했다.

통념에 대한 저항, 기득권층과의 싸움, 그것이 바로 루퍼트 머독의 인생을 요약하는 말이다. 그래서 그는 전 생애에 걸쳐 아웃사이더, 반항아를 자처했다. '회의론자'라는 말도 머독이 고수해온 보수적인 정치적 신념과 어울린다. 그래서 아들에게 "(기후변화) 이야기를 새로운 방식으로" 풀어나가겠다고 한 약속도 매우 피상적으로만 지켜졌다. 어쩌면 머독은 코펜하겐 회의 직전에 일어난 '기후 게이트' 사건을 계기로 기후변화 문제에 대해 더 이상 신경 쓰지 않았는지 모른다. 혹은 기후변화에 대한 자신의 견해를 더 이상 편집장들에게 강요하지 않겠다는 결심을 했는지도 모른다. 바로 그 시기에 편집장들을 대하는 그의 태도에 변화가 감지되었기 때문이다. 머독의 회사 내에 있는 기후변화 회의론자들이 어떤 캠페인을 벌이든, 그들이 문책을 받는 일은 없었다.

2011년, 머독은 자신의 회사가 탄소 배출 제로에 도달함으로써 "환경 파괴 없이 지속 가능한 최초의 단계"에 이르렀다고 공표했다. 그는 자신의 영국 회사들이 모든 전력을 스코틀랜드 수력발전소로부터 끌어오고 있고, 『월스트리트 저널』을 보유한 자신의 미국 기업 다우 존스가 미국에서 가장 큰 태양열발전소를 건설했음을 자랑스럽게 알렸다. 뿐만 아니라 20세기 폭스 사의 「아바타」가 "블록버스터 영화일 뿐만 아니라 환경주의라는 현실의 사회운동에도 유효할 수 있음을 증명했다"고 말했다. 그러면서 "뉴스 코퍼레이션은 혁신적이고 재생 가능한 기업으로 변모해 가는 중"이며 "탄소 발자국•을 더 이상 증가시키지 않는 방식으로 사업 확장을 도모해 깨끗한 에너지원으로 기업을 운영할 것"이라 전했다.[54] 머독이 이러한 긍정적 발언을 내놓기 얼마 전 『뉴욕 포스트』는 기후변화를 막기 위해 제출된 법안이 "고용 감소"를 유발할 것이라 비난했고, 『월스트리트 저널』의 사설은 "지구온난화에 관한 불안 조장"을 강하게 공격했다.[55]

'환경을 걱정하는 과학자들의 모임Union of Concerned Scientists'의 회장 케빈 노블로크는 머독의 탄소 배출 제로 선언에 찬사를 보내면서 "자신의 사업체가 방출하는 탄소량을 제한하는 일이 얼마나 가치 있는지 안다는 점에서 루퍼트 머독은 존경할 만합니다"라고 말했다. 그리고는 다음과 같이 덧붙였다. "하지만 미국 대중들에게 (기후변화라는) 중대한 과학적 정책적 이슈를 호도해온 자신의 미국 주력지들에 어떤 조치도 취하지 않

• 이산화탄소 배출량.

는다면, 머독의 노력은 공허한 제스처에 불과할 것입니다." 이 모든 문제
는 하나의 분명한 질문을 제기한다. '탄소 배출 제로가 뉴스 코퍼레이션
을 위해 좋은 일이라면, 왜 폭스 뉴스는 이 방침이 우리 모두에게 이로운
것임을 지적하지 않는가?' 폭스 뉴스가 기후변화를 계속 부인한다면, 대
중은 루퍼트 머독의 회사가 탄소 배출 제로 상태를 만들었다는 사실은
잊고 환경 운동을 지연시킨 활동을 벌였다는 사실만 기억할 것이다.[56]

사실과 정치적 올바름

기후변화에 대한 루퍼트 머독의 입장이 여러 면에서 변덕스럽다는
것이 드러나고 있다. 기본적으로 뉴스 코퍼레이션 소속 매체들은 특정 이
슈에 대한 회사의 정책적 태도가 정해지면 그에 대한 캠페인을 벌인다.
모회사와 그 CEO가 특정한 태도를 정해 공표한다는 행위는 자회사들이
그에 영향을 받기를 기대한다는 뜻이기 때문이다. 그렇지 않다면 그들이
왜 하나의 이슈와 관련해 공식적 입장을 표명하겠는가?

머독은 기후변화에 대한 입장 변화를 선언하기 전까지는 각기 다른
이상을 가진 직원들에게 자신의 이상을 강요하며 그들을 하나의 군대로
결집시켰다. 그래서 이라크전 동안 그의 신문의 논설위원, 논평가, 기자
들은 하나로 뭉쳐 사담 후세인이 대량 살상 무기를 직접 사용하거나 알
카에다와 같은 테러 집단에게 넘길 것이라는 미국 정부의 주장을 무비판
적으로 반복했다.

뉴스 코퍼레이션은 수십 년간 정보 요원들이 수집한 이라크 대량 살상 무기 관련 증거가 있다고 주장했지만, 이라크전으로 총 10만 명 이상의 사망자가 발생했을 때도 이라크에서 대량 살상 무기는 발견되지 않았다. 하지만 그 후에도 머독 매체들은 이라크가 9. 11 테러의 용의자 알카에다와 긴밀히 연관되어 있다는 주장을 더욱 적극적으로 유포했다. 이는 정보의 사실성을 확인한 뒤 독자들에게 전하는 언론의 정상적 절차를 무시한 것이었다.

반면 20년 이상 그 분야 최고의 전문가들이 수집한 거부할 수 없는 증거들이 있는 기후변화는 사실로 인정하지 않았다. 수년간 기후변화를 부인하는 캠페인에 참여했던 칼럼니스트와 논설위원들에게 그 증거들은 별로 중요하지 않았던 것이다. 그들의 눈에 기후변화에 대한 염려는 자유주의 사회운동의 한 사례에 불과했다. 사회운동의 형태로 표출되는 여성주의나 다문화주의는 공적 토론을 거친 뒤 수용되거나 거부될 수 있는 주제다. 하지만 기후과학을 확립한 연구 단체 및 과학자들은 어떠한 사회운동과도 무관하며 그들이 내린 결론은 토론에 의해 거부될 수 있는 것이 아니다. 그럼에도 불구하고 기후변화 회의론자들은 어떠한 신념도 특권적인 자리를 차지할 수 없다는 포스트모더니즘 담론을 이용해 기후과학에서 얻어진 지식도 단지 하나의 사회적 신념이기에 거부할 수 있다고 주장한다. 이는 미국 우익들이 다윈의 진화론을 부인하고 창조론을 지지하는 논리와도 유사하다.

루퍼트 머독이 기후변화에 대한 입장 변화를 공표했던 2007년, 뉴스 코퍼레이션은 기존의 기후과학 부인 캠페인을 잠시 멈추고 휴지기를 가졌다. 이는 강력한 증거들이 마침내 편집장들을 설득시켰기 때문이 아니라 위로부터 결정된 갑작스러운 정책 변화 때문이었다. 이 정책 변화는 뉴스 코퍼레이션을 물려받게 될 아들 제임스의 입지를 굳히기 위한 루퍼트의 전략이었던 것으로 보인다. 하지만 그 뒤에도 『뉴욕 포스트』나 폭스 뉴스 같은 루퍼트의 주력 언론은 기후변화를 막기 위한 유의미한 토론을 이끌어내기보다 침묵으로 일관했다. 그리고 얼마 지나지 않아 기후변화 회의론자들은 머독의 묵인하에 자신들의 주장을 다시 펼치기 시작했다. 오늘날 뉴스 코퍼레이션은 특히 미국과 호주에서, 다시 기후변화 회의론자들의 무대 역할을 하고 있다.

머독 왕조의 과거와 미래

여러분은 훌륭한 회사들이 대주주의 부재로 아무렇게나 방치된 상황을 자주 목격해왔을 것입니다. 1~2년의 힘든 시간이 지나고 나면, 그런 회사들은 월스트리트의 피라니아들에게 인수되어 완전히 난파될 것입니다. (…) 여러분은 그것이 시장이 작동하는 방식이라고 말하고 싶겠지만, 나는 미디어 기업이 성공하려면 안정적인 리더십이 매우 중요하다고 생각합니다.[1]

루퍼트 머독, 2002

2011~2012년에 영국에서 불거진 전화 해킹 스캔들은 머독의 대중적 명성을 뒤흔들어놓았고, 그의 아들이자 지정 상속자인 제임스 머독에게도 심각한 상처를 입혔다. 이 스캔들로 머독의 기자, 편집장, 임원들이 줄줄이 체포되고 기소되었다. 사법부는 머독과 그의 미디어 제국이 영국에 행사해온 영향력을 더 세부적으로 밝혀낼 것이다. 노동당과 보수당 집권기 내내 머독은 총리 및 장관들과 정기적으로 접촉해왔지만, 2011년에 이르러 두 정당 대표 모두 처음으로 머독과의 관계 정리에 나섰다. 2011년 7월, 데이비드 캐머런 총리는 매우 진솔한 성명서를 내놓았다. "언론인과 정치인 그리고 정당 대표는 항상 야합해왔습니다. 네, 저 역시

그에 포함됩니다. (…) 신문의 지지를 얻는 데 혈안이었던 정당 대표들은 이 바로잡기 힘든 행태를 못 본 체하며 신문 규제에 대한 노력을 하지 않았습니다." 노동당 대표 에드 밀리밴드 또한 노동당과 머독 사이의 관계가 "너무 가까웠음"을 시인한 다음 머독이 위성 TV BSkyB 입찰에 참여하는 것을 막기 위해 소송을 제기했다.

하지만 전화 해킹 스캔들이 머독의 정치적 영향력에 대한 욕망을 종식시켰을까? 2015년 영국은 또 하나의 총선을 앞두고 있다. 『선』이 기존의 정치적 노선을 포기하거나 다른 소유주에게 매각되지 않는 한 다시 특정 정당 지지 캠페인을 시작할 것이고, 그러면 정당들은 『선』의 우호적 보도를 얻기 위해 구애 활동을 재개할 것이다. 어쨌거나 현재 영국에서 머독의 정치적 영향력은 일시적으로나마 중단된 상태다.

미국과 호주의 상황은 이와 매우 다르다. 2012년 미국 대선이 눈앞에 다가온 현 시점에서 폭스 뉴스는 전혀 변화의 기미를 보이지 않는다. 민주당 버락 오바마 대통령은 공화당 티파티 운동의 세례를 받은 극단적 반대 세력과 직면할 것이고, 폭스 뉴스도 선거라는 정치적 의제를 조종하려고 공격적으로 달려들 것이다. 폭스 뉴스는 대선에 대비해 이미 네 명의 공화당 출신 논평가(전직 알래스카 주지사 세라 페일린, 전직 하원 대변인 뉴트 깅리치, 전직 아칸소 주지사 마이크 허커비, 전직 상원의원 릭 샌토럼)를 고용한 상태다. 한편 『롤링 스톤Rolling Stone』의 팀 디켄슨은 폭스 뉴스 대표 로저 에일스의 정치적 역할을 다음과 같이 평가한다.

에일스는 폭스 뉴스를 이용해 새로운 정치 캠페인을 개척했다. 폭스 뉴스는 뉴스 기업으로 위장한 거대한 방음 스튜디오이고, 이 스튜디오에서 정치적 선전이 독립적인 보도로 기가 막히게 탈바꿈한다.²

호주에서도 정치적 의제를 주도하려는 머독 미디어들의 욕망은 여전하다. 가장 강력한 두 무기인 『데일리 텔레그래프』와 『헤럴드 선』은 노동당에 반대하는 캠페인도 벌이고 있지만, 녹색당에게 더욱 공격적이다. 로버트 맨이 『쿼털리 에세이Quarterly Essay』에서 지적했듯이 "이상할 정도로 자기 지시적이고 과시적"이며 여전히 이데올로기적 영향 아래 운영되고 있는 이 두 신문의 가장 두드러진 특징은, "기후변화에 대한 급진적 조치가 필요하다고 주장하는 모든 이에게 혐오와 경멸을 보인다"는 점이다.³

전화 해킹 스캔들이 터지자 머독은 PR 담당자의 손을 거친 매우 신중한 공식 성명을 발표했다.("내 생에 가장 겸손한 날" 등의 표현을 보라.) 반면 『오스트레일리안』은 '소수 엘리트들이 머독 반대 캠페인의 선봉에 서다'라는 공격적인 머리기사를 통해 머독의 비공식적 반응을 대변했다.⁴ 이 기사는 문제의 스캔들이 "미디어에 대한 쿠데타"이자 "엘리트에게는 재앙과도 같은 『뉴스 오브 더 월드』를 배척하려는 운동"이라고 주장했다. 즉 전화 해킹에 대한 사람들의 분노를 "대중적 민중적 미디어를 혐오하는 엘리트층이 일으킨 문화 전쟁"으로 매도한 것이다. 이 기사는 또한 침통함을 가장하며, "지구온난화를 우려하지 않거나 '자유주의 정책'을 지지하는" 이들을 언론으로부터 배제시키려는 "매우 심각한" 계획이 존재한다고 경고했다.

왕조의 연장

루퍼트 머독은 미디어 가문 출신이다. 많은 이의 존경을 받아온 루퍼트의 어머니 엘리자베스는 100세가 넘은 나이에 머독 가문이 전화 해킹 스캔들로 모욕받는 순간을 목격해야 했다. 루퍼트는 어머니와 비슷한 나이까지 살면서 자녀들이 가족의 훌륭한 전통을 이어나가는 모습을 보기를 원할 것이다. 하지만 그는 끔찍한 문제에 직면했다. 자신의 신념이 스스로를 진퇴양난의 상황에 빠뜨린 것이다. 그는 시장주의를 지지했고 영국 왕가를 포함한 모든 "기득권층"에 반대해왔다. 그와 그의 타블로이드지는 왕을 정점으로 한 특권 계급의 세습 체계를 끊임없이 비난해왔다. 하지만 뉴스 코퍼레이션의 세대교체 시기가 다가옴에 따라, 머독 일가는 자신들이 뉴스 코퍼레이션 내에서는 물론이고 보다 넓은 영역에서도 기득권층이자 엘리트층임을 숨길 수 없게 되었다. 80대에 접어든 루퍼트 머독은 자신의 세 자녀 제임스, 라클런, 엘리자베스를 뉴스 코퍼레이션의 고위직에 올림으로써 하나의 세습 왕조를 확립하려 하고 있다. 자녀들의 고위직 임용은 어느 측면에서 보더라도 시장주의와 무관하다. 머독은 자신의 사후에 "월스트리트의 피라니아들"이 달려들어 회사를 망쳐놓을까봐 두려워하며 다음과 같이 말했다. "여러분은 그것이 시장이 작동하는 방식이라고 말하고 싶겠지만, 나는 미디어 기업이 성공하려면 안정적인 리더십이 매우 중요하다고 생각합니다."[5] 자신의 기업을 물려받을 자녀들에 대한 머독의 걱정은 인간적인 수준에서 충분히 이해할 만하다. 아버지 키스가 사망했을 때 자신이 겪었던 어려움과 혼란을 자기 자식들이 겪게 하고 싶지는 않을 것이다. 그럼에도 불구하고 자신의 기업을 세습시키려는 그의 계획은 평소의 지론에 반하는 매우 위선적인 행동임에 분명하다.

법적 차원에서 뉴스 코퍼레이션이 뉴욕 증권 거래소에 등록된 상장 기업이라 할지라도, 실질적으로 이 회사는 가족 기업에 가깝다. 루퍼트 머독과 그의 가족은 주식의 40퍼센트가량을 보유한 주주이고, 나머지 주주들 역시 이 회사가 머독의 전유물임을 인정하듯 루퍼트 자녀의 고위직 임용 문제와 같은 주요 결정들을 머독에게 기꺼이 일임했다. 가족 기업은 다른 형태의 기업과 결코 동일하지 않다. 가족 기업의 전근대적 요소들은 상속과 세대교체 시기에 특히 취약하다. 머독이 31년간 결혼 생활을 유지한 두 번째 부인 안나와의 관계를 끝내고 웬디 덩과 결혼하려 했을 때(그 결혼 이후 두 자녀가 태어났을 때도), 그의 기업은 미래가 불투명해지는 위기에 처했다. 머독이 자신이 보유한 뉴스 코퍼레이션 주식 일부를 안나의 세 자녀 라클런, 엘리자베스, 제임스 그리고 첫 번째 부인에 게서 얻은 딸 프루던스에게 양도하겠다고 하자 안나는 군소리 없이 이혼에 응했다. 이후 머독은 (웬디 덩에게서 태어난 두 명의 자녀를 포함한) 모든 자녀가 가족 신탁 기금 안에서 동등한 의결권을 갖는 체제로의 변화를 꾀했지만, 이는 성공적이지 못했다.[6] 10여 년간 후계자 수업을 받아왔던 장남 라클런이 아버지의 의도를 깨닫고 2005년 뉴스 코퍼레이션의 고위직에서 자진해서 물러나 호주로 떠난 것이다.(여전히 그는 뉴스 코퍼레이션의 이사진에 포함되어 있기는 하다.)

2000년에 그보다 덜 극적이지만 유사한 사태가 벌어졌다. 딸 엘리자베스가 위성 TV BSkyB의 고위직에서 사임한 것이다. 그녀는 그 일로 "아버지가 다소 놀라고 상처받았을 것"이라고 회고했다. 엘리자베스는 머독 일가의 영향권에서 벗어나 자신만의 TV 프로덕션 샤인을 설립했다. 그녀는 "어떤 면에서는 뉴스 코퍼레이션 밖으로 나오는 것이 그 내부에 남는 것보다 쉬운 일"이라고 말했다. 2011년 뉴스 코퍼레이션은 엘리자베스의 회사를 인수했고, 루퍼트 머독은 회사를 떠난 아들들에게 그랬듯이 그녀에게도 이사회 자리를 약속했다. 세대교체가 시작된 것이다.

가장 반항했던 제임스 머독이 가족 기업의 일원이 된 것은 기대 밖의 일이었다. 제임스는 하버드를 중퇴하고 힙합에 특화된 언더그라운드 레코드 회사 로커스 레코드를 설립했다. 로커스 레코드가 뉴스 코퍼레이션에 인수되면서 뒤늦게 가족 기업에 참여하게 된 제임스는, 최근까지 뉴스 코퍼레이션의 최고경영자 자리를 자연스럽게 물려받을 것으로 예상되고 있다. 하지만 전화 해킹 스캔들은 머독 일가에게도 영향을 미쳐 제임스와 그의 아버지는 수차례 말싸움을 벌였고, 한동안 서로에게 말도 걸지 않았다.[7] 엘리자베스 머독은 뉴스 코퍼레이션 이사회에서 발을 뺌으로써 그 스캔들로부터 벗어났다. 하지만 제임스는 뉴스 코퍼레이션 고위직을 계속 유지할 것으로 보인다.

뉴스 코퍼레이션이 때늦게 착수한 역사적 세대교체 작업에서 해결해야 할 몇 가지 장애물이 있다. 첫 번째 장애물은 실질적으로 세대교체는 루퍼트의 은퇴 후에나 가능할 것이라는 점이다. 루퍼트의 은퇴는 당연한 일이지만 한편으로 그에게는 상상도 하기 힘든 일이다. 한 TV 인터뷰에서 루퍼트는 그만 은퇴하고 함께 골프나 치자는 안나의 보챔이 파경의 한 원인이었음을 밝히며 "은퇴는 당시 나의 계획에 없던 일이었고 지금도 그렇다"고 말했다.[8] 같은 인터뷰에서 그는 자신이 어머니와 마찬가지로 100세 이상 살지도 모른다며 뉴스 코퍼레이션을 벗어난 인생은 상상할 수도 없다고 말했다. 즉 그에게 은퇴는 죽음과 마찬가지인 것이다. 머독이 사망하거나 정상적인 생활이 불가능할 정도로 건강이 악화된다면 실질적인 세대교체가 진행되겠지만, 그는 여전히 혈기왕성하다. 그의 장남 라클런은 전기 작가 마이클 울프가 세대교체에 관해 묻자 "나는 당신의 질문에 대답할 수 없어요. 당신은 아버지가 결코 죽지 않을 것이라는 사실을 모르나요?"[9]라고 대답했다.

자연스러운 세대교체를 가로막는 두 번째 장애물은 뉴스 코퍼레이션의 기업 문화다. 사임한 전직 편집장과 임원 모두는 이 회사가 루퍼트 머독의 개인적 성격과 분위기 그리고 그의 정치적 편견에 매우 의존하고 있다고 공식적으로 표명했다. 뉴스 코퍼레이션은 루퍼트 머독을 중심으로 형성된 가부장적 문화를 토대로 하며 이 문화는 강력한 집단적 충성심으로 특징지어진다. 특히 편집국은 자신들의 매체가 공격받는 것을 자부심으로 여기는 독특한 집단적 사유를 발전시켜왔다. 고위 관리직의 경우 예스맨과 '팀 플레이어'만이 환영받고, 솔직하고 독립적인 사유를 가진 사람은 인정받지 못한다. 그래서 레스 힌턴처럼 머독에게 충성스러운 사람들만 뉴욕과 런던, LA의 고위 관리직을 차지했다. 머독 한 사람에게 집중된 기업 문화는 회사를 보다 결단력 있고 신속하게 만드는 강점으로 작용하기도 했다.[10] 하지만 그 누구도 영원히 살 수 없다는 사실을 상기할 때, 모든 결정을 단 한 사람에게 의존하는 기업 문화는 잠재적인 위험성을 내재하고 있다.

일반적인 기업이었다면 벌써 루퍼트는 이사회 의장 같은 덜 두드러진 자리로 물러나고, 제임스 머독이 CEO가 되고 엘리자베스와 라클런이 그를 지원하는 형태의 세대교체가 이루어졌을 것이다. 하지만 뉴스 코퍼레이션에서 이러한 변화는 루퍼트 자신이 경영권을 포기할 때에만 가능하다. 의장과 같은 상징적 위치로 물러나 자신이 동의하지 않는 결정에도 평정심을 유지하는 모습을 루퍼트 머독에게서 기대하기는 힘들다.

머독 뉴스 매체의 이런 문화는 세대교체 과정에서 심각한 파열을 불러올 수 있다. 머독은 냉전 이데올로기와 자유주의 정신이 충돌했던 1960년대에 젊은 시절을 보내면서 페미니즘, 환경주의, 게이 해방운동 같은 새로운 신념의 등장을 경멸한 인물이다. 반면 그의 자녀들은 그런 신념이 인정되는 새로운 세계에서 성장했다.

정치적 측면에서 라클런은 루퍼트의 자녀들 중 아버지와 가장 닮아 있다. 신문을 사랑하는 라클런은 신문 판매부 앞치마를 입고 『뉴욕 포스트』를 움켜쥔 여섯 살 때의 자기 사진을 아직도 애지중지한다. 그는 아버지를 영웅처럼 숭배했고 아버지와 공화당적 가치관을 공유했다. 라클런이 『뉴욕 포스트』의 발행인으로 있을 때 그 신문은 이라크 침공을 지지하는 광적인 보도를 내보냈다. 2002년 라클런이 언론인들과 미디어 소유주들 앞에서 한 연설은 그의 아버지를 연상케 했다. 라클런은 언론사를 돈벌이에만 혈안이 된 기업으로 폄하하는 "미디어 엘리트의 통념"을 공격하며 "뉴스 코퍼레이션의 세 가지 근본 신념 중 하나"는 "엘리트주의의 위험"을 알리는 것이라고 말했다.[11] 한편 라클런은 아버지에게 가장 격렬하게 반항하는 자식이기도 하다. 때문에 그가 아버지와 공유한 자신의 정치적 태도를 철회하는 날이 올지를 기다리는 것도 매우 흥미로운 일이 될 것이다.

엘리자베스 머독은 아버지와 가장 다른 정치적 견해를 견지하는 자식이다. 2008년 4월, 그녀는 민주당 대통령 후보 경선에 참가 중인 버락 오바마의 선거 자금을 마련하기 위해 런던의 자기 집에서 파티를 개최해 50만 달러 이상을 모금했다. 이는 일시적 변덕이 아니었다. 오바마가 경선과 대통령 선거에서 승리한 이후 그녀는 런던의 한 극장에서 그의 취임 기념 파티를 마련했고, 초청된 손님들은 스크린을 통해 워싱턴에서 진행 중인 취임식을 실시간으로 시청했다. 엘리자베스는 오바마에 대해 "매우 고무적"이라고 말한 적이 있는, 인종주의의 상처를 이해하는 인물이기도 하다. 그녀의 첫 번째 남편은 가나 출신의 경제 전문가이자 정치범의 아들인 엘킨 파이어님이었는데, 그녀는 그를 통해 인종적 편견을 깨닫게 되었다고 말한 바 있다. "엘킨은 단지 자신이 흑인이라는 이유만으로 사람들이 무례하게 굴 수도 있다는 사실을 나에게 가르쳐주었습니다."[12] 그녀는 그와의 사이에서 두 명의 아이를 낳았는데, 그 아이들도 인종주의를 경험하게 될지 모른다고 생각하고 있을 것이다.

남동생 제임스와 마찬가지로, 엘리자베스는 영국의 2010년 선거에서 공식적으로는 데이비드 캐머런이 지휘하는 보수당을 지지했다. 하지만 한편으로는 고든 브라운의 노동당에 대한 존경을 조심스럽게 드러내기도 했다. 뿐만 아니라 아버지와 뉴스 코퍼레이션의 영국 신문들이 오랫동안 공격해온 BBC에게 거리낌 없이 찬사를 보내기도 했다. 그녀의 두 번째 남편 매슈 프로이트가 폭스 뉴스의 우익적 선전을 공식적으로 비판하고 나섰을 때, 그녀는 폭스 뉴스의 대표 로저 에일스에게 이메일을 썼다. 그녀는 프로이트의 입장과는 거리를 두면서도 "(폭스 뉴스의) 정치적 논평에 모두 동의하지는 않는다"는 점을 분명히 하면서 "당신의 업적은 크게 지지합니다"라고 덧붙였다.[13]

　　2세대 머독 중, 제임스는 정치적으로 가장 이해하기 어려운 인물이다. 젊은 시절에는 문화적 반항아였으나 현재는 가족 사업의 가장 충성스러운 멤버로 남아 있다. 물론 이는 충성이 근무의 지속성으로 측정된다는 가정에서다. 제임스는 로커스 레코드가 뉴스 코퍼레이션에 인수되면서 아버지의 회사에 소속되었다. 1998년 제임스는 회사의 디지털 프로그램 운영을 담당했고, 2000년에는 아시아 스타 TV의 대표를 맡았다. 2003년에는 몇몇 주주의 반대에도 불구하고 BSkyB의 최고경영자가 되었다. 2011년에 형 라클런이 갑작스럽게 퇴사하자 뉴스 코퍼레이션의 부대표 자리를 맡게 되었다. 제임스는 미디어 사업에 대한 아버지의 자유지상주의적 신념을 공유하고 있기에 공영방송에 반대한다. 2009년에 그는 "국가의 재정 지원을 받는" BBC가 뉴스 코퍼레이션 온라인 신문들의 "페이월"● 구축을 방해하고 있다고 비난했다.[14] 또한 아버지와 마찬가지로 "보통 사람들에게 자신들의 권력을 빼앗길까 두려워하는 엘리트들"이 미디어를 통제해왔다고 주장했다.[15] 그의 견해에 따르면 국민이 선출한 정부의 결정이 유료 TV 시청자의 선택보다 더 타당한 것은 아니다.

● 일정액의 돈을 지불하고 인터넷 콘텐츠를 열람하는 시스템.

하지만 제임스 머독의 대외적인 정치적 입장은 아버지와 다르다. 그는 빌 클린턴과 앨 고어 지지자였다. 제임스는 아버지가 심혈을 기울여온 이스라엘 문제와 관련해서도 거침없이 이의를 제기했다. 앨러스테어 캠벨에 따르면, 2002년 머독 부자가 토니 블레어 총리와 만났을 때 제임스는 총리에게 자신의 아버지가 이스라엘과 관련해 "터무니없는 말을 늘어놓고 있다"고 불평했다 한다.[16] 제임스는 기후변화와 관련해 아버지와 극명하게 대립되는 입장을 취했다. 기후변화에 대한 과학적 사실을 잘 이해하고 있었던 제임스는 2009년 한 인터뷰에서 다음과 같이 경고했다. "모든 기후 예측 모델이 우리가 현재 최악의 상태에 있음을 암시하고 있습니다. 그래서 저는 기후변화가 일으킬 일들을 걱정하고 있습니다."[17] 제임스는 기후변화 대비 정책이 탄소 배출량의 허용 기준도 마련하지 못한 말도 안 되는 정책이라고 비판했다. 제임스의 아내 캐스린 후프슈미트는 클린턴 재단의 기후 계획Clinton Climate Initiative에 참여하고 있다.

　　2006년 제임스는 캘리포니아에서 열린 뉴스 코퍼레이션 편집회의에 앨 고어를 초청해 「불편한 진실」을 상영했고, 회사가 '탄소 배출 제로'에 이르러야 한다고 아버지를 설득했다. 제임스가 양심을 가진 인물이라면 자신의 가족이 보유한 언론들이 기후변화 회의론자들의 확성기로 사용되는 상황을 심각하게 받아들일 것이다. 폭스 뉴스를 포함한 머독 언론들이 루퍼트 한 사람이 아니라 루퍼트 가족 전체의 통제를 받게 된다 해도 한 가지 문제는 남는다. 뉴스 코퍼레이션의 보고에 따르면 폭스 뉴스의 수익은 "세 배나 증가"했다.[18] 때문에 그 수익금을 둘러싸고 제임스, 엘리자베스, 라클런은 머지않아 돈과 원칙, 자기 이익과 타인의 고려 사이에서 어떤 선택을 해야 할 것이다.

루퍼트 머독이 경영에서 물러날 기미는 여전히 보이지 않는다. 오히려 그 반대다. 루퍼트는 장남 라클런에게 권력을 물려주겠다는 약속을 지키지 못했던 것처럼 2007년에 제임스에게 했던 약속—뉴스 코퍼레이션이 기후변화와 관련된 논의에서 올바른 목소리를 내겠다는 약속—도 지키지 못했다. 이런 사례들과 거듭된 은퇴 거부를 고려해볼 때, 루퍼트 머독이 세계 정치에 행사해온 영향력은 당분간 계속될 것으로 보인다.

프롤로그

1   Home Affairs Committee, 'Unauthorised tapping into or hacking of mobile communications', 20 July 2011, House of Commons, p. 27.

2   Vikram Dodd and Patrick Wintour, 'Arrested former NoW executive worked for Yard', *Guardian*, 15 July 2011.

3   John Harris, 'Tom Watson: Phone hacking is only the start', *Guardian*, 2 August 2011.

4   Chris Mullin, 'Rupert Murdoch, Tony Blair and me', *Guardian*, 25 August 2011.

5   Mark Pearson, Jeffrey Brand, Deborah Archbold and Halim Raneh, *Sources of News and Current Affairs*, Australian Broadcasting Authority, Sydney, 2001.

6   Robert Manne, 'Bad News: Murdoch's *Australian* and the shaping of the nation', *Quarterly Essay*, no. 43, September 2011. 43호의 글들은 내가 이 서론을 쓰고 있을 당시 작성되었고, 이 책이 완성되기 바로 직전 출판되었다. 이 두 출판물은 서로 독립적으로 작성되었음에도 불구하고 유사한 주제를 공유하고 있다.

7　　　　Transcript, John Hartigan, *7.30*, ABC Television, 14 July 2011, 〈www.abc.net. au/7.30/content/2011/s3269880.htm〉.

8　　　　Bruce Guthrie, 'Mogul in the corner', *Sunday Age*, 22 May 2011.

9　　　　Gerard McManus, 'Greens back illegal drugs', *Herald Sun*, 31 August 2004.

10　　　　Australian Press Council, Adjudication no. 1270, 〈www.austlii.edu.au/au/other/apc/2005/3.html〉.

11　　　　Editorial, 'Greens world has a dark side', *Herald Sun*, 1 July 2011.

12　　　　Piers Akerman, 'Lunatic fringe is now running the political asylum', *Daily Telegraph*, 1 July 2011.

13　　　　Anna Caldwell, 'Here's why the Greens keep leaving themselves open to jokes', *Courier Mail*, 27 June 2011.

14　　　　Editorial, 'The Greens must focus on the national interest', *Australian*, 28 June 2011.

15　　　　Editorial, 'Needed: a policy for Julia', *Australian*, 9 September 2010.

16　　　　Murdoch's comments in Tom Dusevic, 'This is a land of opportunity', *Australian*, 29 October 2010.

17　　　　William Reilly, 'Murdoch becomes US citizen', United Press International, 5 September 1985.

18　　　　'Notable and Quotable', *Wall Street Journal*, 5 December 1989.

19　　　　Karl Zinsmeister, 'Rupert Murdoch', *American Enterprise*, September–October 1997.

20　　　　Editorial, *Australian*, 15 February 2003.

21　　　　Andrew Bolt, *Herald Sun*, 'The gutless option', 30 September 2002; 'No going back now', 14 October 2002.

22　　　　Editorial, 'Coalition of the whining got it wrong', *Australian*, 12 April 2003.

23　　　　Quotations are from Robert Manne, 'In Denial: The Stolen Gener–ations and the Right', *Quarterly Essay*, no. 1, 2001, pp. 71–2 and p. 68.

24　　　　Quotations in this section from two editorials in the *Australian* on 28 December 2002 and 8 September 2003.

25　　　　Editorial, 'First rate leaders, cut–rate thinkers', *Australian*, 3 October 2007. 이 선부터 이 신문은 비평가 로버트 맨을 지목해왔고, 그에 대한 7000단어에 이르는 장문의 비판적 프로필을 게재하기도 했다. 이 프로필은 브리즈번에 근거를 둔 머독의 또다른 신문 『커리어 메일』에 이미 등장한 바 있다.

26　　　　David McKnight, 'Rupert Murdoch and the Culture War', *Australian Book Review*, February, 2004; David McKnight, 'Murdoch and the Culture War' in Robert Manne (ed.), *Do Not Disturb: is the media failing Australia?*, Black Inc., Melbourne, 2005.

27　　　　Interview with Chris Mitchell, Mediawatch, ABC Television, 7 May 2009, 〈www.abc.net.au/mediawatch/20th/〉.

28　　　Editorial, 'Reality bites the psychotic left', *Australian*, 11 June 2007.

29　　　Rupert Murdoch, 'Carbon plan the world can copy', *Gold Coast Bulletin*, 10 May 2007.

30　　　Paddy Manning, 'No neutrality: how the carbon lobby blackens media coverage', *Sydney Morning Herald*, 6 June 2009.

31　　　Editorial, 'Climate change facts', *Australian*, 14 January 2006; editorial, 'Daydreaming Left is in for a surprise', *Australian*, 27 October 2007.

32　　　Editorial, 'More heat than light', *Australian*, 18 April 2009; editorial, 'Too much hot air in climate change row', *Australian*, 28 April 2009.

33　　　'Editor of the Australian wins coveted award', press release, Australian Petroleum Production and Exploration Association Ltd, Canberra, 1 June 2009.

34　　　Editorial, 'Open issues need open debate', *Australian*, 12 March 2010.

35　　　George Monbiot, *Heat: how to stop the planet burning*, Penguin Books, Camberwell, 2006, p. 34.

36　　　Rob Fishman, 'New York Forum, summit of business leaders, opens amid economic crisis', *Huffington Post*, 23 June 2010, ⟨www.huffingtonpost.com/2010/06/23/new-york-forum-summit-of_n_622330.html⟩. 또다른 블로그 포스팅은 머독이 자신을 한 명의 회의론자로 묘사하고 있음을 보도하고 있다. Helen Walters, 'Rupert Murdoch opens New York Forum', 22 June 2010, ⟨helenwalters.com/2010/06/22/rupert-murdoch-opens-new-york-forum-declares-love-for-ipad/⟩.

제1장 십자군 운동을 벌이는 기업

1　　　Ken Auletta, 'The pirate', *New Yorker*, vol. 76, no. 6, 13 November 1995.

2　　　'Fox's political agenda', *Television Digest*, 4 March 1996.

3　　　다음을 보라. Alan Murray, 'As in the olden days, US media reflect the partisan divide', *Wall Street Journal*, 14 September 2004.

4　　　Michael Wolff, 'Tuesdays with Rupert', *Vanity Fair*, 1 October 2008.

5　　　'Heritage's Luce Award goes to Fox chairman Ailes', press release, Heritage Foundation, Washington, DC, 9 April 2011.

6　　　2009년 중반 머독은 『위클리 스탠더드』를 또 한 명의 억만장자 필립 F. 앤슈츠에게 100만 달러에 매각한 것으로 알려져 있다.

7　　　Andrew Clark, 'Murdoch takes pot shot at Obama's anti-business reputation', *Guardian*, 16 October 2009.

8　　　'Leaked email: Fox boss caught slanting news reporting', Media matters, Washington, DC, 9 December 2010, ⟨http://mediamatters.org/blog/201012090003⟩. 다음도 보라. Paul Farhi, 'Fox News criticised over email', *Washington Post*, 16 December 2010.

9   David Carr and Tim Arango, 'A Fox chief at the pinnacle of media and politics', *New York Times*, 10 January 2010.

10   William Shawcross, *Rupert Murdoch: ringmaster of the information circus*, Chatto & Windus, London, 1992, p. 302.

11   Auletta, 'The Pirate'.

12   Steve Stecklow, Aaron Patrick, Martin Peers and Andrew Higgins, 'In Murdoch's career, a hand on the news', *Wall Street Journal*, 5 June 2007.

13   Stephen Brook, 'Times and Sunday Times losses rise', *Guardian*, 23 March 2010.

14   Stecklow et al., 'In Murdoch's career'.

15   Andrew Neil, *Full Disclosure*, Macmillan, London, 1996, pp. 169–71.

16   Ken Auletta, 'Promises, promises: What might the *Wall Street Journal* become if Rupert Murdoch owned it?', *New Yorker*, 2 July 2007.

17   Bruce Dover, *Rupert's Adventure in China: how Murdoch lost a fortune and gained a wife*, Viking, Camberwell, 2008, pp. 31–2.

18   Steven Barnett and Ivor Gaber, *Westminster Tales: the twenty–first–century crisis in political journalism*, Continuum, London, 2001, pp. 66–7.

19   Sarah Ellison, *War At The Wall Street Journal: how Rupert Murdoch bought an American icon*, Text Publishing, Melbourne, 2010, p. 242.

20   Julie Bosman, 'HarperCollins to start conservative imprint', *New York Times*, 27 September 2010.

21   다음의 출판물들이 이에 해당한다. Dan Quayle's *Standing Firm: a vice–presidential memoir* (1994); senior Republicans Jack Kemp and Bob Dole's *Trusting the People: the Dole–Kemp plan to free the economy and create a better America* (1996); Republican senator Arlen Specter's *Passion For Truth: from finding JFK's single bullet to questioning Anita Hill to impeaching Clinton* (2000); Republican senator Trent Lott's *Herding Cats: a life in politics*(2005); Republican senator Kay Bailey Hutchinson's *American Heroines: the spirited women who shaped our country* (2005); Bob Dole's *One Soldier's Story: a memoir*(2005); and Republican senator Chuck Hagel's *America: our next chapter* (2008).

22   Peggy Noonan's *The Case Against Hillary Clinton*(2000)와 Jerry Oppenheimer's *State of the Union: inside the complex marriage of Bill and Hillary Clinton*(2000)이 한 예다.

23   다음을 보라. Eric Breindel's *A Passion for Truth: the selected writings of Eric Breindel*(1999)(브라인델은 『뉴욕 포스트』의 오피니언 면을 담당하는 도전적인 이데올로기적 편집장이었다); and Stephen Hayes' *The Connection: how al Qaeda's collaboration with Saddam Hussein has endangered America* (2004).

24   Auletta, 'Promises, promises'.

25   Christian Berthelsen, 'Prop. 54's big-money backers revealed', *San Francisco Chronicle*, 19 May 2005; Ward Connerly, *Creating Equal: my fight against race preferences*, Encounter Books, San Francisco, 2000, pp. 169-73.

26   『쿼드런트』의 전직 편집자 로버트 맨에 따르면, 뉴스 코퍼레이션에 부채가 있는 출판사가 출판을 전담하는 방식으로 『쿼드런트』에 대한 머독의 재정적 보조가 지불되었다.

27   Harold Evans, *Good Times, Bad Times*, Weidenfeld & Nicolson, London, 1983, pp. 160-1.

28   Shawcross, *Rupert Murdoch*, pp. 395-6.

29   Bruce Guthrie, *Man Bites Murdoch*, Melbourne University Press, Carlton, 2010, p. 87.

30   Auletta, 'Promises, promises'.

31   *The Real Rupert Murdoch*, a television documentary written and directed by Simon Berthon, Channel 4, London, November 1998.

32   Manuel Castells, *Communication Power*, Oxford University Press, New York, 2009.

33   Peter Johnson, 'Amanour: CNN practised self-censorship', *USA Today*, 15 September 2003.

34   Martin Dunn, 'How to survive Rupert Murdoch', *British Journalism Review*, vol. 18, no. 4, 2007.

35   Dover, *Rupert's Adventures in China*, p. 149.

36   Jo Becker, 'Murdoch, ruler of a vast empire, reaches out for even more', *New York Times*, 25 June 2007.

37   Frank Giles, *Sundry Times*, John Murray Publishers, London, 1986, p. 209.

38   Neil, *Full Disclosure*, p. 164.

39   Viv Groskop, 'Rupert Murdoch is a closet liberal', *London Evening Standard*, 29 March 2010.

40   Guthrie, *Man Bites Murdoch*, p. 7.

41   Shawcross, *Rupert Murdoch*, p. 550.

42   Bob Burton, *Inside Spin: the dark underbelly of the PR industry*, Allen & Unwin, Sydney, 2007, p. 107; Ron Brunton, 'Little more than fiction', *Courier Mail*, 28 April 2001. 1987년부터 2000년까지 호주 투자 안보 위원회에 제출된 행정학 연구소의 재무 보고서에 머독의 이름이 행정학 연구소 자문위원 중 한 명으로 등장한다.

43 머독이 케이토 연구소 이사진에 들어간 직후, 이 연구소는 "지구온난화가 머지않아 재난을 가져올 것이라는 대중적 견해는 과학적 근거가 없다"고 주장하는 한 권의 책(Patrick Michaels, *Sound and Fury*, Cato Institute, Washington, 1992)을 출판했다. 이 책을 시작으로 케이토 연구소는 유사한 내용의 저술들을 출간했다.

44   David McKnight, 'The *Sunday Times* and Andrew Neil: the cultivation of market populism', *Journalism Studies*, vol. 10, no. 6, 2009, pp. 754-68.

45   Lord Harris of High Cross, obituary, *Times*, 20 October 2006.

46   Editorial, 'Ideas matter', *New York Post*, 30 January 2003.

47   David McKnight, 'Murdoch and the culture war', in Robert Manne (ed.), *Do Not Disturb: is the media failing Australia?*, Black Inc., Melbourne, 2005, pp. 58-9.

48   Eric Alterman, *What Liberal Media? The truth about bias and the news*, Basic Books, New York, 2004.

49   Nick Thimmesch (ed.), *A Liberal Media Elite? A conference sponsored by the American Enterprise Institute for Public Policy Research*, AEIPPR, Washington, DC, 1985.

50   Editorial, 'ABC of management', *Australian*, 6 July 2006, p. 13.

51   Editorial, 'Bundles of optimism', *Australian*, 21 November 2005, p. 9; Editorial, 'One step at a time', *Australian*, 13 September 2005, p. 13.

52   'Rupert Murdoch has potential', *Esquire*, 15 September 2008.

53   Tony Blair, *A Journey*, Hutchison, London, 2010, p. 98.

54   Margaret Canovan, *Populism*, Junction Books, London, 1981.

55   Rick Perlstein, *Nixonland: the rise of a president and the fracturing of America*, Scribner, New York, 2008, p. 277; Godfrey Hodgson, *The World Turned Right Side Up: a history of the conservative ascendancy in America*, Houghton Mifflin, New York, 1996.

56   Richard Perez-Pena, 'News Corp. completes takeover of Dow Jones', *New York Times*, 14 December 2007, p. 4.

57   Trip Gabriel, 'Many charter schools, varied grades', *New York Times*, 2 May 2010; Georg Szalai, 'Murdoch takes on NYC leaders', *Hollywood Reporter*, 29 June 2004.

58   Andrew Edgecliffe-Johnson, 'News Corp buys education software company', *Financial Times*, 23 November 2010.

59   Nat Ives, 'What to expect as NewsCorp dives into business of education', *Advertising Age*, 15 November 2010.

60   Jennifer Medina, 'Little progress for city schools on national test', *New York Times*, 16 November 2007.

61   Diane Ravitch, *The Death and Life of the Great American School System: how testing and choice are undermining education*, Basic Books, New York, 2010.

제2장 아웃사이더

1   Anna Carugati, 'Rupert Murdoch', *World Screen*, April 2005, p. 70.

2   John Menadue, *Things You Learn Along the Way*, David Lovell Publishing, Melbourne, 1999, p. 90.

3   머독에 관한 다음의 책들이 이 절과 다음 절의 저술에 참고 자료로 사용되었다. William Shawcross, *Rupert Murdoch: ringmaster of the information circus*, Chatto & Windus, London, 1992; and George Munster, *A Paper Prince*, Viking, Ringwood, 1985.

4 Shawcross, *Rupert Murdoch*, p. 45.

5 위의 책 pp. 54-5.

6 Russel Ward, *The Australian Legend*, Oxford University Press, Melbourne, 1978, pp. 16-17.

7 Phillip Knightley, *A Hack's Progress*, Random House, Sydney, 1997, p. 27.

8 Shawcross, *Rupert Murdoch*, p. 29.

9 Gerard Henderson, *Australian Answers*, Random House, Sydney, 1990, p. 252.

10 Munster, *A Paper Prince*, p. 34.

11 Shawcross, *Rupert Murdoch*, p. 66.

12 Alan Ramsey, 'Once a Laborite and as zealous as ever', *Sydney Morning Herald*, 28-29 April 2001.

13 이 절의 내용은 쇼크로스Shawcross와 먼스터Munster의 저술에 기반해 있다.(위의 3번을 보라.)

14 Rod Lever, emails to author, 22 February 2003.

15 Munster, *A Paper Prince*, p. 85.

16 Interview between author and Adrian Deamer, 27 September 1996.

17 Menadue, *Things You Learn Along the Way*, p. 90.

18 Thomas Kiernan, *Citizen Murdoch*, Dodd, Mead & Co., New York, 1986, pp. 113-14.

19 Carugati, 'Rupert Murdoch', p. 70.

20 Munster, *A Paper Prince*, p. 135.

21 Simon Regan, *Rupert Murdoch: a business biography*, Angus & Robertson, Sydney, 1976, pp. 98-100.

22 Shawcross, *Rupert Murdoch*, pp. 209-11.

23 Interview with Adrian Deamer, 27 September 1996.

24 Munster, *A Paper Prince*, p. 95.

25 Regan, *Rupert Murdoch*, p. 101.

26 Laurie Oakes and David Solomon, *The Making of an Australian Prime Minister*, Cheshire, Melbourne, 1973, p. 278.

27 Shawcross, *Rupert Murdoch*, pp. 162-3.

28 위의 책 p. 169.

29 Kiernan, *Citizen Murdoch*, p. 172.

30 Paul Kelly, *November 1975: the inside story on Australia's greatest political crisis*, Allen & Unwin, Sydney, 1995, p. 244.

31 머독은 이러한 혐의를 부인하고 있다. Menadue, *Things You Learn Along the Way*, pp. 156-8.

32   Kiernan, *Citizen Murdoch*, pp. 142ff.

33   위의 책 p. 144.

34   Shawcross, *Rupert Murdoch*, p. 266.

35   Kiernan, *Citizen Murdoch*, p. 145.

36   Dan Glaister, 'Media mogul's guest speakers', *Guardian*, 20 March 2004.

37   *The Real Rupert Murdoch*, television documentary, Channel 4, London, November 1998.

38   James Thomas, *Popular Newspapers, the Labour Party and British Politics*, Routledge, Oxford, 2005, p. 77.

제3장 레이건 혁명의 바리케이드

1   Jonathan Friendly, 'Ethics of Murdoch papers under scrutiny', *New York Times*, 12 February 1981.

2   Charles Wick to William P. Clark, 'Request for the president to host a dinner', USIA memo, 7 March 1983, National Security Archive, Washington, DC, item no. IC00076.

3   위의 메모에서 인용.

4   'Talking Points for meeting with Charles Wick and private sector donors', confidential memo from Walter Raymond to William P. Clark, National Security Council, 18 March 1983 (item no. IC00078), on National Security Archive website 〈www.nsarchive.chadwyck.com/home.do〉.

5   *Weekly Report*, from Walter Raymond to William P. Clark, 20 May 1983. 이 문서(item no. IC00104)는 국가 안전보장 기록보관소 웹사이트에서 열람할 수 있다. 〈www.nsarchive.chadwyck.com/home.do〉.

6   Jane Perlez and William Safire, 'Head of USIA secretly taped top Reagan aide', *New York Times*, 4 January 1984.

7   Roy Cohn to Edwin Meese, James Baker and Michael Deaver, letter, 27 January 1983, WHORM Subject File, Reagan Library, National Archives and Records Administration, Washington, DC, TR066 123905.

8   Richard Belfield, Christopher Hird and Sharon Kelly, *Murdoch: the great escape*, Warner Books, London, 1994, p. 32.

9   Fay Wiley, 'Carter blasts Rupert Murdoch', *Newsweek*, 27 October 1980.

10   Frank Lynn, 'Tie to Reagan may win Koch a White House key', *New York Times*, 23 December 1980.

11   Friendly, 'Ethics of Murdoch papers under scrutiny'.

12   Andrew Neil, *Full Disclosure*, Macmillan, London, 1996, p. 172.

13　Frank Giles, *Sundry Times*, John Murray Publishers, London, 1986, pp. 202−3, 206.

14　Hugo Young, 'Rupert Murdoch and the *Sunday Times*: *a lamp goes out*', *Political Quarterly*, vol. 55, no. 4, October−December 1984.

15　Editorial, *New York Post*, 26 & 28 October 1983.

16　Giles, *Sundry Times*, p. 229.

17　Kiernan, *Citizen Murdoch*, p. 287.

18　Geoffrey Stokes, 'The Post papers', *Village Voice*, 4 December 1984.

19　Thomas Kiernan, *Citizen Murdoch*, Dodd, Mead & Co., New York, 1986, pp. 289−90.

20　Jane Mayer, 'Australia's Murdoch is getting his kicks in US political races', *Wall Street Journal*, 2 November 1984.

21　Steven Cuozzo, *It's Alive: how America's oldest newspaper cheated death and why it matters*, Times Books, New York, 1996, pp. 127−8.

22　Mayer, 'Australia's Murdoch is getting his kicks'.

23　Kiernan, *Citizen Murdoch*, p. 288.

24　Nick Thimmesch (ed.), *A Liberal Media Elite? A conference sponsored by the American Enterprise Institute for Public Policy Research*, AEIPPR, Washington, DC, 1985, p. 10.

25　'Reagan to networks: try airing good news', *Boston Herald*, 4 March 1983.

26　Dorothy Rabinowitz 'Network forums for the Left', *New York Post*, 5 May 1983.

27　Dorothy Rabinowitz, 'Soviet TV has some familiar views', *New York Post*, 11 January 1985.

28　'Cord Meyer's trek', *Washington Post*, 7 February 1978: 'CIA: secret shaper of opinion', *New York Times*, 26 December 1977.

29　Steve Cuozzo, *It's Alive*, p. 101.

30　위의 책, p. 103.

31　Pat Buchanan, 'Privileged in protest', *New York Post*, 9 March 1982.

32　Letters to and from Milton Friedman, Maxwell Newton Papers, National Library of Australia, Canberra, folder 24, including Friedman to Roger Wood, 8 November 1984.

33　에릭 알터맨Eric Alterman에 의하면, 키신저는 한 사적인 모임에서 "영세한 『코멘터리』가 폐간 직전까지 몰려 노먼 포드호레츠가 아무 일도 하지 않고 있을 당시 머독이 그의 생활을 책임지기도 했다"고 말했다고 한다(*Nation*, 23 June 1997).

34　'The wisdom of Norman Podhoretz', *New York Post*, 5 March 1985.

35　'The friends of Norman Podhoretz', *New York Post*, 6 March 1985.

36　Norman Podhoretz, 'Now for the left−wing dictators', *New York Post*, 4 March 1986.

37   'For whom does Tutu speak, anyway?', *New York Post*, 2 October 1986.

38   'Sullivan abandons his principles', *New York Post*, 8 June 1987.

39   우드로 와이엇은 "루퍼트가 미국이 마르코스를 지지해야만 하고 우리 역시 미국이 그러도록 정부를 지지해야 한다고 주장했다"고 말했다(Sarah Curtis (ed.)), *The Journals of Woodrow Wyatt*, vol. 1, Macmillan, London, 1991, p. 91.

40   Norman Podhoretz, 'We risk losing the Philippines if US abandons Marcos', *Chicago Sun-Times*, 30 November 1985.

41   Editorial, *New York Post*, 10 March 1986.

42   Editorial, *New York Post*, 19 March 1986.

43   'The case for mandatory testing', *New York Post*, 2 June 1987.

44   'At last, a realistic sex message', *New York Post*, 9 June 1987.

45   Cuozzo, *It's Alive!*, p. 110.

46   Neil, *Full Disclosure*, p. 168.

47   Editorial, *New York Post*, 1 October 1986.

48   Dorothy Rabinowitz, 'Of elves and fairy tales', *New York Post*, 3 October 1986; Norman Podhoretz, 'How Reagan succeeds', *New York Post*, 7 October 1986.

49   'Glasnost is less than an open book', *New York Post*, 12 September 1987.

50   Eric Breindel, 'US licks red boots', *New York Post*, 19 September 1987.

51   Cuozzo, *It's Alive!*, pp. 137, 179.

52   John Podhoretz (ed.), *A Passion for Truth: selected writings of Eric Breindel*, HarperCollins, New York, 1999.

53   Cuozzo, *It's Alive!*, p. 147.

54   Elisabeth Bumiller, 'Reagan team, a bit grayer, gathers again', *New York Times*, 10 June 2004.

제4장 영국 기득권에 쳐들어가기

1   Viv Groskop, 'Rupert Murdoch is a closet liberal', *London Evening Standard*, 29 March 2010.

2   Jo Becker, 'An empire builder, Murdoch still playing tough', *New York Times*, 25 June 2007.

3   다음 절 상당 부분의 저술에 세라 커티스의 책을 참고했다. Sarah Curtis (ed.), *The Journals of Woodrow Wyatt*, vols 1 & 2, Macmillan, London, 1991.

4   Thomas Kiernan, *Citizen Murdoch*, Dodd, Mead & Co., New York, 1986, p. 311.

5   Curtis, *The Journals of Woodrow Wyatt*, vol. 1, p. 372.

6   위의 책 vol. 2, pp. 264-5.

7   위의 책 vol. 1, p. 55.

8   위의 책 vol. 1, p. 64.

9   위의 책 vol. 1, p. 157.

10   위의 책 vol. 1, p. 40.

11   위의 책 vol. 1, p. 125.

12   위의 책 vol. 1, p. 200.

13   위의 책 vol. 1, p. 203.

14   위의 책 vol. 1, p. 316.

15   위의 책 vol. 1, p. 339.

16   위의 책 vol. 1, p. 347.

17   위의 책 vol. 1, p. 359.

18   Frank Giles, *Sundry Times*, John Murray Publishing, London, 1986, p. 203.

19   Hugo Young, 'Rupert Murdoch and the *Sunday Times*: a lamp goes out', *Political Quarterly*, vol. 55, no. 4, October–December 1984, p. 385.

20   Giles, *Sundry Times*, pp. 208–9.

21   Giles, *Sundry Times*, p. 224.

22   Harold Evans, *Good Times, Bad Times*, Weidenfeld & Nicolson, London, 1983, p. 283.

23   위의 책 pp. 235–6.

24   'Mr Reagan's monetarism', *Times*, 10 June 1981, p. 15.

25   'The price of floating', *Times*, 8 July 1981, p. 17.

26   Harold Lever, 'The world's currency casino', *Times*, 15 July 1981, p. 12; Harold Lever, 'We need a new international bank', *Times*, 16 July 1981, p. 12.

27   'Down from Fudge Mountain', *Times*, 23 July 1981, p. 15.

28   'European economic laboratory', *Times*, 27 August 1981, p. 9.

29   James Tobin, 'The perils in Britain's economic experiment', *Times*, 14 October 1981, p. 16.

30   Evans, *Good Times, Bad Times*, p. 288.

31   'Biting the Polish bullet', *Times*, 13 January 1982.

32   'The state of the alliance', *Times*, 31 December 1981.

33   Richard Davy, email to author, 1 December 2009.

34   'The Times and its editorship', *Times*, 13 March 1982, p. 1.

35   'Thatcher airs doubts in invasion', *Globe and Mail*, 26 October 1983.

36   Editorial, *Times*, 26 October 1983.

37   Editorial, *Times*, 4 November 1983.

38   'Dr Kissinger's jolt', *Times*, 23 January 1982.

39   'Dialogue not détente', *Times*, 17 January 1984, p. 13.

40   'The unending threat', *Times*, 2 June 1984.

41   'Power and superpower', *Times*, 26 November 1984, p. 15.

42   Richard Davy, email to author, 1 December 2009.

43   Henry Stanhope, 'Howe underlines risks in Star Wars', *Times*, 16 March 1985.

44   'Howe's UDI from SDI', *Times*, 18 March 1985.

45   'Howe sees envoy over Star Wars', *Financial Times*, 21 March 1985.

46   Richard Perle, 'Arms: too serious to fudge', *Times*, 21 March 1985.

47   Andrew Neil, *Minutes of Evidence, Select Committee on Communications*, House of Lords, London, 23 January 2008, p. 5.

48   Richard Davy, email to author, 1 December 2009.

49   Editorial, *Times*, 1 June 1985 & 17 September 1985.

50   Advertisement, *Sun*, 11 June 1987.

51   David Hart, 'Help the miners beat Scargill', *Times*, 6 July 1984.

52   Seumas Milne, *The Enemy Within: MI5, Maxwell and the Scargill affair*, Verso, London, 1995, p. 266.

53   David Hart, 'Nothing short of victory', *Times*, 26 January 1985; David Hart, 'Coal: don't let the victory slip away', *Times*, 12 April 1985.

54   Sheila Gunn, 'Crusade from the radical Right', *Times*, 23 June 1987.

55   David Hart, 'Radical is as radical does', *Times*, 8 October 1987.

56   Richard Norton–Taylor and David Rose, 'PM adviser in smear campaign', *Guardian*, 14 December 1989.

57   David Rose, 'Murdoch funded Kinnock smears', *Guardian*, 23 December 1990.

58   Norton–Taylor and Rose, 'PM adviser in smear campaign'.

59   위의 글.

60   David Rose, 'Murdoch secretly funds smear group,' *Observer*, 9 December 1990, p. 3.

61   Richard Norton–Taylor, 'David Hart receives financial support from News International', *Guardian*, 10 December 1990.

62   Tom Condon, 'At the Hart of changing *Times*', Scotland on Sunday, 18 September 1994.

63   위의 글.

64   Brian Crozier, *Free Agent: the unseen war, 1941–1991*, HarperCollins, London, 1994 (paperback edition), p. 90.

65   Brian Crozier, 'Pipeline and party line', *Times*, 7 September 1982.

66   Arthur Gavshon, Mark Shapiro, David Corn and George Black, 'Conservative International: US funds British groups', *New Statesman*, 29 May 1987. A similar account was published in the *Nation* (New York), 6 June 1987.

67   Crozier, *Free Agent*, pp. 187, 245–6.

68   Arnold Beichman, *Free Agent*, book review, *National Review*, 7 March 1994.

69   Rose, 'Murdoch funded Kinnock smears'.

70   Andrew Neil, *Full Disclosure*, Macmillan, London, 1996, pp. 244-50.

71   Curtis, *The Journals of Woodrow Wyatt*, vol. 2, p. 380.

72   위의 책 vol. 2, p. 395.

제5장 통념에 대한 저항

1   *Gerard Henderson, Australian Answers*, Random House, Sydney, 1990, p. 249.

2   William Shawcross, *Rupert Murdoch: ringmaster of the information circus*, Chatto & Windus, London, 1992, p. 266-7.

3   Deirdre Fernand, 'Don't believe the hype', *Sunday Times*, 1 March 1992.

4   Neville Hodgkinson, 'Focus—AIDS—can we be positive?', *Sunday Times*, 26 April 1992.

5   『선』은 다음의 글을 인용하고 있다. Robin McKie, 'Comforters of a free-for-all lifestyle eat their cheery words', *Observer*, 28 June 1992.

6   『선』은 다음의 글을 인용하고 있다. William Leith, 'Kenny and Holly find positive ways to face up to a new kind of fame', *Independent on Sunday*, 11 April 1993.

7   Editorial, 'AIDS and truth', *Times*, 11 May 1992.

8   Neville Hodgkinson, 'Epidemic of AIDS in Africa "a tragic myth"', *Sunday Times*, 21 March 1993; Neville Hodgkinson, 'New doubts over AIDS infection as HIV test declared invalid', *Sunday Times*, 1 August 1993.

9   Neville Hodgkinson, 'New realism puts brakes on HIV bandwagon', *Sunday Times*, 9 May 1993.

10   Neville Hodgkinson, 'The plague that never was', *Sunday Times*, 3 October 1993.

11   Neville Hodgkinson, 'AIDS—the emperor's clothes', *Sunday Times*, 28 November 1993.

12   John Moore, 'AIDS: striking the happy media', *Nature*, vol. 363, 3 June 1993.

13   'New-style abuse of press freedom', *Nature*, vol. 366, 9 December 1993.

14   Neville Hodgkinson, 'AIDS—why we won't be silenced', *Sunday Times*, 12 December 1993.

15   Neville Hodgkinson, 'Conspiracy of silence—scientists question the cause of AIDS', *Sunday Times*, 3 April 1994; Neville Hodgkinson, 'Research disputes epidemic of AIDS', *Sunday Times*, 22 May 1994.

16   Andrew Neil, *Full Disclosure*, Macmillan, London, 1996, p. 20.

17   위의 책 pp. 25, 26.

18   위의 책 pp. 165-6.

19   Paul Brown, 'Surprise choice as *Sunday Times* editor', *Guardian*, 22 June 1983.

20   Neil, *Full Disclosure*, pp. 35, 52.

21   'Sir Perry, libel star, foul-mouthed TV guest and LSD fan, is sacked', *Guardian*, 9 January 1997.

22   Interview with Brian MacArthur, present at the meeting.

23   Maggie Brown, 'Neil and his Sunday best', *Independent*, 20 July 1988.

24   'What the summit did', *Sunday Times*, 10 June 1984.

25   'Jane Turpin, unlikely industrial spy—part 1', *Sunday Times*, 17 June 1990; Neil, *Full Disclosure*, pp. 328-9. 'The dirty tricks campaign', *Sunday Times*, 10 January 1993도 보라.

26   Neil, *Full Disclosure*, pp. 334-5.

27   'NHS in crisis: an investigation into the NHS in crisis', *Sunday Times*, 24 & 31 January 1988.

28   Nick Rufford, David Leppard, Ian Burrell, 'Farmers paid £126m a year in subsidies', *Sunday Times*, 1 December 1991.

29   'Revealed—how Europe squanders our money', *Sunday Times*, 6 December 1992.

30   Brian MacArthur, *Deadline Sunday: a life in the week of the Sunday Times*, Hodder & Stoughton, London, 1991, p. 70.

31   Les Daly, 'Nightmare on Fleet Street', *Media Week*, 8 February 1985, pp. 20-2.

32   Neil, *Full Disclosure*, p. 385.

33   MacArthur, *Deadline Sunday*, p. 152.

34   Neil, *Full Disclosure*, p. 364.

35   Editorial, 'What a carry on, doctor', *Sunday Times*, 3 September 1989.

36   Editorial, 'The true view from afar', *Sunday Times*, 1 May 1988.

37   Hugo Young, 'Rupert Murdoch and the *Sunday Times*: a lamp goes out', Political Quarterly, vol. 55, no. 4, October-December 1984.

38   Editorial, 'Britain's breed apart', *Sunday Times*, 20 September 1987.

39   Editorial, 'Blimpish Britain', *Sunday Times*, 23 February 1986.

40   Editorial, 'Towards a flat rate tax', *Sunday Times*, 14 February 1988.

41   Editorial, 'The watershed budget', *Sunday Times*, 20 March 1988.

42   Editorial, 'Darling buds of Major', *Sunday Times*, 7 February 1993.

43   Editorial, 'Scandal and betrayal', *Sunday Times*, 22 November 1992.

44   'Inside: Health and Human Services new name emerges', *Washington Post*, 22 February 1985.

45   Neil, *Full Disclosure*, p. 381. 닐은 이 책을 '공동의 기반Common Ground'이라는 제목으로 잘못 지칭했다.

46   Jason DeParle, 'Daring research or social science pornography?', *New York Times*, 9 October 1994, p. 48.

47   Charles Murray, 'Underclass: the alienated poor are devastating America's cities', *Sunday Times Magazine*, 26 November 1989.

48   Editorial, 'The British underclass', *Sunday Times*, 26 November 1989.

49   Editorial, 'Return of the family', *Sunday Times*, 28 February 1993; Editorial, 'Darling buds of Major'.

50   Digby Anderson, 'Poverty is a rich industry', *Sunday Times*, 10 December 1989.

51   Shawcross, *Rupert Murdoch*, pp. 266-7.

52   Neil, *Full Disclosure*, p. 166.

53   다음의 사설들을 보라. 21 February & 28 February, 14 November 1993; Charles Murray, 'Two-parent families—why they are the only real cure for ghetto children', *Sunday Times*, 10 May 1992.

54   Charles Murray, 'Keep it in the family', *Sunday Times*, 14 November 1993.

55   Catherine Pepinster, 'Think tank urges lone parents to give up their children', *Independent on Sunday*, 5 March 1995.

56   DeParle, 'Daring research or social science pornography?'.

57   David Hughes and Maurice Chittenden, 'Radical Tories seek to strip Queen of her power', *Sunday Times*, 30 September 1990.

58   Nicholas Wood, 'High price paid for family breakdown', *Times*, 16 May 1989.

59   Murray, 'Underclass'; Charles Murray, *The emerging British underclass*, IEA Health & Welfare Unit, London, 1990.

60   Richard Evans, 'Cross-ownership of media no threat', *Times*, 18 January 1990.

61   Cento Veljanovski, letter to the editor, *Financial Times*, 5 January 1991.

62   Rupert Murdoch, MacTaggart Lecture, Edinburgh International Television Festival, Edinburgh, 25 August 1989. 다음에서 연설의 발췌본을 볼 수 있다. *Times*, the *Financial Times* and the *Independent*, 26 August 1989; and in *Ariel*, 29 August 1989.

63   Thomas Frank, *One Market Under God: extreme capitalism, market populism and the end of economic democracy*, Vintage, London, 2002, p. xiv.

64   Rick Perlstein, *Nixonland: The rise of a president and the fracturing of America*, Scribner, New York, 2008, p. 277; Godfrey Hodgson, *The World Turned Right Side Up: A history of the conservative ascendancy in America*, Houghton Mifflin, New York, 1996, pp. 12-17.

65   Richard A. Viguerie, *The Establishment vs. The People: is a new populist revolt on the way?*, Regnery Gateway, Chicago, 1983, pp. 1-3.

66   Hodgson, *The World Turned Right Side Up*, p. 136.

67   Peter Steinfels, *The Neoconservatives: the men who are changing America's* *politics*, Simon & Schuster, New York, 1979, pp. 194-5.

제6장 자유주의 앞지르기

1   Jon Auerbach, 'Murdoch plans 24-hour news network', *Boston Globe*, 29 November 1995.

2   Irving Kristol, 'Why I am still fighting my cold war', *Times*, 9 April 1993.

3   다음의 글에 이 논쟁이 가장 잘 요약되어 있다. Erich Eichman, 'Fox on the run', *American Spectator*, September 1992.

4   Andrew Neil, *Full Disclosure*, Macmillan, London, 1996, p. 166.

5   Neil Chenoweth, *Virtual Murdoch: reality wars on the information highway*, Vintage, Sydney, 2002, p. 211.

6   Sarah Curtis (ed.), *The Journals of Woodrow Wyatt*, vol. 3, Macmillan, London, 1991, p. 36.

7   Colin Miner, 'Welcome home! Murdoch takes over Post', *New York Post*, 30 March 1993.

8   Steve Cuozzo, *It's Alive! How America's oldest newspaper cheated death and why it matters*, Times Books, New York, 1996, p. 310.

9   Editorial, 'A new beginning', *New York Post*, 30 March 1993.

10   Ken Auletta, 'The Pirate', *New Yorker*, 13 November 1995.

11   Editorial, 'Teaching Mr Murdoch', *New York Times*, 31 March 1993.

12   Editorial, 'The Times and Rupert Murdoch', *New York Post*, 1 April 1993.

13   Editorial, 'The gay march on Washington', *New York Post*, 24 April 1993.

14   Michael Medved, 'The missing demand', *New York Post*, 10 May 1993.

15   Mona Charen, 'Move over, rainbow curriculum', *New York Post*, 14 March 1994.

16   Editorial, 'Straight talk from a Democrat', *New York Post*, 11 March 1995; Hilton Kramer, 'Patience is a virtue', *New York Post*, 7 March 1995.

17   Ward Connerly, *Creating Equal: my fight against race preferences*, Encounter Books, San Francisco, 2000, pp. 169-73.

18   Christian Berthelsen, 'Prop 54's big money backers revealed', *San Francisco Chronicle*, 19 May 2005.

19   Editorial, 'Sam Nunn steps down', *New York Post*, 11 October 1995.

20   Eric Reichmann, 'Tabs tangle over Foster death', *Wall Street Journal*, 21 March 1994; Ellen Pollock, 'Vince Foster's death is a lively business for conspiracy buffs', *Wall Street Journal*, 23 March 1995.

21   David Brock, *Blinded by the Right: the conscience of an ex-conservative*, Scribe Publications, Melbourne, 2002.

22   Editorial, 'Al Gore as demagogue', *New York Post*, 6 October 1995.

23   Pat Buchanan, 'The cultural war goes on', *New York Post*, 19 May 1993.

24   Editorial, 'Turn again, Hollywood', *Times*, 11 March 1993.

25   Hilton Kramer, 'Hold the arts page', *National Review*, 21 June 1993.

26   Hilton Kramer, 'Not a pretty sight', *New York Post*, 5 March 1996.

27   Howard Kurtz, 'A crusade to right left–leaning news media', *Washington Post*,
6 June 1996.

28   Brent Bozell, 'Paula Jones vs. Anita Hill', *New York Post*, 3 March 1994.

29   Brent Bozell, 'The dos and don'ts of covering Medicare', *New York Post*, 4 Oc-
tober 1995; Brent Bozell, 'It's no longer the economy, stupid!', *New York Post*, 6 March
1996.

30   다음의 학술 연구들이 이 사실을 잘 보여준다. Steven Kull, Clay Ramsay and Evan
Lewis, 'Misperceptions, the media and the Iraq war', *Political Science Quarterly*, vol. 118,
no. 4, 2003–04, pp. 569–98; Mike Conway, Maria Elizabeth Grabe and Kevin Grieves,
'Villains, victims and the virtuous in Bill O'Reilly's "no spin zone" ', *Journalism Studies*,
vol. 8, no. 2, 2007, pp. 197–223.

31   Ken Auletta, 'Vox Fox', *New Yorker*, 26 May 2003.

32   Nick Thimmesch (ed.), *A Liberal Media Elite? A conference sponsored by the
American Enterprise Institute for Public Policy Research*, AEIPPR, Washington, DC, 1985.

33   Steve Coe, 'Murdoch blasts traditional news', *Broadcasting*, 29 June 1992.

34   Alexandra Kitty, *OutFoxed: Rupert Murdoch's war on journalism*, Disinfor-
mation, New York, 2005, p. 30.

35   Frank O'Donnell, 'Confessions of a news producer', *Regardie's Magazine*,
February 1992.

36   Kitty, *OutFoxed*, pp. 28–9.

37   Howard Kurtz, 'Weeding out liberals at WTTG?', *Washington Post*, 9 Septem-
ber 1993.

38   Howard Kurtz, 'Fox News boss out after trashing staff', *Washington Post*, 10
September 1993.

39   Martin Walker, 'Why Andy's backing Bambi', *Guardian*, 19 September 1994.

40   Neil, *Full Disclosure*, p. 444.

41   위의 책 p. 456.

42   위의 책 p. 467.

43   Karl Zinsmeister, 'Live: Rupert Murdoch interviewed by Karl –Zinsmeister',
American Enterprise, September–October 1997.

44   T. R. Reid, 'Media consultant fights bad boy image', *Washington Post*, 29 July
1989.

45   Lloyd Grove, 'The image shaker', *Washington Post*, 20 June 1988.

46   'His lessons to Madison Avenue', *USA Today*, 15 November 1988.

47   James M. Perry, 'Roger vs Roger', *Wall Street Journal*, 20 March 1990.

48   Auletta, 'Vox Fox'.

49   Auerbach, 'Murdoch plans 24-hour news network'.

50   Al Franken, *Lies (and the Lying Liars Who Tell Them): a fair and balanced look at the Right*, Penguin Books, London, 2004, p. 66.

51   Auletta, 'Vox Fox'.

52   Scott Collins, *Crazy Like a Fox: the inside story of how Fox News beat CNN*, Portfolio, New York, 2004, p. 73.

53   John Meroney, 'The Fox News gamble', *American Enterprise*, September–October 1997.

54   Al Franken, *Lies (and the Lying Liars Who Tell Them)*, pp. 78–9.

55   James Ledbetter, 'FNC equals GOP?', *Village Voice*, 15 October 1996.

56   Neil Hickey, 'Is Fox News fair?', *Columbia Journalism Review*, 1 March 1998.

57   Meroney, 'The Fox News gamble'.

58   Jane Hall, 'News channel aims to out fox pessimists', *Oregonian*, 5 October 1996.

59   Collins, *Crazy Like a Fox*, p. 78.

60   Marshall Sella, 'The red state network', *New York Times Magazine*, 24 June 2001.

제7장 태양왕의 통치

1   Andrew Neil, *Full Disclosure*, Macmillan, London, 1996, p. 160.

2   Lance Price, 'Rupert Murdoch is effectively a member of Blair's cabinet', *Guardian*, 1 July 2006.

3   Alastair Campbell and Richard Stott (eds), *The Blair Years: extracts from the Alastair Campbell diaries*, Hutchison, London, 2007, p. 77.

4   Lance Price, 'Rupert Murdoch is effectively a member of Blair's cabinet'.

5   *The Media Report*, radio program, ABC Radio National, Sydney, 28 June 2007.

6   John Cassidy, 'Murdoch's game', *New Yorker*, 16 October 2006.

7   Robert Preston, 'Murdoch call raises questions over Blair link', *Financial Times*, 26 March 1998.

8   Andrew Neil, 'Blair's huge new asset—a defecting tory press', *Sunday Times*, 9 July 1995.

9   Sarah Curtis (ed.), *The Journals of Woodrow Wyatt*, Macmillan, London, 1991, vol. 3, p. 3.

10   Roy Greenslade, *Press Gang: how newspapers make profits from propaganda*, Macmillan, London, 2003, p. 607.

11   Neil, *Full Disclosure*, p. 9.

12   *Sun*, 16 & 17 March 1994.

13   Greenslade, *Press Gang*, p. 616.

14   위의 책 pp. 617-18.

15   Curtis, *The Journals of Woodrow Wyatt*, vol. 3, p. 139.

16   위의 책 vol. 3, p. 443.

17   위의 책 vol. 3, p. 481.

18   위의 책 vol. 3, p. 511.

19   위의 책 vol. 3, p. 602.

20   Robert Shrimsley, 'Murdoch hints he might support Blair', *Daily Telegraph*, 9 August 1994.

21   Neil, *Full Disclosure*, p. 170.

22   Sean Tunney, *Labour and the Press: from New Left to New Labour*, Sussex Academic Press, Eastbourne, 2007, p. 109.

23   Editorial, *Sun*, 24 March 1995.

24   Stephen Castle, 'How Labour wooed and won the Sun', *Independent on Sunday*, 23 March 1997.

25   Raymond Snoddy, 'Murdoch's love for Labour', *Marketing*, 20 July 1995.

26   Fran Abrams and Anthony Bevins, 'Murdoch's courtship to Blair finally pays off', *Independent*, 11 February 1998.

27   'Is Labour the true heir to Thatcher?', *Times*, 17 July 1995.

28   Alastair Campbell, *The Blair Years*, p. 76.

29   위의 책 p. 75.

30   Andy McSmith, 'Charmer Blair tries wooing tory press', *Observer*, 2 February 1997.

31   Campbell and Stott, *The Blair Years*, p. 111.

32   위의 책 p. 156.

33   Confidential interview with *News of the World* journalist, London, 2007.

34   Editorial, *Sun*, 1 May 1997.

35   David Wooding, 'It's the *Sun* wot swung it', *Sun*, 2 May 1997.

36   'Now we have a leader again', *Sun*, 2 May 1997.

37   Preston, 'Murdoch call raises questions over Blair link'.

38   Campbell and Stott, *The Blair Years*, p. 287.

39   Lance Price, *Spin Doctor's Diary: inside Number Ten with New Labour*, Hodder & Stoughton, London, 2005, pp. 86, 119.

40   Robert Preston and Liam Halligan, 'Government pressed on newspaper market', *Financial Times*, 25 March 1998.

41   Campbell and Stott, *The Blair Years*, p. 477.

42   Tunney, *Labour and the Press*, p. 130.

43   위의 책 pp. 134-5; David Leigh and Rob Evans, 'Files show extent of Murdoch lobbying', *Guardian*, 3 January 2005.

44   Jo Becker, 'Murdoch, ruler of a vast empire, reaches out for even more', *New York Times*, 25 June 2007.

45   Peter Oborne, *The Rise of Political Lying*, Free Press, London, 2005, p. 44.

46   Tony Blair, *A Journey*, Hutchison, London, 2010, p. 533.

47   Campbell and Stott, *The Blair Years*, p. 363.

48   Price, *The Spin Doctor's Diary*, p. 86.

49   Editorial, 'It's in the bag, Tony', *Sun*, 8 March 2001.

50   Tim Burt, 'Sun editor cautions Blair on pitfalls of Euro vote', *Financial Times*, 15 October 2002.

51   Blair, *The Journey*, pp. 533-4.

52   Nigel Morris, 'The threat of war', *Independent*, 12 February 2003.

53   Matt Wells, 'Murdoch papers may switch', *Guardian*, 15 November 2003.

54   Blair, *A Journey*, p. 655.

제8장 바그다드로 가는 길

1   Max Walsh, 'The Murdoch interview', *Bulletin*, 12 February 2003.

2   David Kirkpatrick, 'Mr. Murdoch's war', *New York Times*, 7 April 2003.

3   'All Stars discuss progress of war in Iraq', *Special Report with Brit Hume*, television program, Fox News, New York, 22 March 2003.

4   Brian Flynn, 'Chemical weapons plant is found', *Sun*, 24 March 2003.

5   Adam Brodsky, 'Burn Baghdad burn', *New York Post*, 29 March 2003.

6   Walsh, 'The Murdoch interview'.

7   Gary Gentile, 'Murdoch: Iraqis will welcome US troops', *Associated Press*, 3 April 2003.

8   Christopher Meyer, *DC Confidential*, Phoenix, London, 2005, p. 172.

9   Paul Starobin, 'If you like their publications ... will you like their politics?', *National Journal*, 3 June 1995. 다음도 보라. Howard Kurtz, 'Magazine for the right-minded', *Washington Post*, 9 September 1995.

10   James M. Perry and John Harwood, 'Kristol, White House's smartest guy, is leading Quayle defender', *Wall Street Journal*, 30 July 1992.

11   John King, 'Conservatives form another group to save GOP', *Associated Press*,

22 October 1993.

12   Tim Bogardus, 'A new standard', *Folio*, 15 May 1996.

13   Starobin, 'If you like their publications'.

14   Richard Brookhiser, *Right Time, Right Place*, Basic Books, New York, 2009, pp. 200–1.

15   Kurtz, 'Magazine for the right−minded'.

16   Scott McConnell, 'The Weekly Standard's war', *American Conservative*, 21 November 2005.

17   Jonathan Freedland, 'Rupert's push on Capitol Hill', *Guardian*, 21 August 1995.

18   Howard Kurtz, 'Right face, right time', *Washington Post*, 1 February 2000.

19   'Statement of principles', Project for a New American Century, Washington, DC, 3 June 1997, 〈www.newamericancentury.org/statementofprinciples.htm〉.

20   McConnell, 'The *Weekly Standard*'s war'.

21   Eddie Davers, 'Our Australian: Murdoch's flagship and shifting US attitudes to Iraq', *Overland*, no. 170, autumn 2003.

22   'Saddam's fingerprints', *New York Post*, 20 September 2001.

23   'An alliance to fit the task', *New York Post*, 23 September 2001.

24   'Now more than ever', *New York Post*, 7 October 2001.

25   Editorial, *New York Post*, 25 September, 7 October & 9 November 2001.

26   Editorial, 'The task at hand', *New York Post*, 16 September 2001; Editorial, 'No exceptions for Arafat', *New York Post*, 20 November 2001.

27   Editorial, 'To protect the innocent', *New York Post*, 23 November 2001.

28   Editorial, 'Two fronts, one holy war', *New York Post*, 1 April 2002.

29   Editorial, 'The Pentagon's surrender lobby', *New York Post*, 29 May 2002.

30   Editorial, 'On borrowed time', *New York Post*, 18 June 2002.

31   Editorial, 'War with no Armey?', *New York Post*, 12 August 2002; Editorial, 'What rush to war?', *New York Post*, 17 August 2002.

32   Joe Strupp, 'The son also rises', *Mediaweek*, 16 December 2002.

33   Scott Collins, *Crazy Like a Fox: the inside story of how Fox News beat CNN*, Portfolio, New York, 2004, pp. 212–13.

34   *PM*, radio program, ABC Radio National, Sydney, 26 October 2004.

35   이 책의 저자는 이 프로그램들의 2002년 11월, 2003년 1월, 2003년 3월의 첫 2주에 관한 연구를 통해 이러한 사실을 조명한 바 있다.

36   Steven Kull, Clay Ramsay and Evan Lewis, 'Misperceptions, the media and the Iraq war', *Political Science Quarterly*, vol. 118, no. 4, 2003–04, pp. 569–98.

37   Editorial, *Sun*, 15 February 2002.

38   Editorial, *Sun*, 6 March, 30 July, 31 August & 4 September 2002.

39   Greg Sheridan, 'While the world dallies, Iraq busily arms', *Australian*, 15 August 2002; Greg Sheridan, 'In power we trust', *Australian*, 20 July 2002; Greg Sheridan, 'Kissinger's bow to Bush', *Australian*, 23 January 2003; Greg Sheridan, 'Iraqi diplomats expulsion a show of intelligence', *Australian*, 10 March 2003.

40   Katy Weitz, 'Why I quit the *Sun*', *Guardian*, 31 March 2003.

41   Robert Manne, *Do Not Disturb: is the media failing Australia?*, Melbourne, Black Inc., 2005, p. 76.

42   Richard Littlejohn, 'Starbucks Strategists get it wrong again', *Sun*, 8 April 2003.

43   Liz Cox, 'The bias busters' ball', *Columbia Journalism Review*, vol. 42, no. 1, May–June 2003, p. 72.

44   Peter Ryan, 'News Corp stocks rise', *PM*, radio program, ABC Radio, Sydney, 7 April 2004.

45   Tim Rutten, 'Former producer blows whistle on Fox News', *Oakland Tribune*, 2 November 2003.

46   Charlie Reina, 'The Fox News memo: Ex-Fox News staffer on the memo', Poynter Online, St Petersburg, FL, 31 October 2003. Available at ⟨www.pssht.com/faux-articles/foxnews_bias⟩.

47   그 메모들을 다음에서 찾을 수 있다. '33 internal Fox editorial memos reviewed by *MMFA* reveal Fox News Channel's inner workings', Media Matters, Washington, DC, 14 July 2004, ⟨http://mediamatters.org/research/200407140002⟩. 이미 언급된 다른 메모들은 다음에서 찾을 수 있다. Alexandra Kitty, *Outfoxed: Rupert Murdoch's war on journalism*, Disinformation, New York, 2005, pp. 76–7.

48   'Fox News internal memo', *Huffington Post*, posted 14 November 2006, ⟨www.huffingtonpost.com/2006/11/14/fox-news-internal-memo-be_n_34128.html⟩.

49   *PM*, radio program, ABC Radio National, Sydney, 7 April 2004.

50   Dana Milbank, 'Bush hails Al Quaeda arrest in Iraq', *Washington Post*, 27 January 2004.

51   Michael Isikoff and Mark Hosenball, 'Case decidedly not closed', *Newsweek*, 19 November 2003.

52   Jim Lobe, 'Leak of secret memo by neo-cons widely criticized', *Inter Press Service*, 20 November 2003.

53   Daniel Benjamin, 'The case of the misunderstood memo', *Slate*, 9 December 2003, ⟨www.slate.com/id/2092180⟩.

54   Stephen F. Hayes, *The Connection: how al Qaeda's collaboration with Saddam Hussein has endangered America*, HarperCollins, New York, 2004, pp. xvi–xvii, 185.

55   Editorial, 'The build-a-war workshop', *New York Times*, 10 February 2007.

56   Agence France Presse, 'Murdoch says US death toll in Iraq "minute"', 6 November 2006.

57   Figures taken from the Iraq Body Count website, 〈www.iraqbodycount.org〉.

제9장 기후변화에 대한 헛된 선언

1   Rupert Murdoch, 'Carbon plan the world can copy', edited speech, *Gold Coast Bulletin*, 10 May 2007.

2   John Cassidy, 'Murdoch's game', *New Yorker*, 16 October 2006.

3   Robin Hicks, 'Sustainability: green-sky thinking', *Campaign*, 14 July 2006.

4   Tim Blair, 'Winds of change', *Bulletin*, 16 August 2006.

5   Editorial, 'Well saved', *Sun*, 11 September 2006.

6   'Rupert Murdoch's speech on carbon neutrality', *Australian*, 3 November 2007.

7   Rupert Murdoch, 'Duty to the future', *New York Post*, 10 May 2007. 다음도 보라. Murdoch, 'Carbon plan world can copy'.

8   'Koch brothers: bioboxes', Associated Press, 28 March 1998. 찰스 코크는 1962년 자유시장주의 경제학에 관한 한 책을 읽은 경험이 자신의 지적 여정에 결정적인 영향을 미쳤다고 말했다. 코크 인더스트리는 회사의 경영 전략을 서술하기 위해 '비교 우위' '창조적 파괴' '자연적 질서'와 같은 자유시장주의 철학 용어들을 사용하곤 한다. (Patti Bond, 'The George-Pacific-Koch deal', *Atlanta Journal-Constitution*, 20 November 2005).

9   Neil Hickey, 'Is Fox News fair?', *Columbia Journalism Review*, 1 March 1998.

10   Patrick J. Michaels, *Sound and Fury: the science and politics of global warming*, Cato Institute, Washington, DC, 1992, inside front cover.

11   Patrick J. Michaels and Robert C. Balling, *The Satanic Gases: clearing the air about global warming* (2000); Patrick J. Michaels, *Meltdown: the predictable distortion of global warming by scientists, politicians, and the media* (2004).

12   Sharon Begley, 'The truth about denial', *Newsweek*, 13 August 2007.

13   Paul Thacker, 'At Fox News, a pundit for hire', *New Republic*, 26 January 2006.

14   'Experts with a price on their heads', *Guardian*, 7 May 1998.

15   George Monbiot, *Heat: how to stop the planet burning*, Allen Lane, Camberwell, 2006, p. 35.

16   'Unresolved problem: Cato fellow questions global warming', *The O'Reilly Factor*, television program, Fox News, New York, 7 February 2007.

17   'What's the reality of global warming?', *Hannity & Colmes*, television program, Fox News, New York, 7 February 2007.

18   이 현상에 관한 보다 폭넓은 이해를 위해 다음을 참고하라. Maxwell T. Boykoff and Jules M. Boykoff, 'Balance as bias: global warming and the US prestige press', *Global Environmental Change*, vol. 14, no. 2, 2004, pp. 125-36.

19   George Monbiot, *Heat*, p. 14.

20　'Unresolved problem: President Bush, global warming and pollution control', *The O'Reilly Factor*, television program, Fox News, New York, 4 April 2001; 해너티와 달리 오라일리는 지구온난화에 동의하고 있다.

21　'Interview with Myron Ebell, Deb Callahan', *Hannity & Colmes*, television program, Fox News, New York, 25 May 2004.

22　'Interview with Fred Singer, Dennis Avery', *Hannity & Colmes*, television program, Fox News, New York, 30 January 2007.

23　Editorial, 'The gray lady's all wet', *New York Post*, 30 August 2000.

24　Editorial, *New York Post*, 7 April 2001, 20 January 2002, 20 January 2003.

25　Steve Dunleavy, 'Eurotrash starting to reek of spoiled whine', *New York Post*, 18 June 2001. 린젠의 연구에 대한 개요는 다음에서 확인할 수 있다. Ross Gelbspan, *Boiling Point*, Basic Books, New York, 2005.

26　Editorial, 'New York's greenhouse gasbags', *New York Post*, 2 August 2004.

27　Kyle Smith, 'Gore's hot air', *New York Post*, 24 May 2006; Editorial, 'Weather willies', *New York Post*, 8 July 2006; Editorial, 'Gore the guzzler', *New York Post*, 1 March 2007.

28　Editorial, 'Carr right to kick start a power debate', *Australian*, 4 June 2005.

29　Editorial, 'Climate change facts', *Australian*, 14 January 2006.

30　Alan Oxley, 'Change the climate on emissions', *Australian*, 5 April 2005.

31　Christopher Pearson, 'Hotheads warned, cool it', *Australian*, 18 November 2006.

32　Jeremy Clarkson, 'Tony's gas tax makes me fume', *Sun*, 25 February 2000.

33　Jeremy Clarkson, 'Big cat is ready to make a meal out of rover', *Sun*, 10 November 2000.

34　Richard Littlejohn, 'Why I hate The Weakest Link', *Sun*, 17 April 2001.

35　Editorial, *New York Post*, 31 January & 3 March 2009.

36　'Are obese people causing global warming?', *Hannity & Colmes*, television program, Fox News, New York, 26 May 2008.

37　'Overweight people destroying the earth', *The O'Reilly Factor*, television program, Fox News, New York, 22 April 2009.

38　Editorial, 'Economic suicide', *New York Post*, 4 December 2009.

39　Editorial, 'Obama's jobs cap', *New York Post*, 8 December 2009.

40　Charles Hurt, 'It's a hot plot', *New York Post*, 14 December 2009.

41　Guy Adams, 'Leaked memos cast doubt on Fox News claim of neutrality', *Sunday Tribune*, 19 December 2010; Ben Dimiero, 'Foxleaks: Fox boss ordered staff to cast doubt on climate science', Media Matters, Washington, DC, 15 December 2010, 〈http://mediamatters.org/blog/201012150004〉.

42　'Presidents polls falling', *Hannity*, television program, Fox News, New York, 24

November 2009.

43   'East Coast hit by blizzard', *Hannity*, television program, Fox News, New York, 10 February 2010.

44   'Book dispels arguments for global warming', *Hannity*, television program, Fox News, New York, 22 April 2010.

45   Amanada Griscom Little, 'The greening of Fox', Salon.com, 17 May 2007, 〈www.salon.com/news/feature/2007/05/17/murdoch〉.

46   'Who do you trust?', *Glenn Beck*, television program, Fox News, New York, 6 January 2011.

47   Editorial, 'More heat than light', *Australian*, 18 April 2009.

48   Robert Manne, 'Cheerleading for zealotry not in public interest', *Australian*, 25 April 2009.

49   Editorial, 'Too much hot air in climate change row', *Australian*, 28 April 2009.

50   'Editor of the Australian wins coveted award', press release, Australian Petroleum Production and Exploration Association Ltd, Canberra, 1 June 2009.

51   'At last some cool heads on global warming', *Australian*, 28 January 2010.

52   Graham Readfern, 'Why our leading climatologist won't talk to the Australian any more', The Green Blog, 6 January 2009, 〈http://blogs.news.com.au/couriermail/greenblog/index.php/couriermail/2009/01/P15〉.

53   'How low can you go?', *Weekend Australian Magazine*, 19-20 December 2009.

54   Rupert Murdoch, 'A memo to employees of News Corporation from chairman and CEO Rupert Murdoch', Global Energy Initiative, News Corporation, New York, March 2011.

55   Editorial, 'The true climate threat', *New York Post*, 28 January 2011; Editorial, 'Climate refugees, not found', *Wall Street Journal*, 21 April 2011.

56   Kevin Knobloch, 'NewsCorp's environmental hypocrisy', Union of Concerned Scientists, Cambridge, MA, 8 March 2011, 〈www.ucsusa.org/news/commentary/news-corps-environmental-hypocrisy-0509.html〉.

에필로그

1   Interview with Rupert Murdoch, *Dynasties: The Murdochs*, ABC-TV, broadcast July 2002.

2   Tim Dickenson, 'Rupert Murdoch's American scandals', *Rolling Stone*, 18 August 2011.

3   Robert Manne, 'Bad news: Murdoch's *Australian* and the shaping of the nation', *Quarterly Essay*, no. 43, 2011.

4　　　　Brendan O'Neill, 'Elite few spearhead the anti-Murdoch campaign', *Australian*, 16-17 July 2011.

5　　　　Murdoch, *Dynasties*.

6　　　　이후 웬디 덩의 자녀들은 다른 머독의 자녀들과 동등한 지분을 얻게 되었지만, 가족 신탁 기금 안에서 동등한 의결권을 얻지는 못했다.

7　　　　Jeremy W. Peters, 'In rift between Murdochs, heir becomes less apparent', *New York Times*, 19 October 2011.

8　　　　Murdoch, *Dynasties*.

9　　　　Michael Wolff, *The Man Who Owns the News: inside the secret world of Rupert Murdoch*, Knopf (Random House) Sydney, 2008, p. 364.

10　　　　Neil Chenoweth, *Virtual Murdoch: reality wars on the information superhighway*, Vintage, London, 2002, p. xi.

11　　　　Transcript of speech, the Andrew Olle Media Awards, Sydney, October 2002.

12　　　　Richard Kelly Heft with Emiliya Mychasuk, 'Child's play', *Sydney Morning Herald*, 30 December 1995.

13　　　　Jane Martinson, 'Gosh I'm going to be in trouble', *Guardian*, 22 March 2010.

14　　　　James Murdoch, MacTaggart Lecture, Edinburgh International Television Festival, 28 August 2009.

15　　　　James Murdoch, 'Your compass in a changing world', speech to the Marketing Society, 24 April 2008.

16　　　　Alastair Campbell and Richard Stott (eds), *The Blair Years: Extracts from the Alastair Campbell diaries*, Hutchison, London, 2007, p. 603.

17　　　　Lucy Siegle, 'This much I know: James Murdoch', *Observer*, 7 June 2009.

18　　　　David Wilkerson, 'Cable networks flying high', Dow Jones News Service, 17 August 2010; Neil Shoebridge, 'Post-Avatar, the bet's on cable', *Australian Financial Review*, 6 August 2010.

이 책을 집필할 동안 나는 많은 사람과 단체들로부터 지지와 격려를 받았다. 집필 기간 동안 내가 근무했던 두 학교, 시드니 테크놀로지대와 뉴사우스웨일스대에 감사의 말을 전한다. 좋은 책을 쓰려면 훌륭한 도서관이 있어야 한다. 시드니대 피셔 도서관과 뉴사우스웨일스대 도서관 직원들에게도 감사를 전한다. 워싱턴의 국회 도서관과 뉴욕 컬럼비아대의 버틀러 도서관 그리고 런던의 BBC 도서관 직원들 역시 많은 도움을 주었다. 책의 집필과 연구를 재정적으로 지원해준 호주 연구 위원회Australian Research Council의 디스커버리 프로젝트 지원(DP0774025)에 고마움을 전한다.

현명한 조언과 지지를 보내준 제인 밀스Jane Mills에 감사하며 로드 티펀Rod Tiffen, 엘리자베스 와이스Elizabeth Weiss, 피터 보츠먼Peter Botsman, 페니 맨슬리Penny Mansley, 줄리 클라크Julie Clarke에게도 감사를 전한다. 연구를 지원해준 밥 버턴Bob Burton, 샨트 패브리케이토리언Shant Fabricatorian, 존 피셔John Fisher, 매들린 힐리Madelaine Healy, 미첼 홉스Mitchell Hobbs, 크레이그 매클린Craig Maclean, 데이비드 스미스David Smith, 알렉스 스튜어트Alex Stuart에게도 감사한다. 특히 후반 작업을 도와준 캐시 케리Cathy Carey에게 감사를 전하고 싶다. 인터뷰와 조언을 포함한 모든 지원을 아끼지 않은 로저 올턴Roger Alton, 스티브 바넷Steve Barnett, 닐 체노웨스Neil Chenoweth, 크리스 포그Chris Fogg, 제러드 고긴Gerard Goggin, 머리 굿Murray Goot, 크리스 허드Chris Hird, 고드프리 호지슨Godfrey Hodgson, 마크 홀링스워스Mark Hollingsworth, 조이스 커크Joyce Kirk, 필립 나이틀리Phillip Knightly, 로드 레버Rod Lever, 캐서린 럼비Catharine Lumby, 브라이언 맥아더Brian MacArthur, 브라이언 맥네어Brian McNair, 데니스 맥셰인Denis MacShane, 로버트 맨Robert Manne, 패트릭 매스터스Patrick Masters, 에이드리언 몽크Adrian Monck, 리처드 네빌Richard Neville, 페니 오도널Penny O'Donnell, 브루스 페이지Bruce Page, 로빈 램지Robin Ramsay, 매슈 리켓슨Matthew Ricketson, 데이비드 로David Rowe, 린지 터핀Lindsay Tuffin, 숀 터니Sean Tunney, 그레임 터너Graeme Turner에게도 감사한다. 뉴스 코퍼레이션 임직원들 중 나를 도와주었지만 익명으로 남길 원했던 많은 사람에게도 감사의 말을 전한다.

옮긴이의 말

　종로에 일이 있어 광화문이나 서울 시청을 지날 때면 시민 단체 혹은 개인들의 거리 시위를 종종 목격하곤 한다. 그들은 자신의 부당한 처지를 알리거나, 소외된 계층의 대변자이기를 자처하거나, 현 정부 혹은 상대 진영의 행보를 비판·비방한다. 저마다 다른 강도와 방향성을 가지고 있음에도 불구하고, 이 목소리들은 동일한 곳을 향하고 있다. 더 많은 미디어에 노출되는 것, 국민의 관심을 불러오는 것, 이를 통해 자신들의 어젠다를 공론화하는 것. 거리 시위에 동원된 플래카드는 모든 가정의 안방으로 송신되어 사람들의 분노와 슬픔을 이끌어낼 잠재성을 갖고 있다. 하지만 이 분노와 슬픔이 정당한지 부당한지를 가려내는 일, 달리 말해 구체적인 어젠다에 대한 이성적 토론은 현실 정치의 작동에서 그리 중요하지 않다. 아니 오직 간접적으로만 중요하다. 이 거대한 감정들을 특정 정당에 우호적인 혹은 적대적인 표심으로 돌려놓기 위한 전략들만이 손에 잡히는 정치적 성과를 이끌어낼 수 있는 현재의 정치적 풍토에서, 토론은 시청자 대중의 분노와 슬픔을 증폭시키거나 누그러뜨리기 위한 수단에 가깝기 때문이다. 토론은 하나의 쇼가 되었다.

이와 같은 상황을 요약하는 적절한 단어가 있다. 바로 '미디어 포퓰리즘'이다. 일상 깊숙이 침투해 있는 미디어들을 거쳐 정치적 대중이 집결되고, 좌와 우를 구분하는 전통적 계급 담론이 재정의되는 이 새로운 흐름은 스펙터클한 볼거리로 전락한 정치 토론에서 자양분을 얻는다.

데이비드 맥나이트의 『루퍼트 머독』은 겉보기에는 단순히 한 명의 부도덕한 기업가가 권력과 부를 축적해온 과정에 관한 이야기로 읽힐지 모른다. 하지만 이 책이 동시대 한국인들에게 미세하지만 강력한 울림을 가져다주는 이유는, 한국 사회에서도 진행 중인 포퓰리즘의 글로벌 트렌드를 분석하고 있기 때문이다. 맥나이트가 주장하듯, 오늘날 공적 토론의 무대와 언어는 루퍼트 머독처럼 자신만의 미디어 채널을 거머쥔 정치적 사업가들에 의해 디자인된다. 이 사업가들은 어떤 토론자를 무대에 올리고 어떤 용어를 허용할 것인지를 결정함으로써, 거리의 대중으로부터 흘러나온 무형의 감정들을 구체적인 정치적 주의·주장으로 변모시킨다. 광화문과 시청 앞 광장의 플래카드가 '국민의 목소리' 혹은 '종북의 공작'으로 포장되는 것 역시 이 프레임 위에서다. 『루퍼트 머독』을 읽고 난 독자들은 과연 누가 한국의 루퍼트 머독이며, 그들의 은밀한 개입하에 한국 정치 토론판이 어떻게 짜여지고 있는지를 질문하게 될 것이다.

루퍼트 머독이 신문과 TV 겸영을 위해 수많은 정치적 로비를 벌여왔던 것처럼, 한국의 거대 신문사들은 자신들의 정치적 신념을 보다 직접적으로 대중의 무의식에 전달하기 위해 TV 채널 소유를 꿈꿔왔다. 2009년 7월에 통과한 한국의 미디어법은 마침내 대기업과 거대 신문사들의 종합편성채널 개국을 허용했고, 이후 한국의 TV 언론은 ('종합편성'이라는 수식이 무색할 정도로) 급격히 정치화되었다. 종합편성채널의 정규 편성표를 도배한 정치 토론들이 시청자들의 일과표에 밀착되었고, 보다 대중화된 경제적 행정적 문화적 혹은 생태학적 담론들이 토론들을 채색해왔다. 해방 이후 오랫동안 '용공'과 '반공'은 한국 정치의 좌와 우를 구분하는 논리였으며, 북한이라는 절대적 타자는 한국 정당 정치를 정의하는 데 여전히 중요한 요소다. 하지만 미디어라는 새로운 무대는 보다 정교한 편 가르기 논리를 제공하고 있으며, 한국의 좌와 우는 더 이상 단순한 이분법으로부터 갈라져나오지 않는다. 현재의 정치 토론은 용공/반공이라는 단일한 이분법이 아니라 시장규제/자유무역, 복지/성장, 보존/개발과 같은 다수의 이분법들로 채워지고 있으며, 자본가/노동자라는 오래된 계급 질서는 세대와 직종 간의 다양한 정치 '취향'으로 대체되는 듯하다. 한국의 정치는 TV라는 미디어를 거쳐 재정의되고 있다.

이러한 상황을 TV라는 공론의 장에 의한 이성적 정치 토론의 대중화로 평가할 수 있을까? 한국의 뉴스 코퍼레이션을 꿈꾸는 거대 신문사들은 당당히 그렇다고 대답할지 모르겠다. 하지만 데이비드 맥나이트가 제시하고 있는 폭스 뉴스의 사례들은 정반대의 결론으로 우리를 인도한다. 자연의 훼손이 성장이라는 이상에 의해 정당화되고, 경제적 불평등이 자유라는 가치에 의해 묵인되며, 소수자들의 정당한 권리 주장이 특권 요구로 비판되는 한편, 전쟁이라는 거대한 폭력은 정작 자유의 확장이라는 미명 아래 용인되는 아이러니한 상황은, 언어의 정교화가 필연적으로 논리의 정교화를 보장하지는 않음을 보여준다. 이 경우 다변화된 이분법들은 서로를 위한 핑계거리 이상이 아니다. 뿐만 아니라 하나의 정치적 이슈를 특정한 프레임 속에 위치시키는 일, 다시 말해 토론의 언어를 디자인하는 일은 그 자체로 어떤 정치적 판단을 숨기고 있다. 언어와 무대라는 수단을 이용해 토론의 양상을 조절하는 미디어의 이러한 역할은 항상 스크린의 이면에 가려져 있다. 반면 무대의 전면에 부각되는 것은 오직 토론자들의 현란한 논증들뿐이다. 바로 이때 TV 토론의 결론은 '보통 사람'들의 '상식'으로 둔갑한다. 상식이 있는 시청자라면 그들의 논증이—미디어가 설계한 은밀한 프레임 내에서—매우 합리적임을 부인할 수 없을 것이기 때문이다. 맥나이트가 암시하듯 미디어의 의제 설정에 대한 비판적 성찰 없이는 공론의 장에서도 이성적 토론은 불가능해 보인다.

이것이 우리가 루퍼트 머독과 뉴스 코퍼레이션에 주목해야 하는 이유다. 『루퍼트 머독』에서 데이비드 맥나이트는 어떻게 한 명의 이데올로기적 사업가와 그가 통제하는 미디어 기구가 세계 정치의 풍토를 변형시켜왔는지 보여준다. 맥나이트가 폭로하듯 루퍼트 머독은 자신의 신념을 사람들에게 전파하는 데 있어 불법 행위도 서슴지 않았다. 하지만 우리가 더 주목해야 할 것은 자신의 신념을 보통 사람들의 의지로 변형시키기 위해 루퍼트 머독이 사용해온 전략이다. 그는 사람들의 이성적 능력을 마비시키기보다, 상식이라는 미끼를 이용해 토론이라는 덫으로 사람들을 인도한다. 토론에 동참하게 된 사람들은 스스로가 상식적으로 사유하고 있다고 믿지만, 사실 그들은 언론이 고안해놓은 토론의 틀 속에서만 상식적이다. 따라서 명심해야 할 것은, 미디어의 의제 설정에 대한 비판적 성찰 없이 우리는 결코 상식 이상으로 이성적일 수 없다는 사실이다.

루퍼트 머독

초판 인쇄	2015년 1월 12일
초판 발행	2015년 1월 19일
지은이	데이비드 맥나이트
옮긴이	안성용
펴낸이	강성민
편집	이은혜 박민수 이두루
편집보조	유지영 곽우정
마케팅	정민호 이연실 정현민 지문희 김주원
온라인 마케팅	김희숙 김상만 한수진 이천회
펴낸곳	(주)글항아리 l 출판등록 2009년 1월 19일 제406-2009-000002호
주소	413-120 경기도 파주시 회동길 210
전자우편	bookpot@hanmail.net
전화번호	031-955-8891(마케팅) 031-955-1903(편집부)
팩스	031-955-2557
ISBN	978-89-6735-175-5 03300

글항아리는 (주)문학동네의 계열사입니다.

이 도서의 국립중앙도서관 출판시도서목록(CIP)은 서지정보유통지원시스템 홈페이지
(http://seoji.nl.go.kr)와 국가자료공동목록시스템(http://www.nl.go.kr/kolisnet)에
서 이용하실 수 있습니다.
(CIP제어번호 : CIP2015000371)